U0906141

青年学术论坛

获奖论文集

中共上海市委党校　编

2020

東方出版中心

图书在版编目（CIP）数据

“青年学术论坛”获奖论文集. 2020 / 中共上海市委党校编. 一上海：东方出版中心, 2021.10
ISBN 978-7-5473-1899-7

Ⅰ. ①青… Ⅱ. ①中… Ⅲ. ①社会科学－文集 Ⅳ. ①C53

中国版本图书馆CIP数据核字（2021）第202305号

“青年学术论坛”获奖论文集（2020）

编　　者　中共上海市委党校
责任编辑　黄　驰
装帧设计　钟　颖

出版发行　东方出版中心
地　　址　上海市仙霞路345号
邮政编码　200336
电　　话　021-62417400
印 刷 者　上海盛通时代印刷有限公司

开　　本　710mm × 1000mm　1/16
印　　张　20.25
字　　数　291千字
版　　次　2021年10月第1版
印　　次　2021年10月第1次印刷
定　　价　98.00元

目　录

国家治理体系与治理能力现代化

国家治理现代化与人民主体地位

国家治理现代化的路径与机制

基层治理是国家治理的基石

序言

中共上海市委党校青年学术论坛，是面向全国人文社科类青年学者倾力打造的一项精品学术活动，旨在为在读的硕士、博士研究生搭建一个高质量的学术交流平台。

中共上海市委党校于2003年获得硕士学位授予单位，自2004年招收首届硕士研究生始，秉承“国家标准，党校特色”的办学理念，在研究生培养上，依托充沛的学术资源、与党政机构联系紧密的实践优势和多年来积累的干部教育培训经验，紧扣“政治性、学术性、实践性”的培养目标，历经十余年的努力和积累，初步形成了研究生教育与干部教育互补、学术性学位和MPA专业学位“双轮驱动”的研究生教育格局，培养特色愈益凸显，并取得了丰硕的办学成果。2012年，中共上海市委党校政治学一级学科首次参加全国学科评估即获佳绩，在全国科研院所（含党校）政治学一级学科排名第一，并进入全国高校系列政治学一级学科前十。2018年，中共上海市委党校MPA专业学位点专项评估获得高度认可，网评在全国77家参评院校中名列前茅。2020年，中共上海市委党校首次入选上海高等学校一流研究生教育引领计划。此外，中共上海市委党校的培养质量已有良好的社会声誉，多篇毕业论文获得上海市研究生学位论文，在读学生在挑战杯、创新创业挑战赛、“知行杯”大学生社会实践大赛以及全国大学生英语竞赛等各类重要赛事中屡创佳绩，毕业生就业率连年达到100%，就职单位多为上海市重点扶持单位，有近一半的毕业生从事与党建有关的工作，还有不少毕业生被国内外著名高校录取为博士研究生。中共上海市委党校已成为高等教育领域中一支“小而特、小而精、小而优”的研究生教育生力军。

从招收第一届研究生开始，中共上海市委党校就充分发挥相关资源的综合优势，建立了与高校、科研院所研究生多学科背景交流、思想碰撞和资源互补共享机制，为研究生提供跨校、跨学科学习和研究的氛围，青年学术论坛就是其中打造的适合研究生群体特点的高品位精神文化平台。从首届论坛至今，参会范围从本校及本市的高校、研究机构扩大到了全国范围的高校、党校、研究机构，迄今已成功举办了17届，每届研讨主题都具有鲜明的时代性、学术性和探索性，如“国家治理与政治发展：现代化的路径选择”“法治中国建设：价值、问题与路径”“中国故事、研究和话语：多学科的思考”“改革开放40年：经验总结与未来展望”“新中国成立70年来的实践历程与经验启示”等。这一学术平台注重引导青年学子关注学术研究热点和时代的变革，以青年学子独具的敏锐性、观察力和创造性，进行理论探索和思考。

2020年论坛确定的主题是“中国共产党与国家治理体系和治理能力现代化”，重点关注中国共产党作为百年政党长期执政与全面领导的体制机制建设，共收到来自15个省市60余所高校、研究机构、党校青年学者的论文121篇，经专家评审，有49篇论文分别获得一、二、三等奖以及优秀论文奖，论文集择优收录了其中的17篇论文，分别来自中国人民大学、山东大学、中国传媒大学、东北石油大学、上海市委党校、中国社会科学院等高校、党校和研究机构，主题内容涉及新时代党建工作、党的监督保障法规制度、党的自我革命研究、中国制度治理逻辑、乡村文化建设等，都较具新意和深度。

在这届论坛的主旨发言环节，上海市政治学会会长、复旦大学国际关系与公共事务学院桑玉成教授分析了制度优势如何体现，以及丰厚的制度实践成果应与治理效能互为因果。解放日报社党委副书记周智强分析了人民性和公共性是相辅相成、互相作用的关系，认为城市治理应以“人民城市”重要理念为引领，把人民性和公共性贯通起来，进一步深化和再造城市规划建设治理的公共性内涵。国防大学政治学院孙力教授分析了国家治理的科学逻辑及其地位，认为社会治理应体现科学精神，要用科学的逻辑进行思考。这次论坛线上线下提问质量颇高，专家回应和点评也精彩纷呈，体现了立足国情、关注现实、思想交流、观点碰撞、深度思考的特点。

实现国家治理体系和治理能力现代化是实现“两个一百年”奋斗目标的重大任

务，中国共产党作为中国特色社会主义事业的领导核心，是做好党和国家各项工作的根本保证。习近平总书记指出，“中国特色社会主义最本质的特征是中国共产党的领导，中国特色社会主义制度的最大优势是中国共产党的领导”。之所以强调党的领导是中国特色社会主义制度的最大优势，是因为中国特色社会主义制度体系和国家治理体系，是在党的坚强领导下全体中国人民历经艰辛在实践中探索出来的，是对中国建构国家制度体系和治理体系的规律性认识，并不是逻辑推理、凭空创造。党作为最高政治领导力量，在中国国家制度和国家治理体系中处于领导核心地位，党的领导制度也是我国的根本领导制度，它统领和贯穿于其他 12 个方面的制度，既是中国特色社会主义制度和国家治理体系的重要组成部分，也是其他 12 个方面制度生效的根本保证。实现“两个一百年”的奋斗目标清晰明确，但前行的道路不可能一帆风顺，伴随而来的是各种发展陷阱、疑难杂症，而在新时代、新形势下，党面临的矛盾风险挑战之多、治国理政考验之大也是前所未有。因此，推进国家治理体系现代化，必须坚持和加强党的全面领导。作为执政党，中国共产党的组织结构一部分镶嵌在国家机器中，作为国家机器的重要组成部分，另一部分则镶嵌在社会领域中，作为连接国家与社会的桥梁和纽带。党要适应客观环境的变化，就必须不断进行适应性变革，只有健全和完善总揽全局、协调各方的党的领导制度体系和工作机制，才能把党的领导更好地落实到国家治理的各领域各方面各环节。

这次论坛搭建多角度、多层次的学术交流和成果分享平台，当在激励广大青年学子关注党和国家的发展动态，以多学科视角探讨中国特色社会主义制度的发展，以及国家治理体系与治理能力现代化的研究路径与理论范式。论坛评选出来的优秀论文也让我们看到新时代青年学子对中国共产党与国家治理体系和治理能力现代化的思考和认识。正如习近平总书记所说，新时代中国青年处在中华民族发展的最好时期，既面临着难得的建功立业的人生际遇，也面临着“天将降大任于斯人”的时代使命。站在“两个一百年”奋斗目标的历史交汇点上，新时代的青年理当勇担使命，学以致用，知行并进，将专业理论研究与坚持和完善中国特色社会主义制度的具体实践结合起来，为推进国家治理体系更加成熟、更加定型，为提高国家治理能力现代化水平，贡献自己的智慧和力量！

这次论坛，体现了党建研究特色，由上海市一流研究生培养引领计划项目——

“卓越党建人才培养引领计划项目”提供了论文评审、著作出版资助。本次论坛，由中共上海市委党校研究生部、科社教研部、团委、学报编辑部、中国特色社会主义理论体系创新团队共同承办。

梅丽红

2021年9月9日

（梅丽红，中共上海市委党校副校长、教授）

国家治理体系与治理能力现代化

回溯与审视：中国特色社会主义制度发展的逻辑论析

李福凌 *

摘　要： 中国特色社会主义制度是党和人民立足国情而生成的一套科学的制度体系，对其发展逻辑的考察与辨析可以从四个方面入手。从理论逻辑的维度阐释，中国特色社会主义制度的发展包含动力、阶段及立场三者关系的辩证统一；从历史逻辑的维度阐释，中国特色社会主义制度的发展历经站起来、富起来、强起来的伟大飞跃的阶段演进；从实践逻辑的维度阐释，中国特色社会主义制度的发展遵循坚持根本制度、改革具体制度及发挥制度优势的表达路径；从世界逻辑的维度阐释，中国特色社会主义制度的发展呈现突破西方话语、开辟新模式、构筑新格局的外部特征。中国特色社会主义制度发展的逻辑进程表明，必须始终立足国情并注重丰富和完善其制度特质，进而使其发展为成熟、定型的好制度。

关键词： 中国特色社会主义制度；理论逻辑；历史逻辑；实践逻辑；世界逻辑

经国序民，正其制度。中国制度的发展、成熟乃至定型是伴随着党的革命、建设和改革的不同历史时期的经验总结而逐渐生成的一整套科学系统的理论体系，是对社会主义制度探索及其本质认识逐渐深化的理论成果，是党改革开放前后两个30年的正反经验的理论总结。中国特色社会主义制度的创立肇始于改革开放历史

*　李福凌，中共北京市委党校党史党建教研部研究生。

新时期，但是对于中国特色社会主义制度的进一步理解和深化则要追溯到党的全部发展历程中加以考察，同时更要寓于其理论逻辑、历史逻辑、实践逻辑、世界逻辑的发展进程中予以审视。

一、中国特色社会主义制度发展的理论逻辑

“什么是社会主义，怎样建设社会主义”，这一问题在社会主义国家建设过程中始终是必须面对和研究的基本问题，也是伴随马克思主义政党发展始终的根本问题。从理论演进维度审视中国特色社会主义制度发展的本质，厘清制度发展动力的轮廓，归根结底就是要把握社会基本矛盾运动的规律。伴随着社会生产力发展水平的不断提升，与之相对应的生产关系和上层建筑都要与其相适应，制度就可以更加科学地被看作是与既定生产力及其决定的生产关系相适应并努力维护这种关系结构的规范，同时社会主义制度的发展也呈现出阶段性的特征。在探索中国特色社会主义制度的理论进程中，必须植根中国具体国情，吸收世界优秀制度的精华，秉持以我为主、为我所用的立场，不断丰富完善中国特色社会主义制度。其理论逻辑所生动阐释的正是社会主义制度的本质、阶段以及道路之间的关系问题。

（一）本质确证：社会基本矛盾运动的规律

历史唯物主义认为，生产力与生产关系之间的矛盾具有显著的阶段性特征，同时矛盾的存在决定了事物区别于其他事物的根本属性以及前进方向。因此，通过对不断涌现出的社会基本矛盾的解决，可以进一步推动社会生产力的发展，从而促使社会制度渐趋完善。矛盾的出现证明既有的制度体系已不适用生产力发展水平，为了进一步解放和发展社会生产力，改革势在必行。社会生产力的发展是社会发展的最终动力、最根本的决定力量。遵循经济基础与上层建筑的矛盾运动规律是制度建设的基本原则。因此，社会主义社会基本矛盾的性质和规律决定了社会主义制度建构的方向与特征应适应于生产力的发展水平。伴随着社会主要矛盾的变化，必然要求社会主义制度能够提供切实解决问题的方法和手段。但是，纵览社会主义制度发展的历史进程，囿于时代局限性，马克思主义经典作品中并未论及相关的内容。

新中国成立前，毛泽东在其《实践论》与《矛盾论》两篇文章中，已经初步涉及并阐释了社会主义社会中仍然存在矛盾的哲学思辨。到新中国成立后，毛泽东就围绕在中国建立一套符合国情的社会主义制度展开了多次调研和专门的论述。其中，在《论十大关系》《关于正确处理人民内部矛盾的问题》两篇文章中，毛泽东遵循唯物辩证法的基本规律发展了他早期的矛盾理论思想，进而创立了人民内部矛盾理论，概述了社会基本矛盾的学说，并指出在社会主义社会中存在的两对基本矛盾依然是“生产关系和生产力以及上层建筑和经济基础之间的矛盾”[1]。同时，这两对基本矛盾的最大特点就是非对抗性，以及对立统一性，既相适应又有相矛盾的特性，这些矛盾是可以借由社会主义制度本身的发展完善予以解决，进而奠定了社会主义社会发展动力的理论基础。这一探索也为我们党深化认识制度建设规律，构建完善中国制度逻辑作出了重大理论贡献，具有很强的方法论指导意义。

（二）阶段划分：远大理想与共同理想的联动

马克思在《哥达纲领批判》中，围绕未来社会的阶段划分问题进行思考。通过论述未来社会共产主义的发展形式，首次提出了第一阶段和高级阶段两个阶段的学说。十月革命胜利后，列宁对如何向社会主义过渡的两种方式进行了探索，发现直接过渡不符合俄国的实际情况，于是立足现实采用间接过渡的方式发展社会主义。在探索过程中，列宁意识到在经济、文化发展相对比较落后的国家，要想实现从资本主义向共产主义过渡，必须经过中间环节和诸多过渡阶段，并且每一发展阶段中蕴含着多个发展阶段，即大阶段包含小阶段的思想。在《共产主义运动中的“左派”幼稚病》中，列宁将早期“社会主义的最初级形式”和“发达的社会主义”等不同提法融会贯通于无产阶级专政后的阶段划分，即最初、低级、中级、高级四个阶段，为丰富社会主义制度发展阶段的划分方式奠定了理论基础。

毛泽东在《新民主主义论》中对党的最高理想和最终目标的共产主义与“社会制度”的关系进行了论证阐释。他认为，对于整个无产阶级而言，共产主义既包含了科学合理的思想体系，也包含了系统完备的制度架构，这两者“区别于任何别的思想体系和任何别的社会制度”[2]。同时，毛泽东明确提出了社会主义的发展阶段问题，并将社会主义分为不发达和比较发达两个阶段，同时对共产主义社会进行了定义，并尤其注重物质产品与精神财富的发展水平，将物质与精神的同步提升视为社会生产力得到极大发展的标志。即“到了物质产品、精神财富都极为丰富和人们的共产主义觉悟极大提高的时候，就可以进入共产主义社会了”[3]。十一届三中全会以后，邓小平继承和发展了毛泽东社会主义发展阶段的思想，对中国社会主义发展阶段的定位有了明确的论述，即中国社会主义是处于社会主义的初级阶段，是处于不发达的阶段，因而必须立足国情发展社会主义。

中国社会主义制度的发展进程，是远大理想与共同理想的辩证统一。共产主义远大理想是对当前制度构建与改革的现实关照，而中国特色社会主义共同理想则是牢牢把握基本路线不动摇，明确社会主义制度发展方向。面对具体阶段以制度现代化水平不断提升的客观要求，以制度现代化保障实现各项事业全面发展成为必然，尤其要深刻理解中国制度，必须坚持共产主义远大理想并以此为前进方向和终极目标。对于社会主义制度发展阶段的辩证关系的认识是历时性与共时性相统一，远大理想与共同理想相联动所呈现出的科学发展趋势，是被实践所证明了的经得起检验的客观规律。

（三）方位指引：以我为主、为我所用的立场

中国特色社会主义制度与社会主义制度的内涵并不完全重叠。中国制度是对科学社会主义理论本质特征的继承与发展。中国特色社会主义制度既不同于资本主义制度，也不同于苏联的社会主义制度，而是具有中国特色的社会主义制度，因而，中国特色社会主义制度是丰富和发展社会主义制度的一种表现形式。一方面，对于资本主义的制度体系而言，毛泽东认为，学习和采用西方资本主义制度是“缺乏马克思主义观点，缺乏阶级观点，是错误的”[4]。另一方面，中国社会主义制度以苏东社会主义国家制度为摹本，只能在形式上略有借鉴。在中国社会主义早期探索阶段，毛泽东已经认识到新中国成立初期的社会主义制度仍存在不足，必须构建起立足于本国国情的社会主义制度。正如邓小平指出的，制度建设必须将马克思主义基本原理与中国的具体实践相结合，走自己的道路而不是照搬照抄别国经验、别国模式。因此，中国特色社会主义制度的发展始终要以我为主，立足国情。

中国特色社会主义制度发展的前进方向在于对制度文明的扬弃。改革开放初期，邓小平在关于社会主义制度的论述中指出制度发展的方法及目标，使中国特色社会主义制度通过吸收世界各国优秀进步的因素，促成制度的自我完善，进而“成

为世界上最好的制度”[5]。一方面，对于中国特色社会主义制度而言，最关键的就是要处理好“历史传承、文化传统、经济社会发展”[6]间关系的问题。中国特色社会主义制度的生成与发展是稳定渐进式的，绝非一蹴而就；是内生演化的结果，而非外部催化的产物，因而是极富生命力与创造力的科学制度体系。另一方面，中国特色社会主义制度不是封闭僵化的，我们不仅“古为今用”，而且“洋为中用”。中国特色社会主义制度的成功就在于其善于吸收世界优秀文明的同时，始终坚持科学的世界观和方法论，秉持兼容并蓄的发展态度，并积极践行独立自主的发展理念。事实证明，“照抄照搬他国的政治制度行不通，会水土不服，会画虎不成反类犬，甚至会把国家前途命运葬送掉”[7]。只有根植于中国优秀历史文化传统，从当代中国实际出发，不断学习借鉴一切优秀的制度文明成果，才能不断推进中国特色社会主义制度的完善巩固。

二、中国特色社会主义制度发展的历史逻辑

“凡将立国，制度不可不察也”，新中国成立 70 年来，中华民族之所以能实现从站起来、富起来到强起来的伟大飞跃，最根本的原因在于党领导人民建立和完善了中国特色社会主义制度。中国特色社会主义制度的发展是在摸索中总结、反思中革新、胜利中自勉，进而不断得到提升与飞跃的，社会主义制度是需要调整和需要改革以适应客观现实的制度。这一进程也体现出中国特色社会主义制度从形成到发展、从发展到成熟的历史逻辑，提出了中国制度因时代发展而深化的现实要求。完善和发展中国特色社会主义制度绝不能割裂历史，“不忘历史才能开辟未来，善于继承才能善于创新”。[8]

（一）站起来的飞跃：制度蓝图的构建过渡

新民主主义革命时期，中国共产党人对于中国未来制度走向的问题已经有所思考。1940 年毛泽东提出了“两步走”战略，其意在争取民族独立。通过根本改变旧中国半殖民地、半封建社会的社会性质，完成从民主主义社会嬗变为社会主义社会的战略构想，清晰地论证了民主主义革命与社会主义革命两者间的关系问题，即

“民主主义革命是社会主义革命的必要准备，社会主义革命是民主主义革命的必然趋势”。[9] 1948年毛泽东在中央九月会议上，提出要建立一个以工农联盟为基础的人民民主专政的社会主义共和国的伟大构想。随后在1949年召开的七届二中全会上，毛泽东详细论证了人民代表大会制度的作用机制及其特点，并通过比较资产阶级议会制与列宁的民主专政凸显出其差异性，借以更加全面深刻地认识和理解中国制度。显然，中国制度是一套不同于西方资产阶级议会制度以及苏维埃制度的制度。与苏联社会主义制度相比较而言，两者就国体概念所包含的范围而言就有所不同。苏联的国体是无产阶级专政的苏维埃，而中国社会主义制度的国体则是“以工农联盟为基础的人民苏维埃”[10]。1949年6月，毛泽东就人民民主专政的性质和内容进行了专门的论述，其主要内涵与思想在《共同纲领》中得到贯彻和阐释，国体与政体是相互对应的，国体通过政体来表现，即阶级意志通过社会主义制度来实现。

新中国的成立将使得制度蓝图的构思与探索具有付诸实践的可能。新中国成立后，党领导人民群众开始进入社会主义过渡阶段。1956年社会主义基本制度的确立，标志着“为当代中国一切发展进步奠定了根本政治前提和制度基础”[11]。毛泽东对中国社会主义制度发展的认识，大体上经历了两个阶段，即从学习苏联到“以苏为鉴”，进而尝试思考和探索中国化的社会主义制度。通过“一五”计划的实施，证明苏联模式对于恢复我国经济实力具有积极作用，然而随着实践的不断检验，苏联模式的社会主义制度中存在的一些问题不断产生和暴露出来。尤其在斯大林逝世后，毛泽东察觉到苏联模式存在弊端，并针对苏联模式弊端所带来的经验教训提醒全党要引以为戒，这个时候毛泽东已经萌生了“走自己的路”的想法。1958年3月，毛泽东提出要建立一套具有中国自己特色、风格和路线的制度，这套制度秉持“原则相同，方法不同”的立场与要求。可以说，从社会主义制度确立后一直到八届十中全会，在这期间毛泽东着眼于国内国际两大视野，深刻地反思并总结了社会主义制度在建设与发展过程中可能存在的一些问题。这对于当前坚持和完善中国特色社会主义制度仍然具有十分重要的借鉴意义与指导作用。

（二）富起来的飞跃：两大奇迹的制度必然

经济快速发展和社会长期稳定是新中国成立70年来，党领导人民群众创造的最为突出的两大奇迹。两大奇迹的出现内在蕴含着深刻的制度必然性。一方面，我国的社会生产力得到极大解放和发展，中国一跃成为世界第二大经济体。同时，我国持续保持了国家政治和社会大局稳定，党和国家顺利渡过了诸多难关，有力巩固了人民政权、持续保持了国家政治和社会大局稳定。另一方面，改革开放新时期以来，“中国之治”与“西方之乱”对比鲜明。一个国家和社会在一定时期内经济快速发展、社会保持稳定并不少见，但像中国这样在长时间跨度内经济快速发展、社会保持稳定的局势则世所罕见。

两大奇迹的诞生，既蕴于历史必然之中，更是制度必然的展现。改革开放新时期以来，邓小平指出，“制度问题更带有根本性、全局性、稳定性和长期性”[12]，并且事关国家安全，全党必须予以高度重视。1992 年，邓小平在“南方谈话”中就如何使中国制度成熟定型进行思考，并设想通过 30 年的时间，使中国制度在各方面均能达到更加成熟、更加定型的标准。实践证明，中国自改革开放以来实现了富起来的伟大飞跃，创造两大奇迹的根本必然就在于有一套科学有效、极富生命力的制度体系作为依托，因而两大奇迹的诞生是符合科学社会主义制度发展的客观规律，同时也是其强大活力的体现。

世纪之交，以江泽民同志为主要代表的中国共产党人，继续坚持和推动中国制度趋于完善。他在十四大报告中提出，“在九十年代，我们要初步建立起新的经济体制，实现达到小康水平的第二步发展目标。再经过二十年的努力，到建党一百周年的时候，我们将在各方面形成一整套更加成熟更加定型的制度”[13]。到了十五大、十六大党进一步对制度建设提出明确要求。江泽民在中共十五届五中全会上提出并且强调，“我们进行改革的根本目的，就是要使生产关系适应生产力的发展，使上层建筑适应经济基础的发展，使我国社会主义社会的各方面都形成比较成熟、比较定型的制度”[14]。

新世纪新时期，以胡锦涛同志为主要代表的中国共产党人，将完善中国制度上升到一个新层次。胡锦涛指出，“要着力推进经济、政治、文化、社会等领域各项改革成果的制度化，形成一整套同建设社会主义市场经济、社会主义民主政治、社会主义先进文化、社会主义和谐社会相适应的更加成熟、更加定型的制度”[15]。这就进一步要求推进社会主义制度自我完善和发展，要从多维度、多领域、多层次建立一整套相互衔接、相互联系、相互作用的制度体系，并为其做好充分的理论准备。

（三）强起来的飞跃：治理境界的臻于完善

中国特色社会主义制度既坚持科学社会主义基本原则，又符合中国国情，是具有中国特色的制度体系。中国特色社会主义制度逐步成熟定型化不是一般意义上的制度定型化，而是基于具体国情和现实要求提出的，具有特殊的内在规定性。[16]党的十八大以来，随国际格局和时代潮流地急剧变化，中国制度发展所面临的机遇与挑战激增且前所未有，对中国特色社会主义制度更加成熟、更加定型提出了更高的要求。虽然在实践中取得了巨大成就，全国各族人民对其信心更加坚定，但是正如习近平指出，“中国特色社会主义制度是特色鲜明、富有效率的，但还不是尽善尽美、成熟定型的”[17]。因此，持续稳定地促进中国特色主义制度更加成熟更加定型，日臻完善国家治理现代化的境界水平，既是中国特色社会主义制度发展的题中应有之义，也是当代中国发展进步的根本保障所在。

党的十八大第一次提出了“中国特色社会主义制度”概念并解释了“三个有机结合”的论断，这标志着中国制度的内涵日渐丰富，尤其是其阐释已经涉及国家治理现代化层面。党的十八届三中全会围绕全面深化改革若干重大问题，首次引入并提出了治理现代化的概念，进一步细化“治理体系与治理能力的现代化”的关系问题，以国家根本制度建设为视角，分析论证中国特色社会主义制度发展的时空方位，并以 2020 年为界限，从而“形成系统完备、科学规范、运行有效的制度体系，使各方面制度更加成熟更加定型”[18]。这个科学制度体系的发展目标就是将“国家制度”“国家治理体系”“制度体系”三者融会贯通，通过总体论视角阐释其追求善治的合理内核。十八届五中全会就“各方面制度更加成熟更加定型，国家治理体系和治理能力现代化取得重大进展，各领域基础性制度体系基本形成”[19]，作出了明确规定。十九大的胜利召开，标志着中国特色社会主义进入新时代，并指明了到 21 世纪中叶，要实现国家治理体系和治理能力现代化的宏伟目标。

党的十九届四中全会对中国特色社会主义制度与治理现代化的发展提出了同样的目标，就是要从国家制度层面进一步推动治理现代化的发展境界。党的十九届四中全会通过的《决定》关于如何推动中国特色社会主义制度发展的提法较之从前有所变化。从十八届三中全会中“完善和发展中国特色社会主义制度”，到十九大“坚持完善中国特色社会主义制度”，再到十九届四中全会“坚持和完善中国特色社会主义制度”的历史进程，生动地阐释了从“完善和发展”到“坚持和完善”的制度发展历程，这一发展历程既是始终坚定不移地凸显了“坚持”的价值意蕴，更是对中国特色社会主义制度治理境界更高目标追求的不断完善。

三、中国特色社会主义制度发展的实践逻辑

“听言不如观事，观事不如观行”，中国特色社会主义制度和国家治理体系的作用与效果，可以通过社会主义实践外在地表现出来。中国特色社会主义制度发展的实践证明，党必须一以贯之地坚持社会主义根本制度不动摇，秉承科学社会主义的发展方向不改变。随着中国特色社会主义制度发展逐步成熟定型，既需要通过实践不断克服和完善其中具有弊病的具体制度，更需要以自我革命的精神统筹布局，推进系统化改革向纵深发展。通过提升治理现代化水平从而达到中国特色社会主义制度的最优状态，充分发挥出这一根本制度所具有的制度优势。

（一）坚定道路：以方向科学化践行根本制度

旗帜决定方向，方向决定道路。从类型学的角度分析，科学社会主义的实践表现为三种形态，即理论形态、运动形态和制度形态。与实践类型相对应，科学社会主义历史大致经历了经典理论创立、社会主义革命和社会主义制度化三个递进的阶段，并且每个阶段分别对应于实践的三种形态[20]。可见，科学社会主义的实践形态是不断向更高阶段发展进步的。中国特色社会主义制度的发展对应科学社会主义实践的第三种形态，即制度化阶段，同时也表明我国把坚持科学化的制度方向作为发展目标的伟大愿景。在中国特色社会主义制度的发展进程中，那些“顶层决定性、全域覆盖性、全局指导性作用的制度”[21]就可称之为根本制度。而根本制度又决定了社会主义的发展方向、本质特征以及国家性质。历史证明，丢弃或偏离根本制度，就会犯颠覆性错误。

社会主义道路与社会主义根本制度具有内在统一性。坚持社会主义道路与坚持

社会主义制度是同质同向的，两者不能偏废。中国制度为社会主义道路提供制度保障，社会主义道路则为中国制度的发展不断积累实践经验，两者相辅相成。我国在确立社会主义制度后，对社会主义制度的探索和实践过程中，中国共产党人始终强调要牢牢把握科学社会主义的基本原则，强调“老祖宗”不能丢，丢了就不是社会主义。正如习近平指出，“中国特色社会主义之所以是社会主义而不是其他什么主义，就是因为我们没有丢掉科学社会主义的基本原则”[22]。坚持和完善中国特色社会主义制度，首要前提就是必须坚持社会主义制度这一国家根本制度，这对于保证正确方向，坚定前进道路，实现奋斗目标而言，意义非凡。

（二）自我革命：以布局系统化改革具体制度

要保障中国特色社会主义根本制度不动摇，必须一以贯之推进具体制度改革不停歇。邓小平在改革开放之初就指出，“最重要的是一个制度问题”[23]，改革就是制度的除旧布新，其本质就是“社会主义制度的自我完善”，在反思“文化大革命”所暴露出的制度缺陷时，邓小平指出社会主义根本制度具有优越性，但“党和国家现行的一些具体制度中，还存在不少的弊端，妨碍甚至严重妨碍社会主义优越性的发挥”[24]。其中包括领导制度、工作制度、组织制度等，必须通过改革来消除存在的弊端和缺陷，否则就会使根本制度的发展得不到保障，进而危及中国制度的健康发展。正如邓小平提出的，不改革就没有出路，就是死路一条，改革可以视为中国的第二次革命，改革最重要的就是从具体制度入手向多层次、全方位和纵深化的领域持续推进，对于中国特色社会主义制度的发展而言，全面深化改革的历程就是自我革命的历程。

要推进全面深化改革向纵深发展以实现自我革命，必须通过系统化布局完善中国特色社会主义制度。亨廷顿在研究改革与政治变迁的关系中指出，“改革者的道路是艰难的。他们所面临的问题比革命者更为困难”[25]。如何改革具体制度？这一问题十分迫切地摆在中国共产党人的面前。改革开放以来，党对中国特色社会主义制度中存在弊端的具体制度的改革从未停止。特别是党的十八大以来，面临新的世情、国情、党情，习近平提出要全面深化改革，而全面深化改革，新在全面，难在深化。经过 40 多年的改革开放，一方面，那些容易改的都已改掉，留下的都是难啃的硬骨头，因此全党要敢于直面问题，勇于自我革命。另一方面，随着各方面制度的日趋完善，改革开放的任务也相应地发生改变，从通过“摸着石头过河”借以总结社会主义建设经验，转变为以制度建设巩固改革开放成果的更高阶段。在这一过程中，习近平进一步发展形成了以系统化布局改革具体制度的思想，提出制度在精不在多的观点，尤其强调制度的实用性、针对性和指导性。

中国特色社会主义制度是一整套相互衔接的制度体系。以系统化布局的方式推进自我革命，有利于促进制度体系之间的相互衔接以及制度体系的良性运转。尤其是“五位一体”总体布局与“四个全面”战略布局的有机结合为中国特色社会主义制度的系统性发展提供了完备的理论前提。习近平也多次强调，要想使中国特色社会主义制度更完善、更成熟而持久，必须不断革除体制机制弊端。针对具体制度的改革，必须要做到全面系统以及各领域间的联动集成，只有从全局把握具体制度改革，才能实现制度的优化升级。

（三）现实旨归：以治理现代化诠释制度优势

中国制度优势的表现形式是治理的现代化。党的十九大报告指出，继续全面深化改革的目标要把坚持中国特色社会主义制度与发挥社会主义制度优越性两者相结合。中国制度的优越性如何体现，要从政治的、宏观的方面去评判和把握，说到底要以是否以人民为中心、是否在社会主义实践中取得胜利，以及是否能实现中华民族的伟大复兴为基准。早在 1980 年，邓小平就对社会主义制度的优势有所论述，他提出社会主义制度优势的凸显是通过对资本主义制度三条标准的全面超越，即通过经济、政治、人才三个方面的要素作为衡量制度优势水平的标准和尺度。制度化是现代化国家的一个重要特征，现代化国家的标志之一就是制度完备健全，也就是所谓“制度化社会”。制度化是现代化国家治理的基本要求和本质特征，是实现国家长治久安、社会公平正义的基础，是实现现代化的必经路径。[26]中国特色社会主义制度要充分发挥其制度优势需通过治理体系和治理能力的现代化来得以论证，即好的制度和制度执行能力两方面共同发挥优势，而中国特色社会主义制度的最大优势就是坚持党的领导。

中国制度优势的本质特征是坚持党的领导。毫无疑问，党的领导成为中国特色社会主义制度有效运行和优势充分发挥的重要保障。对于党的领导优势的阐释，主要聚焦于为中国特色社会主义制度优势的发挥提供坚实的政治保障，党在确立、完善和发展中国制度实践过程中始终具有决定性作用。中国特色社会主义制度的运行是在以党的领导为前提下进行的，在这一过程中，党通过不断地实践进而总结经验最后形成新的科学的理论以进一步推动中国特色社会主义制度的完善，“用中国化的马克思主义、发展着的马克思主义指导国家制度和国家治理体系建设，不断深化对共产党执政规律、社会主义建设规律、人类社会发展规律的认识”[27]，从而进一步深化了中国特色社会主义制度优势和治理现代化水平的现实意蕴。

四、中国特色社会主义制度发展的世界逻辑

“万物并育而不相害，道并行而不相悖”，中国特色社会主义制度发展呈现出鲜明的独创性特征，在西方自由主义意识形态依托和垄断下的西方制度体系背景下进行突破，尝试立足国情将治理与制度合二为一，从而开创出落后的发展中国家及地区实现现代化道路的新模式。中国特色社会主义制度发展的成功实践也进一步为实现全球治理、构建人类命运共同体贡献力量。文明的繁盛、人类的进步，离不开求同存异、开放包容，离不开文明交流、互学互鉴。确保中国特色社会主义制度继续稳固发展，进而形成一套成熟、稳定、定型的好制度，既需立足国情，更需全球视野。

（一）范式建构：突破“西方中心主义”窠臼

“西方中心主义”的价值观念和意识形态的本质是建立在种族优越论基础之上，并为不平等和剥削而辩护的制度。“西方中心主义”这一概念也是西方国家近代以来才创造并使用的。全球化的浪潮进一步促进了“西方中心主义”的传播，然而随着全球化的进一步发展，西方资本主义制度频频失灵，20 世纪 90 年代之后，随着新自由主义主导下的“东亚模式”和“拉美模式”相继“破产”，越来越多的发展中国家逐渐认识到“西方中心主义”存在着严重的制度弊端。尤其在 2008 年席卷全球的经济危机爆发之后，资本主义国家的制度危机竞相暴露。然而，在全世界因经济危机而陷入萧条的情况下，中国经济却呈现出一派截然不同的景象，成为全球经济复苏和可持续发展的推进器与稳定剂。

中国特色社会主义制度是中华民族在世界历史进程中形成和发展出的优秀制度成果，是兼具中国国情又兼容世界格局的理论体系。一方面，西方的政治发展理论与道路完全不适合中国的国情。充满了西方中心主义偏见的资本主义制度体系不会让落后的发展中国家及地区实现现代化，只会成为加剧地区动荡与不稳定的巨大因素。另一方面，中国特色社会主义制度能够处理好改革、发展、稳定三者之间的关系，从而帮助经济落后以及欠发达的国家与地区实现快速发展的目标。从历时性与共时性来看，破解“西方之乱”的关键恰好是“中国之治”，中国特色社会主义制度实质上建构了一套顺应“和平与发展”时代主题的范式，是根本不同于西方资本主义制度零和博弈式思维的好制度。中国特色社会主义制度带来的经济迅速增长与社会长期稳定的辉煌奇迹与西方资本主义制度发展形成的鲜明对比，实际上已经打破了“西方中心主义”这套制度体系的神话，同时也宣告了“历史终结论”“中国崩溃论”等的破产。

（二）制治互洽：开辟现代化道路发展新模式

中国特色社会主义制度和治理现代化呈现出功能同构、结构互表的关系。制度与治理共同寓于中国特色社会主义现代化道路的发展模式，通过对实践过程中遇到的新情况、新问题总结经验，进而上升为理论，从而进一步完善制度以达到更加科学化的水平，进一步促进治理能力以达到更高效的治理效果。可以说，中国特色社会主义现代化道路是兼具国内与国外两个大局，蕴含着全人类共同价值理念的现代化模式。这条道路超越了西方现代化理论的固有认知，并不是只有走西方化道路才能实现现代化，从而让越来越多的发展中国家认识到立足本国发展有本国特色的现代化的重要性，“拓展了发展中国家走向现代化的途径，给世界上那些既希望加快发展又希望保持自身独立性的国家和民族提供了全新选择”[28]。同时，“也在一定程度为陷入发展困局的资本主义国家提供了某种借鉴”[29]。使得中国特色社会主义开启了“全球治理的新文明类型”[30]。中国特色社会主义在整个初级阶段，必须要坚定不移地推动其发展和完善，在有效解决中国问题的同时，更应该向世界贡献中国智慧和中国方案。

中国特色社会主义制度为中国道路的开辟奠定了坚实的政治基础。中国道路的发展创新为中国制度获得价值认同提供了广阔的世界舞台。中国道路所取得的诸多成就是在中国制度语境下，受中国治理思想与西方优秀管理经验的双重影响，重新建构起来的一套逻辑互洽的现代化发展新模式。其突出特点就是具有极强的包容性、凝聚力和向心力，能够将各种积极要素融汇凝聚起来形成合力，共同作用于对制度建设和治理水平的提升探索之中。“中国的实践证明，没有中国特色社会主义制度，根本不可能产生中国的成功发展模式。”[31]随着中国特色社会主义进入新时代，社会主要矛盾的转化、治理现代化面临的新任务、中国特色社会主义制度发展的新要求等以叠加累积的形式纷纷出现。传统的治理模式已经越来越难以应对全新且复杂的问题，这就必然要求中国特色社会主义制度和国家治理体系更加完善、不断发展，实现制度与治理两者相结合的新思路。“制治互洽”为现代化道路发展提供了全新的道路模式，在这套道路模式的指导下，中国越来越自信且积极地参与到世界经济全球化的进程中，并成为经济全球化的受益者和贡献者，中国自身的发展为世界各国提供了经济发展机遇和发展红利的同时，也为中国特色社会主义制度的世界意义奠定了坚实的物质基础，增强了借中国特色社会主义制度实现现代化的示范效应。

（三）全球向度：构筑人类命运共同体新格局

“无产阶级只有在世界历史意义上才能存在，就像共产主义——它的事业——只有作为‘世界历史性’的存在才有可能实现一样。”[32]因此，中国特色社会主义制度的意义与价值不应当局限于对中国的现代化进程起到发展的作用，更应为维护世界发展肩负起应有的责任。中国特色社会主义制度内在规定着中国的发展道路和前进方向，“走和平发展道路，是我们党根据时代发展潮流和我国根本利益作出的战略抉择”。[33]党的十八届三中全会围绕全面深化改革的总目标提出，国家治理体系和治理能力现代化这一命题，进一步明确了中国制度的发展任务。中国制度“为解决人类问题贡献了中国智慧和中国方案”[34]。一直到党的十九届四中全会，对坚持和完善中国特色社会主义制度、推进国家治理体系和治理能力现代化进行系统总结，并将完善和发展中国制度的具体任务和方法进行阐释，即“在吸收世界智慧的同时，摒弃西方新蒙昧主义和绝对主义，共同探索和建构‘后西方话语’时代的中国话语”[35]。

从世界现代化的发展进程看，社会主义思潮、运动、制度的出现与演进，本质上是对西方现代化路径反思的产物，旨在提供一种替代性的方案。[36]在中国特色社会主义制度基础上提出构建人类命运共同体，实质是要把中国的发展理念传播到世界各地，人类命运共同体蕴含并体现出中国古代传统文化的思想精髓，即“和合”思想，以及中国人民对于“大同世界”追求与向往的精神追求和文化底蕴，其内在逻辑既吻合当今世界的开放格局，也符合全球共治共享的历史潮流。对全世界人民而言，人类命运共同体能够肩负起繁荣经济、文化交流，稳定世界秩序的希冀与归宿。这套新秩序是符合中国特色社会主义制度的价值属性，是中国特色社会主义制度所奉行、倡导并积极践行的宏伟目标。由此，我们要坚信“中国共产党人和中国人民完全有信心为人类对更好社会制度的探索提供中国方案”[37]，从而构筑起人类命运共同体新格局。

参考文献

[1] 毛泽东文集：第 7 卷［M］. 北京：人民出版社，1999：214.
[2] 毛泽东选集：第 2 卷［M］. 北京：人民出版社，1991：686.
[3] 毛泽东著作专题摘编（上）［M］. 北京：中央文献出版社，2003：909.
[4] 毛泽东年谱：第 3 卷［M］. 北京：中央文献出版社，2013：35.
[5] 邓小平文选：第 2 卷［M］. 北京：人民出版社，1994：337.
[6] 习近平谈治国理政：第 1 卷［M］. 北京：外文出版社，2018：105.
[7] 习近平谈治国理政：第 2 卷［M］. 北京：外文出版社，2017：286.
[8] 习近平谈治国理政：第 2 卷［M］. 北京：外文出版社，2017：313.
[9] 毛泽东选集：第 2 卷［M］. 北京：人民出版社，1991：651.
[10] 毛泽东文集：第 5 卷［M］. 北京：人民出版社，1999：256.
[11] 胡锦涛文选：第 3 卷［M］. 北京：人民出版社，2016：620.
[12] 邓小平文选：第 2 卷［M］. 北京：人民出版社，1994：333.
[13] 江泽民文选：第 1 卷［M］. 北京：人民出版社，2006：253.
[14] 江泽民文选：第 3 卷［M］. 北京：人民出版社，2006：120.

［15］包心鉴.马克思主义中国化的基本规律与当代走向［M］.北京：人民出版社，2011：128.

［16］贾绘泽.中国特色社会主义制度定型化论析［J］.理论月刊，2018（4）：14—19.

［17］十八大以来重要文献选编（上）［M］.北京：中央文献出版社，2014：75.

［18］十八大以来重要文献选编（上）［M］.北京：中央文献出版社，2014：514.

［19］十八大以来重要文献选编（中）［M］.北京：中央文献出版社，2016：791.

［20］郭为桂.中国特色社会主义制度成熟定型的逻辑进路——兼从党的十九届四中全会解读中国社会主义现代化模式［J］.中共福建省委党校（福建行政学院）学报，2020（1）：4—17.

［21］《中共中央关于坚持和完善中国特色社会主义制度、推进国家治理体系和治理能力现代化若干重大问题的决定》辅导读本［M］.北京：人民出版社，2019：175.

［22］习近平谈治国理政：第1卷［M］.北京：外文出版社，2018：26.

［23］邓小平文选：第2卷［M］.北京：人民出版社，1994：297.

［24］邓小平文选：第2卷［M］.北京：人民出版社，1994：327.

［25］塞缪尔·P.亨廷顿，王冠华、刘为等译，沈宗美校.变化社会中的政治秩序［M］.上海：上海人民出版社，2008：287.

［26］何星亮.为什么要完善和发展中国特色社会主义制度［J］.人民论坛，2018（36）：46—47.

［27］习近平谈治国理政：第3卷［M］.北京：外文出版社，2020：122.

［28］习近平谈治国理政：第3卷［M］.北京：外文出版社，2020：8.

［29］余金成.社会主义市场经济是新型社会主义生产方式——写在中国改革开放四十周年［J］.中国矿业大学学报（社会科学版），2018，20（6）：35—45.

［30］吴晓明.“中国方案”开启全球治理的新文明类型［J］.中国社会科学，2017（10）：5—16.

［31］陈锦华.中国模式与中国制度［M］.北京：人民出版社，2012：61.

［32］马克思恩格斯文集：第1卷［M］.北京：人民出版社，2009：539.

［33］习近平谈治国理政：第 1 卷［M］. 北京：外文出版社，2018：247.

［34］习近平谈治国理政：第 3 卷［M］. 北京：外文出版社，2020：9.

［35］张维为 . 中国震撼：一个“文明型国家”的崛起［M］. 上海：上海人民出版社，2011：125.

［36］蒲国良 . 新时代中国特色社会主义的世界意义［J］. 理论与改革，2018（2）：11—18.

［37］习近平谈治国理政：第 2 卷［M］. 北京：外文出版社，2017：37.

《论十大关系》中推动国家治理体系和治理能力现代化的历史经验

金赞研 *

摘　要:《论十大关系》是社会主义改造完成前后毛泽东对社会主义国家建设的重要思考成果，针对社会主义国家在建设中可能面临的矛盾和问题进行了具有指导意义的阐释。《论十大关系》讲话的发表标志着新中国国家治理体系和治理能力建设的起步，其中蕴含的马克思主义治国理政精神和治国理政观念仍然是值得我们今天学习和借鉴的。在我国面临着国家治理体系和治理能力现代化建设的关键时期，重新考察这一重要文献的现实意义，对于国家治理体系治理能力的建设和新时代中国特色社会主义事业的前进具有极其重要的作用。

关键词: 国家治理体系；国家治理能力；论十大关系；毛泽东思想

一、坚持党的全面领导：国家治理体系和治理能力建设的根本保障

党的领导是国家治理体系和治理能力建设的核心命题。毛泽东同志在《论十大关系》关于第七大关系“党与非党的关系”中明确指出：“无产阶级政党和无产阶

* 金赞研，中国传媒大学马克思主义学院研究生。

级专政，现在非有不可，而且非继续加强不可。否则……不能建设社会主义，建设起来也不能巩固。”[1]中国共产党是中国特色社会主义事业的领导核心，中国特色社会主义最本质的特征是中国共产党的领导。从历史上来看，党带领全国各族人民艰苦奋斗，实现了国家独立和民族解放，推进了社会主义体制的确立，推动了社会主义制度的改革和中国特色社会主义制度的建立完善；从现实上来看，中国特色社会主义建设进入新时代，在国内面临实现两个百年奋斗目标的重要时间节点，在国际面临百年未有之大变局，当前的国际国内形势对中国而言既是机遇，又是挑战，因此更需要中国共产党带领全国人民共同奋斗。

坚持党的全面领导，就要发挥党总揽全局、协调各方的作用。国家治理体系与治理能力建设是全面系统工程，涉及面广，难度大，牵涉历史与现实、国内与国外的复杂情况，只有坚持党的全面领导，才能够克服改革中面临的种种困难。这是我们党在长期革命、建设斗争中所积累的宝贵经验。1942 年 9 月，党在《关于统一抗日根据地党的领导及调整各组织间关系的决定》中提出党的领导的一元化要求，党的一元化领导成为新民主主义革命胜利的重要法宝。新中国成立后，我们一直强调坚持党的领导，党始终站在时代的前沿，成为社会主义建设事业的领导核心，即使在“文化大革命”时期，党依然在领导人民进行经济社会建设和与反革命集团进行艰难斗争，保障国家在困难时期仍然继续前进。党的十八大以来，党的一元化领导得到继续加强和完善。习近平总书记在党的十九大报告中明确指出：“党政军民学，东西南北中，党是领导一切的。”[2]党的十九届四中全会《中共中央关于坚持和完善中国特色社会主义制度推进国家治理体系和治理能力现代化若干重大问题的决定》明确提出，坚决维护党中央权威，健全总揽全局、协调各方的党的领导制度体系，把党的领导落实到国家治理各领域各方面各环节。

坚持党的全面领导，就要发挥党的组织优势，特别是党深入基层、深入群众的优势，坚持群众路线，发动群众，以人民的力量实现国家治理体系和治理能力的现代化建设。国家治理是党和政府的工作，但是党的智慧来自群众，政府的施政目标也是一切为了人民，治国理政离不开人民群众的智慧和支持。在《论十大关系》中，毛泽东指出在无产阶级政权下面，工人具有很高的阶级觉悟和劳动积极性。[3]新中国成立以来，党组织深入到社会最基层的单位，包括社区、村庄和生产组织，起到了领导、教育、联系、服务广大群众的作用，也正是由于党组织扎根群众、联系群众，才能在关键时刻起到动员群众的作用。动员能力不仅来自强大的行政指导体系，更来自党植根于人民的威望。相比较行政强制力，党在人民当中所具有的威望和人民对党的信任是党能够调动资源、统筹兼顾的前提条件。国家治理体系和治理能力的建设中，动员能力是极其重要的一环，执政者的动员能力直接决定了其执政能力。而中国共产党的动员组织力来自党的先进性，来自党在群众中崇高的威望，群众对党的信任是党最为宝贵的资源。

坚持党的领导，就要坚持党员在国家治理体系和治理能力建设中的先锋队作用。实现党的领导，一方面依靠制度，另一方面依靠党员，人事和制度不可偏废。在《论十大关系》中，毛泽东多次强调党和无产阶级专政的作用，对党员和领导干部提出要求。《论十大关系》这篇针对党内的内部讲话核心要义就是要求党员正确看待社会主义建设中的十大关系也就是十大矛盾，在实际工作中正确处理十大矛盾。由此可见毛泽东对于党员工作一以贯之的重视态度。毛泽东在《中国共产党在民族战争中的地位》一文中，重点强调了党员的模范作用和全局观念。毛泽东提出“在军队中是英勇作战的模范、执行命令的模范、遵守纪律的模范、政治工作的模范、内部团结统一的模范；在统一战线中是实行抗战任务的模范、协调各党相互关系的模范；在政府工作中是十分廉洁、不用私人、多做工作少取报酬的模范；在民众运动中是民众的朋友、而不是民众的上司，是诲人不倦的老师、而不是官僚主义的政客。个人利益服从于民族的和人民群众的利益，大公无私，积极努力，克己奉公，埋头苦干，是实事求是的模范、学习的模范”。[4]在大局观上，“共产党员决不可脱离群众的多数，而率领少数先进队伍单独冒进，必须注意组织先进分子和广大群众之间的密切联系；一个好的共产党员必须善于照顾全局善于照顾多数，并善于和同盟者一道工作”。[5]毛泽东对于党员修养和党员作用的论述贯穿了毛泽东思想谱系的始终，直接影响并指导了新时代中国特色社会主义国家治理体系和治理能力建设中对于党员模范先锋作用的要求。

国家治理体系和治理能力现代化建设，必须加强和完善党总领全局，统筹规划，协调各方的能力。首先，加强党的政治建设是根本，只有政治上具有先进性，才具备一切工作的前提。中国共产党是为人民服务的政党，必须始终坚持这一点，才能够赢得广大人民群众的支持。政治权力归根到底来自人民群众的信任和支持，失去了这一点，政治权力就如同空中楼阁，虚无缥缈。只有加强党的政治建设，增强党的团结性、凝聚力和战斗力，增强党为人民服务的能力，深入群众、避免脱离群众，才能保持党在人民心目中的领导核心地位。其次，必须加强“四个意识”，做到“两个维护”，做到令行禁止，维护中央权威和全党步调的高度一致。政党的战斗力来自高度的团结和强有力的领导，这是列宁主义政党所具有的独特优势。中国共产党取得民主革命胜利的重要保障就是把党建设成为具有共同理想和目标，团结一致的革命铁军。在社会主义建设时期，党继续加强和完善民主集中制，把党建设成为既讲民主、又讲集中的社会主义建设领导力量。中国特色社会主义进入新时代，党面临的“四大风险”“四种考验”更加突出，面临的历史任务也更加艰巨，全党必须增强“四个意识”做到“两个维护”，集全党之力为实现党的历史目标而奋斗。再次，必须加强制度建设，通过完善党内法规和社会主义法治体系为国家治理体系保驾护航。制度是具有长期意义的，较为稳定的治理工具，加强制度建设是增强党的执政科学性和规范性的重要方法。党的十八大以来，我们党大力加强党内法规建设和立法工作，出台了一系列党内规章制度，推动了一系列立修废改法律的工作，根据现实的需要立法修法，废止一些已经过时落后的法律，使得党和国家的制度建设紧随时代，与时俱进。最后，始终坚持以人民为中心是贯穿党的治国理政全过程的指导思想。人民是历史的主人和创造者，党来自人民，要始终与人民群众保持血肉联系，才能保持党的先进性与活力。落实到实践当中，就要信任群众，依靠群众，相信群众的智慧，把群众的要求作为党的决策的重要依据，把群众的关注作为党推动国家治理体系和治理能力建设的切入点。

二、直面问题、实事求是：国家治理体系和治理能力建设的前提

《论十大关系》通篇体现的是毛泽东对于社会主义国家建设的深入思考，对目前社会主义体制和模式存在的问题的深刻剖析，对未来社会主义国家建设道路的

深远规划。1956年社会主义改造顺利完成后，随着社会主义建设事业的推进，移植苏联政治经济模式的弊端也逐步凸显。特别是1956年苏共二十大上赫鲁晓夫全盘否定斯大林的秘密报告一方面让毛泽东思考苏联模式的弊端，另一方面也引起了毛泽东对于社会主义阵营性质的担忧。苏联模式特定时期内可以起到快速调动资源进行社会主义建设的作用，但是如果不根据形势进行适当的调整和改革，必将削弱社会经济活力，造成党和国家治理体系的僵化和退化。在思考苏联模式弊端的同时，毛泽东又在关注社会主义阵营的整体利益。社会主义阵营的形成和壮大来之不易，斯大林在其中起到了至关重要的主导作用，如果社会主义阵营因为斯大林被否定而分崩离析，那么对于国际共产主义运动将是毁灭性的打击。一方面，毛泽东对苏联体制的弊端给予批评，提出苏联体制的弊端是“又要马儿跑得好，又要马儿不吃草”[6]，“把什么都集中到中央，把地方卡得死死的，一点机动权也没有”[7]，要求全党根据中国的实际国情进行改革；另一方面，毛泽东从社会主义事业大局出发，明确提出要维护斯大林的地位，继续学习苏联模式的积极方面，改革苏联模式的弊端。相比较赫鲁晓夫和一些苏东国家领导人，毛泽东更具有实事求是、直面问题的伟大品格和总领全局、协调矛盾、维护稳定的政治智慧。

《论十大关系》是新中国成立以来，中国共产党首次就社会主义国家建设和治理问题提出的有独创意义的回答，其中蕴含着毛泽东对于社会主义制度和国家治理体系建设的思考，贯穿着毛泽东一贯的实事求是的原则。面对苏联模式产生的一系列问题，毛泽东不仅看到了应当对苏联模式进行改革和完善，更看到了如果改革不当，将对社会主义事业会造成更加沉重的打击。因此，改革的正确方向必须得到准确把握，改革的步骤和进度必须得到精准的规划和设计，政治家的前瞻性就体现在对局势的掌控能力和对未来趋势的准确预判，毫无疑问毛泽东对于社会主义改革方向和前途的预判是准确的。中国特色社会主义的改革开放同样如此，对于改革方向和步骤的掌握设计与改革本身同样重要，习近平准确把握了全面深化改革的总目标，就是坚持和发展中国特色社会主义，实现国家治理体系和治理能力的现代化。找准了改革的方向，改革就能沿着正确的轨道进行下去。对于我国未来的改革实践来说，坚持马克思主义的立场观点和方法，直面问题，实事求是，一切从实际出发，具体问题具体分析，抛弃盲目照搬已有方案的空谈，是必须遵循的方法指导。

三、统筹兼顾、协调矛盾、集中力量办大事：社会主义国家治理体系的显著优势

统筹兼顾、协调矛盾，集中力量办大事是社会主义国家治理的最大优势。无论是实行计划经济的时期，还是实行社会主义市场经济的时期，都具备不同于资本主义制度的显著优势。新中国成立初期，一穷二白、百废待兴，产业结构比例极其不均衡，重工业基础薄弱，缺乏国家赖以生存的工业基础。我国面临的国际国内形势也极其严峻复杂，内部有大量国民党残余势力需要肃清，外部有帝国主义势力虎视眈眈。在这样的内外形势下，必须集中力量突破关键领域的建设瓶颈，以国家生存和建设最为基础的重工业特别是国防工业入手开始建设全工业体系。为此，党中央学习苏联的计划经济模式，制定了“五年规划”，以重工业为突破口，从 1951 年开始建设了一大批基础设施和工业设施，使我国初步具有了一定的工业基础，为今后我国社会主义建设乃至改革开放奠定了物质基础。此后，在党的领导下，我国集中力量进行了一系列科研攻关，先后攻克了两弹一星、核潜艇、杂交水稻、青蒿素等等一系列世界性科研难题，消灭了四害和困扰南方的血吸虫病，建立了服务人民的医疗和教育制度。市场的优势是可以根据需求调配资源，但是同样具有逐利性、自发性和盲目性的弊端，公共事业与市场结合不当就会极大地损害人民的利益。而无论是国防建设，还是公益性质的教育医疗文化基础设施建设，都要做到为人民服务，这是社会主义国家的本质特征，因此需要党集中统一领导，国家统筹计划。《论十大关系》在“一五”计划胜利完成前夕提出，“一五”计划的巨大成就使得上到党和国家领导人、下到普通干部群众都感受到了集中力量办大事的社会主义制度的巨大优势，但是在农业合作化运动、社会主义改造和工业化建设过程中暴露出的一些问题也引起了党和国家领导人的高度重视。因此毛泽东在《论十大关系》中的前三大关系“重工业和轻工业、农业的关系”“沿海工业和内地工业的关系”“经济

建设和国防建设的关系”中，明确提出了要在坚持发展重工业的基础上，向农业和轻工业倾斜；在坚持继续发展沿海工业的基础上，大力发展内陆工业；在保障国防基本建设的前提下，大力发展经济，为国防建设提供后盾支持的三大经济方针。这充分体现出社会主义国家统筹兼顾的制度优势。

毛泽东不仅承认人民内部存在利益的分歧和竞争，更高度地重视处理各方面的关系，通过平衡各方利益调动其积极性。以中央和地方关系为代表的各行政层级之间的关系问题是世界各国从古至今处理国家政治体制和利益分配中的难题，由此产生了分封制、集权制、联邦制、邦联制等等一系列试图解决这一问题的政治体制，但是始终没有很好地平衡两者之间的关系。中国古代采取分封制，造成了持续近千年的战乱，采用了两千余年的中央集权制，虽然一定程度上发展了生产力，但是最终仍然限制了生产力的发展，不利于国家稳定和人民生活。苏联采取了加盟共和国的制度，但是中央集权的政治经济体制过于僵化，导致加盟共和国和地方政府毫无自主权，严重削弱了社会经济活力。西方国家很多采取联邦制，各州各省具有很大的自主权，但是联邦政府权力有限，在不涉及国家安全的领域很难处理各州之间的利益纠纷和推诿扯皮，难以做到平衡各州之间的利益矛盾，特别是在涉及群众生活的领域无法克服资本主义制度的固有弊端。新中国成立后，毛泽东及党中央始终在思考如何既保持中央的集中统一领导和权威，又能够充分调动地方的积极性。经过大区制和中央分局制的探索，摸索出中央管大局和方向、地方负责具体实践，在保持中央集中统一领导的前提下，地方可以依据实际情况与中央进行协商解决问题的制度。正如毛泽东在《论十大关系》中所指出的那样：“我们要提倡同地方商量办事的作风”[8]，这种协商在日后从作风逐渐变为了制度，构成了目前我国实行的协商民主制度的一部分。毛泽东不仅要求中央和省一级要坚持中央权威与地方自主相结合，而且任何一级单位与上下级都要保持这样的关系。毛泽东还提出要纠正国务院各部委跳过各省的省委、省人民委员会直接对其对口厅局发布指示的混乱做法，这些指示有的中央不知道，但以中央的名义发布，给地方造成了很大困扰，毛泽东要求精简程序和手续，严格按照层级发布指示，纠正了“文山会海”的官僚主义倾向。妥善处理各行政主体之间的关系，是维护国家稳定和政权良性运行的重要因素。改革开放以来，我国的行政层级权力安排和分布依然遵循《论十大关系》中的基本原则，即维护中央的集中统一领导，充分发挥地方的自主积极性。央地关系、部门关系制度的完善，是国家治理体系和治理能力建设的重要一环，在这一方面我国仍然需要进行多方面的探索。

四、有梯度有层次安排经济结构与分布：国家治理体系和治理能力建设的重要内容

在以经济建设为中心的时代背景下，经济发展能力是国家治理能力最为重要的体现。对国民经济结构和层次进行合理的规划是国家治理体系和治理能力建设的重要方面。在实行计划经济的时期，我国通过国家计划，确立了以发展重工业为主，兼顾农轻工业的社会主义工业发展方针，逐步探索出一条符合我国国情的工业化道路，建立起一套门类较为齐全，可以同时兼顾人民生产生活需求和外部形势变化的全工业体系。农业合作化运动改变了数千年来的小农经济状况，通过整合土地和生产资料使得农业现代化成为可能，极大提高了农产品产量和农民的生活水平。

毛泽东高度重视我国的经济体系和经济结构的建设。《论十大关系》的前三大关系是“重工业和轻工业、农业的关系”“沿海工业与内地工业的关系”“经济建设和国防建设的关系”，其中毛泽东最为关注的就是苏联曾经有过较为惨痛教训是农轻重三大产业的关系问题。苏联在这个问题上有过教训，而且始终没有得到彻底地改正，最终使得国民经济比例失调，造成了经济的萧条和严重的社会危机。在毛泽东时代虽然这种矛盾没有集中爆发出来，但是毛泽东敏锐地意识到轻工业和农业是人民生活的基础，如此偏废农轻工业，“几十年后算总账划不来”，一定会引发较大的社会问题。毛泽东时代已经发生的波匈事件、布拉格之春等东欧国家的社会动荡，表面上看是政治自由化所引起的，但是归根到底还是苏联不合理的经济结构对东欧国家人民生活的不良影响所造成的。国家对于经济结构不合理的过度干预和自由放任都会导致经济结构和产业机构的畸形。在改革开放之前，社会主义国家普遍认为计划经济与社会主义是等同的，在这样的背景下，不盲目学习苏联的工业化道路，提出在发展重工业的同时要将投资向农轻工业倾斜是非常难能可贵的思考和探

索。新中国成立前，中国的产业地域结构极端不平衡，工业和轻手工业几乎全部集中于沿海地区，沿海地区的工业主要集中于天津、上海等为数不多的大城市，中小城市和广大农村工业基础极其薄弱。在《论十大关系》中沿海与内地工业的关系中，毛泽东认为战争仍然不可避免，因此工业不能全部集中在沿海地区，要大力发展内地工业，一方面能够防止沿海工业因战争而遭受冲击，另一方面内地的工业基础太过薄弱，必须加大力量尽快填补。因此，从 1964 年起，随着中共中央所认为的战争压力逐渐加大，中央正式开启了大三线建设。大三线建设对于中国产业结构的地域分布产生了巨大的影响，通过大三线建设，西部地区的资源得到了充分开发，建成了一大批影响深远的大项目和基础设施项目，极大地拉动了西部地区的发展，使得一部分西部省份快速走上工业化的道路。

改革开放以来，在经济结构的调整方面我国取得了巨大的成就，片面发展重工业、轻视农轻工业的做法得到了改善。随着社会主义市场经济和非公经济的发展，轻工业逐渐成为我国国际贸易的一张重要名片，为我国带来了可观的收益，为我国的国际贸易和人民生活改善作出了巨大贡献。但是与此同时，我国也出现了不重视尖端科技，片面依赖进口和引进高端制造业产品，忽视自主研发的问题。随着中美贸易摩擦形势的不断变化，我国旧有产业结构的弊端逐渐显现，特别是我国在高端制造业上仍然与西方国家存在差距。我国的制度优势在抗击新冠肺炎疫情中已经得到了充分显现，但是如何通过治理体系和治理能力将制度优势转化为现实，特别是在社会主义国家对于经济结构的调整作用上，应当起到比资本主义国家政府更加强大的作用。从宏观上来讲，习近平总书记曾经强调，我国的政治是“接力赛”，西方国家是“拳击赛”，我们是一棒接着一棒干，只要定下了目标，没有大的形势变化就要沿着既定目标走下去，不会因为领导人的更替就发生变化，因此我国比西方国家更加有条件进行远景和长期的规划。从微观上来说，我国更加有可能对一些新兴产业进行战略性的、长期的扶持。西方国家如果没有外部压力，很难对一个产业进行长期持久的战略性支持，由于政党利益和选举需要，很可能造成产业结构和资源配比向执政党的票仓产业倾斜，国家经济结构的优化就完全服务于政治选举而不是国家的实际需要。

调整产业结构不仅是一个经济问题，更是一个涉及国家经济安全的重要问题。

习近平总书记在总体国家安全观中提出，经济安全是国家安全的基础。现代社会的分工产生了巨大的生产力，但是社会分工的细化也导致了在危机来临之时可能会由于某一细微的变化导致全产业链的崩溃。改革开放前 30 年我国面临对外战争的危机，因此毛泽东在《论十大关系》中提出的解决方案是大力发展重工业，加大在西部远离沿海可能爆发战争的地区投资重工业的比重，同时大力发展农轻工业，这样可以做到国家掌握重工业和国防工业的财富，农轻工业以“存富于民”为主。即使遭遇了较大规模的战争，人民也可以暂时维持较为稳定的生产生活。目前我国所面临的危机不仅仅是战争危机，还面临着许多非传统安全威胁。因此，国有经济必须在经济安全领域发挥主导作用，对于一些非危机时期由市场掌握的行业，国有经济部门应当作出预案，在危机到来产业链断裂的时候及时接管相关的生产，保证产业链正常运行，不仅要做到保障人民正常生活，而且要肩负起为抗击危机生产物质资料的任务。

五、正确区分是非问题：完善国家舆论宣传体系，创造风清气正的舆论环境

意识形态问题的处理能力是考验一个国家治理体系和治理能力是否现代化的重要标志。正确引导舆论使之符合国家发展的大方向，同时做到“有底线的宽容”，保持舆论场的活力，发挥社会舆论在宣传主流意识形态、教育人民群众、反映社情民意和进行舆论监督的作用。处理社会舆论问题，最为重要的是分清敌我，分清习总书记所指出的“红色地带，灰色地带和黑色地带”，哪些属于人民内部矛盾，哪些属于敌我矛盾，三者的界限如何划分，这是我们国家意识形态治理仍然需要讨论和解决的问题。

“分清敌我”是毛泽东在《毛泽东选集》开篇《中国社会各阶级分析》的核心思想，也是指导中国共产党从弱小走向强大的法宝。在《论十大关系》中，毛泽东谈了对中国革命至关重要的“是非关系”与“革命和反革命的关系”，对如何处理政治上的矛盾进行了系统地论述。新中国成立后，国内政治矛盾仍然尖锐，除去国

民党残余势力、反革命政治土匪等武装反革命力量之外，思想和意识形态上的斗争也十分尖锐。旧知识分子中反对、敌视马克思主义和社会主义制度的仍然占有很大部分，民主党派人士中也有一部分人的思想没有转变为无产阶级思想。因此，除了使用镇反等暴力手段剿匪之外，处理思想上的反革命问题，毛泽东也进行了深入的思考。战争年代对于思想问题采用政治甚至是暴力手段来解决是合理的和正常的，但是进入了和平时期，中国共产党成为执政党，处理思想问题就无法再使用战争时期的方式来进行，必须探索一条处理敌我和人民内部矛盾的新路。

在《论十大关系》中，毛泽东认为，对于犯过错误的党内外人员，认识到错误想要积极改正的，要给予关心和支持，帮助他们改正错误。如果敌视、歧视犯错误的同志，是宗派主义的行为，甚至可能演变成反革命。这是根据延安和中央苏区时期肃反和整风的经验教训总结而来的，要坚持“惩前毖后，治病救人”的原则。但是由于历史局限，毛泽东认为党内争论是社会上阶级斗争在党内的反映，历史证明这个论断是有偏差的，容易导致破坏党内民主，对党的事业造成损害。在毛泽东时代，政治问题、刑事犯罪问题、思想问题的划分并不是界限分明，相关法律法规也并不完善。改革开放以来，社会思潮逐渐多元化，政治、刑事和思想问题的界限也逐渐分开，处理思想问题的方式也更加灵活和多元，定性成为“思想问题”的门槛也逐步提高，很多以往认为是“思想错误”的问题也逐渐归入到个人自由和人民内部矛盾的范畴。但是毛泽东对于是非和革命反革命的思想方法仍然指导着当今社会处理类似问题的行动，只是在手段上更加柔和与灵活。

毛泽东在《论十大关系》中提出对于犯过错误的同志的处理措施以教育为主，主要目的在于教育群众和争取改正错误。对于思想问题应当以教育为主，如果公开发表错误言论应当按照纪律和相关规定处理。但是应当明确的是，一切的处理目的都在于帮助其本人改正错误，帮助群众认清错误言论，在处理的同时应当对错误言论给予批判，由此起到教育的目的。

处理思想问题和意识形态问题是做人的工作，与处理工业、贸易等问题有较大的不同。一个国家建立强大的工业和经济体系并不困难，但是塑造强烈的国家、政党和制度的认同感却很不容易，有的国家甚至自始至终都没有通过做思想工作确立这一点，以至于过度依赖行政强制和暴力手段，造成了极大的治理成本，国家始终得不到有效的发展和进步。意识形态工作和思想工作以国家强制力为后盾，但是对强制力形成依赖却是无益于意识形态工作的。国家、民族和制度的认同感是现代民族国家赖以形成、维持和发展的软实力要素，也是构建现代化治理体系不可或缺的要素。习近平总书记提出要对错误言论敢于“亮剑”，做党的路线方针政策的宣传者和执行者，做马克思主义的传播者和践行者，就是要求共产党员和党的理论工作者一方面要以身作则，忠实遵循马克思主义的基本立场观点方法，为人民服务；另一方面要求相关部门既要敢用、会用行政和组织的力量纠正错误言论，又要学会运用理论和教育的方法宣传主流意识形态、批判错误观念。《论十大关系》虽然没有重点论述意识形态问题，但是其中处理敌我和是非问题的观念和方法，仍然值得当今的管理者学习和借鉴。

六、结语

国家治理体系和治理能力的现代化是我国全面深化改革的总目标，考验着党的执政能力和执政水平。对于一个社会主义现代化国家来说，完善的制度、忠诚的干部队伍、强有力的执行能力和有说服力的意识形态是治理体系的四大支柱。与虚无缥缈的“自由民主”的空洞概念相比，治理体系的建设是更加符合实际和符合政治运行基本规律的。《论十大关系》是中国共产党对于国家治理体系建设的第一次系统论述和思考，是中国共产党真正成为全国的执政党后第一次对于全国的政治经济建设的通盘思考，也是对建国十余年政治经济经验教训的总结，对后人具有重大的启发意义。虽然时过境迁，世殊时异，但是其中蕴含的毛泽东思想的基本方法，马克思主义国家建设的基本规律和对人类社会政治运行规律的探索仍然具有极大的现实意义。与西方自由主义和选举政治结构性矛盾不同，我国的治理体系中存在的问题可以通过国家治理体系和治理能力的建设，甚至可以通过科技和技术手段的完善来逐步解决。在这样的时代背景下，吸取马克思主义发展史，特别是马克思主义中国化史上有益的思想资源实现对于国家治理体系和治理能力的完善，可以起到事半功倍的作用。

参考文献

［1］［3］［6］［7］［8］毛泽东文集：第7卷［M］. 北京：人民出版社，1999：35—36；28；30；30；31.

［2］习近平. 决胜全面建成小康社会夺取新时代中国特色社会主义伟大胜利——在中国共产党第十九次全国代表大会上的报告［M］. 北京：人民出版社，2017：20.

［4］［5］毛泽东文集：第2卷［M］. 北京：人民出版社，1991：488.

党的监督保障法规制度：历程、逻辑与启示

李少杰[*]

摘　要：党的监督保障法规制度是特定党组织经程序制定的用于对党组织工作、活动和党员行为进行监督、奖惩、保障的行为规范。从运作方向上看，监督保障法规经历了自上而下的机制建立时期、自下而上的制度探索时期和多方平衡的体系确立时期。在内部关系方面，法规经历了从孤立建设到整体推进的发展过程，协同性不断加强。监督保障法规演进的理论逻辑是围绕党的政治路线充实制度内容，历史逻辑是以党内监督为起点延展制度体系，实践逻辑是探索组织与个体的平衡关系。

关键词：党内法规；党内监督；党内保障

2016年12月13日，中共中央印发《关于加强党内法规制度建设的意见》，正式提出以“1+4”为基本框架的党内法规制度体系，即在党章之下分为党的组织法规制度、党的领导法规制度、党的自身建设法规制度和党的监督保障法规制度四大板块。党的监督保障法规制度是特定党组织经程序制定的用于对党组织工作、活动和党员行为进行监督、奖惩、保障的行为规范，具体可细分为约束性法规、激励性法规和保障性法规三个方面[1]。以“1+4”为基本框架的党内法规制度体系，为监

* 李少杰，中国人民大学马克思主义学院研究生。

督保障法规制度建设指明了实践方向，规划了基本路径。

党的监督保障法规制度作为一个理论概念出现的时间较晚，但它是中国共产党近百年制度探索的产物，具有长期的历史积淀，遗憾的是学界目前尚未对其进行专门的历史梳理。相关研究大多着眼于党的制度建设全貌，监督保障法规附属于党的思想理论、机构设置与治党实践，并未形成独立的研究线索，难以显示其自身的演变逻辑。而为数不多的法规研究，也仅围绕某一主题单线展开，缺少审视制度全貌的整体视野，难以观察监督保障法规内部的互动关系。此外，监督保障法规的文本体量庞大，远超既有研究所涵盖的范围。可见这一法规板块研究的深度与广度都有待提升。因此，本文尝试回溯中国共产党制度建设的历史，梳理监督保障法规的理论渊源与演变进程，明晰制度变迁的内在逻辑，以丰富当前制度建设的理性思考。

中国共产党监督制度与保障制度的建设实践早于监督保障法规概念的提出，其实践历程内嵌于党内法规的沿革史，学界对后者的阶段划分呈现多元态势，划分的主要依据有中共党史、转折事件、党内法规建设评价三类标准。[2] 从转折事件与法规建设评价标准看，监督保障法规的发展史与中共党史在阶段上并不完全重合。如六届六中全会与 1990 年《中国共产党党内法规制定程序暂行条例》的颁布，分别是党内法规建设在革命时期进入理论自觉和改革时期强化技术规范的开端。但中共党史的宏观分期赋予监督保障法规以鲜明的时代特征，是理解法规演变逻辑的首要前提，因此本文首先以中共党史分期作为划分监督保障法规发展史的标准。

一、革命时期：建立自上而下的约束机制

中国共产党自成立起就面临严峻的外部压力。在扫除军阀内乱与推翻帝国主义的双重任务下，中国共产党需要以弱小的力量面对敌对势力的破坏、围剿，生存与斗争成为两大主题。与此同时，以集中制和铁的纪律为特征的列宁主义党建原则，随着十月革命的成功与俄国译著传入中国，被早期中国共产党人所认同。外部压力与俄共范例推动中国共产党形成严格自我约束的取向，并外化为监督保障法规的制度表征。

（一）监督保障法规的各类制度探索在革命时期均已得到不同程度展开

这一时期，虽然法规的名称、类别尚未标准化，但在建规立制的实践中，出现了具有共同特征并长期发挥作用的制度渊源。如以监察督促为主要内容的监督类制度，以违纪判定为主要内容的审理类制度，以纪律处分为主要内容的处理类制度，以保护党员为主要目标的权利保障类制度，以规范党务工作为主要目标的工作保障类制度，和以调动全党积极性为目标的关怀激励类制度。在形式上，法规的渊源最初以条款、章节的形式零散地出现在各种类型的文件中，并随着制度建设的成熟，提升为专门的法规。在内部关系方面，法规经历了从孤立建设到协同建设的发展过程，出现整体性的萌芽。

（二）法规以自上而下的监督约束为主，党员个体在党内关系中尚处于弱势地位

这一特征明显地体现在监督与处理类法规中。中国共产党自成立起就开始借助法规开展党内监督的实践。中共一大至四大的纲领与各项决议案，有多处明确提出上级对下级党组织的财物、活动、政策进行监督的规定，党员外派工作、书报宣传、国会活动等行为也要由中央“授以方略，绝对受中央监督，不得自主”[3]。在方式上，监督类法规也及时巩固党内监督的有益探索。1928 年与 1931 年，中央接连下发《中央通告第五号——巡视条例》与《中央巡视条例》，将二大与四大党章规定的中央特派员、巡视的原则形成制度。彼时中国共产党处于分隔与地下斗争的状态，出于强化中央实际领导力的需要，巡视法规以集中为主要取向，强调巡视员对中央负绝对责任，须研究中央一切决议文件，向中央进行两周一次的频繁报告并答复一切问题，保证地方党部对国际和中央路线百分百执行[4]。

监督的约束效力需要以纪律处分的强制力做后盾。中共一大的党内法规并未规定罚则，惩戒措施直到二大党章才出现，惩戒方式的丰富则经历了更加漫长的过程。二大至四大党章对党组织的惩戒方式是取消或改组，党员只要违纪就面临被开除的重罚。五大、六大逐渐细化处理方式，发展出指责、警告、取消登记、临时取消重要工作、留党察看等手段。此外，中国共产党还针对特定问题出台专门的处理规定，如 1926 年颁布《中央扩大会议通告——坚决清洗贪污腐化分子》，要求洗刷“接近政权的”“在经济问题上吞款、揩油的”投机腐败分子[5]；

1927年11月为处理“各地违背工农武装暴动政策”的问题通过了《政治纪律决议案》等。

自上而下的强力约束容易在党内路线产生错误时放大后果。在党内“左”倾路线的统治下，土地革命时期党内法规逐渐发展出惩办主义的倾向，造成了肃反扩大化的后果，许多无辜干部受到打击，党员个体处于劣势地位。

（三）监督保障法规制度建设逐渐从急用先立模式转变为反复适用模式

六届六中全会是党内约束性法规建设的重要转折。毛泽东在会上提出党内法规概念的初衷是监督全党以统一行动，与此前将监督措施写入党内法规的自在实践有所不同，毛泽东从认识上将监督法规视作推动党内关系走上正轨的长期规范，而非临时动议或通知，这赋予全党以制度落实纪律约束的理论自觉。此后，一系列常态化约束全党的法规陆续出台。以党内报告制度为例，在土地革命战争时期，中央每一年都要通过党内通告等文件，频繁督促地方党组织向中央汇报工作，报告制度更多以通知的形式发生效力，权威性较低。1948年《关于建立报告制度》的颁布，促使中央与地方党委得以通过“经常的综合的报告和请示”密切联系。党在抗日战争和解放战争时期的监督保障工作开始依靠更具有延续性的条例、规则、规定，逐渐摆脱对指令、通告等即时性命令文件的依赖。

（四）实践挫折催生监督保障法规内部的制度关联

“左”倾路线时期的失误，一方面有路线斗争与宗派主义的影响，但从法规建设角度看，审查程序发育的迟缓也是重要原因。直至中共五大，党章才提出对违纪案件要“依合法手续审查之”，但审查的程序、方式、流程直至六大党章都未曾规定。党内法规片面强调监督与惩戒，忽视了作为链接环节的审查程序，不仅使当时苏区的肃反工作走向唯心化，更使来自上级监督与惩处的机构——肃反委员会与地方政治保卫处一跃成为“超党超政权的独裁机关”[6]，严重侵损了革命力量。

基于以上教训，延安时期党的案件审查程序开始强化规范动作，如讨论和决定党员违纪问题时，要求“收集旁证材料以昭慎重”，公布决定前三天通知本人，党员本人应尽可能在场，决定要以书面形式为准，讨论表决必须到达法定人数等[7]。在指导原则上，中国共产党将权利保障与激励关怀的理念植入约束性法规中，以

“惩前毖后，治病救人”代替“残酷斗争，无情打击”，强调要爱护、关心犯错误的党员干部，帮助他们改正，重新为党的革命事业所用，实现监督保障法规在指导原则上的蜕变。

相比约束性法规，党的权利保障类法规在革命时期的建设较为滞后。对党员权利的正面表述首次出现于三大的《中国共产党第一次修正章程》，其中规定：候补党员只有发言权和选举权，正式党员每五人有一票表决权[8]。选举权和表决权在四大时归正式党员独有，候补党员只保留发言权。革命时期权利保障法规的另一类重要发展，是出于对党内惩办主义进行纠偏的需要，在党内法规中开辟党员的救济权利。法规开始为党员留出上诉辩护的渠道，以救济在纪律处分中可能出现的过失[9]。中共七大党章将革命时期对党员权利保障的探索进行了系统整合，为党员行使权利和开展自我救济提供了制度依据。

土地革命战争时期的工作保障类法规紧密围绕“保密”这一最高原则制定，尽管中共一大就已经提出保守秘密的要求，但党的保密工作细则在国民革命失败后才逐步建立。面对国民党的白色恐怖和频发的叛徒告密事件，党开始加强保密法规的建设，《中央通告第八十号——建立秘密工作》《中共中央关于秘密工作基本规则》等文件，奠定了革命时期党的保密政策基础[10]。党的交通、档案、文书、情报信息工作法规与保密法规相互交织，保障了党在秘密状态下的工作运转。

二、建设时期：进行自下而上的制度探索

新中国成立后，中国共产党身处在日益紧张的国际冷战格局中，同时需要应对执政后部分党员出现官僚主义、脱离群众的蜕化。国内外风险相互渗透促使中国共产党将巩固政权作为新中国成立后在政治领域的重要任务，时代任务也对党的建设方略产生影响。在党内关系方面，经历八大短暂地民主探索后，党内在领导体制与工作方法上强调党委对决策“大权”的独揽，各级党委又由第一书记挂帅，延续了革命年代自上而下的集中体制。在党群关系方面，尽管党在革命后期已经有了依靠人民跳出“人亡政息”的历史周期律的设想，但直到新中国成立后，渐趋稳

定的政治环境才为调动群众监督的积极性提供了切实条件。在党法关系方面，中国共产党的执政合法性并非来自代议制或选举制的权力授予，而是来自领导人民经由革命实现国家独立的事功。集中、群众性形塑了建设时期党的监督保障法规制度。

（一）从运作方向上看，监督保障法规在保证集中的基础上，不断拓宽自下而上的动能，体现出强政治动员性

党内监督、审理、处理类法规在这一时期开辟了群众利益表达的渠道，如要求在党媒报刊上公开地向人民进行批评和自我批评[11]，在监察工作中把群众检举控告和人民来信来访作为监察机关的工作依靠，不重视人民的监督意见被认为是“官僚主义”的表现[12]。党内也不断强化同级和下级监督，授予各级地方监察委员会不经过同级党委就向上级乃至中央检举违法乱纪的权利[13]。此外，监督保障法规随政治形势的变化不断增加运动式治党的内容，如 1955 年要求将审干工作同肃反斗争结合进行[14]，1958 年随着经济建设的升温，监察工作也提出要进行“大跃进”，克服监察中的右倾保守思想，“大张旗鼓”地处理典型案件[15]。在党务工作法规中也要求贯彻群众路线，出现了“全民办档案”“万物档案化”的口号，试图克服所谓少数人包办档案工作的弊端[16]。

建设时期自下而上的动能在性质上并非党内民主的发展，而是党群关系的交织。法规中党委集权与党群之间监督权利的分享同时存在。普通党员的权利，却在九大和十大的党章中被取消，仅留下一条没有程序保障的向上报告的权利。党内法规对此规范不健全意味着党员自下而上的监督有名无实，被动员的群众又能够轻而易举地对普通党员、干部造成压制。在法规实际执行中，处于中间地带的普通党员和干部是被施压的重点，他们相对于党的上层和群众是弱势的。自下而上的构思在监督保障法规中层层叠加，发展为强政治动员式的制度，配合运动式治理与扩大化的阶级斗争，最终又被脱离法制的“大民主”取代。

（二）从法规形式上看，相关法规再度强化即时性、原则性倾向，稳定性与实体性有所消减

这一时期党内法规内嵌于党的政策文件中，涉及监督保障的内容频繁地以决定、指示、通知等政策形式出现，通过中央批转、会议通过的报告也带有法规效

力，如《关于审干工作同肃反斗争结合进行的指示》《呈批案件必备材料的通知》《关于防止执行党纪中夸大错误、草率从事偏向的报告》等。对动员效率的执着，要求照顾到下层对法规的理解能力，因此党在新中国成立后对制定法规条目数量呈现克制倾向[17]。这促使党内法规的数量随着群众动员力度的提升而压缩，中共九大将党章从原有的 60 条压缩至 12 条，监察机构的内容被删除，仅有的监督规定也只是原则上承认党员和群众的批评建议权利。1958 年《党的监察工作方法四十四条》把对监察工作的要求凝练成诸如“改进文风”“对敌人要狠，对同志要和”等 44 句原则，并未展开具体解释，也未将原则落实为具体程序。

（三）从规法关系上看，监督保障法规主动嵌入国家法制之中，发挥公权力约束与行政管理的作用

1953 年的《中共中央关于加强中央人民政府系统各部门向中央请示报告制度及加强中央对于政府工作领导的决定（草案）》，规定了党中央对政府系统各部门的直接监督，政府作出重大决策前需要请示党中央以避免脱离领导。这是继 1948 年强化对军队党组织的监督后，党在执政条件下进一步处理中央层级党政关系的实践[18]。党的监督保障法规也承担了执法监察的功能，赋予监察委员会处理党员违反国家法律和法令的行为[19]。1959 年《中央关于统一管理党、政档案工作的通知》在统一管理党政档案的同时，将各级档案管理机构纳入党的机构序列而非政府系统。

（四）中国共产党在建设时期还有意识地搭建监督与保障法规之间的互动关系

主要体现为党的约束性法规为权利和工作保障类法规的执行提供支持。八大党章规定，侵害党员权利就是违反党的纪律，应当给予纪律处分[20]，这是党章首次将侵犯党员权利纳入纪律惩处的范围。《关于保守党与国家机密奖惩暂行办法》也以单行法规的形式，利用激励与党纪处分手段对党的保密工作进行保障。

党在建设时期对监督保障法规开展了许多有益的制度探索。这一阶段的法规建设，既受国内外形势影响，又与多重因素相互交织，造成一定的后果。总的来看，党的监督保障法规在这一时期的表征，反映了党在这一时期延续了革命年代高度集中与动员群众的习惯，监督保障法规的能量凭借执政党积蓄的政治优势得以释放，但需要进一步完善以更好地进入制度治理的轨道。

三、改革时期：确立多方平衡的法规体系

进入改革开放新时期后，党的监督保障法规面临的环境有所改变。一方面，党内法规建设需要消解盲目强调自下而上制度的弊端，探索建立更稳定的监督制约机制，在管党治党方面实现有法可依。另一方面，市场经济对党员干部的纯洁性造成一定程度的冲击，经济领域日渐增多的违法违纪现象要求纪检法规发挥更突出的作用。制度建设的反面教训与新时期的中心任务推动监督保障法规产生转向。

（一）在运作方向上，监督保障法规逐渐确立多方平衡的运行机制

党内意识到自下而上的监督虽有必要性，但为了避免走向无序，必须要有法规可依、有集中指导。因此，新时期通过的第一部党章要求党“在高度民主的基础上实行高度的集中”，在原则上不再刻意突出上级或下级的某一端，也不将两者对立起来。其次，法规也明晰了自下而上的指代主体，明确区分开“党内监督”与“人民监督”[21]，随后演变为党内监督与党外监督相结合的要求。法规不再仅从党章和准则中规定党员的监督、批评建议权，还颁布《中国共产党党员权利保障条例》等法规予以程序保障。目前，党内构建起党中央统一领导，党委（党组）全面监督，纪律检查机关专责监督，党的工作部门职能监督，党的基层组织日常监督，党员民主监督的党内监督体系，其动能主要来自自上而下的组织监督、自下而上的民主监督以及同级监督。

（二）在规法关系方面，党规与国法在监督保障领域逐渐厘清边界，围绕共同目标发挥各自的制度优势

“为了保障人民民主，必须加强法制”[22]成为改革时期的共识，制度和法律在国家治理中的地位逐渐提升，政策手段的地位退后但并未退出。与此同时，“国要有国法，党要有党规党法”[23]，党法概念从党的政策中分化出来，成为与治国手段相对应的治党工具。审查类法规在改革时期规定的内容只包括党员违纪案件的审查程序，并强调密切与公安、行政监察机关、司法机关在办案中的分工协作。党内法规依旧需要监督与制约党员违法行为，但党纪处分不再替代国法制裁，两者也在

事实上拉开距离。2015年修订的《中国共产党纪律处分条例》将与法律重合的内容删去，就是对纪法分开、纪严于法的强调，以此彰显党员相对于公民的先进性。随着国家层面制定《保守国家秘密法》《国家情报法》《档案法》，相关领域进入有国法可依的阶段，党内法规在党外事务中不再起到主要作用，转而以党政联合发文的形式继续发挥影响。

（三）在法规的系统性方面，监督保障法规加快了纵向内容整合进程，确立了正式的制度体系

这一时期，党内法规从过去“成熟一个，制定一个”的探索型立法，转向有统筹、重导向、成体系的引导立法模式[24]，监督保障法规也经历了从单行法规向主干法规、法规体系的演化。党内接连为巡视、信访、考核、重大事项报告等监督手段立规建制，并出台《中国共产党党内监督条例》作为主干法规。2019年《中国共产党纪律检查机关监督执纪工作规则》颁布，将20世纪80年代以来党在检查、立案、搜证、审理等各环节的审查类法规整合统摄。除党的工作保障类法规尚未出台主干法规外，《中国共产党纪律处分条例》《中国共产党问责条例》《中国共产党党员权利保障条例》《中国共产党党内关怀帮扶办法》《中国共产党党内功勋荣誉表彰条例》都已将监督保障法规下的子类制度进行整合。2016年党的监督保障法规制度被正式提出，相关法规建设有了系统性的引领。

（四）在法规的协同性方面，监督保障法规内部的有机关联越来越显著

监督类法规负责党内日常监督，审查类法规承接监督发现的线索进行调查，处理类法规依照案件审查结果对相关责任人进行惩处。与此同时，监督、处理类法规也建立了对纪检机关的内控机制，保证对纪检办案人员的监督与威慑，防止“灯下黑”情况的出现。权利保障类法规对监督权的细化，为党内监督体系提供自下而上的力量。公文备案与党内统计也是一种“特定形式的党内监督工作”[25]，可以促使党务信息公开，规范权力运行，减少信息不对称导致的权力滥用、私用空间。关怀激励类法规构建了党内容错纠错机制与表彰机制，在强化约束的同时为全体党员提供正向引领和试错空间，可以激励全体党员作为。约束性法规也为保障、激励性法规提供保护，一切侵犯权利、干扰工作、滥用激励的行为都要受到党纪惩处。（见图1）

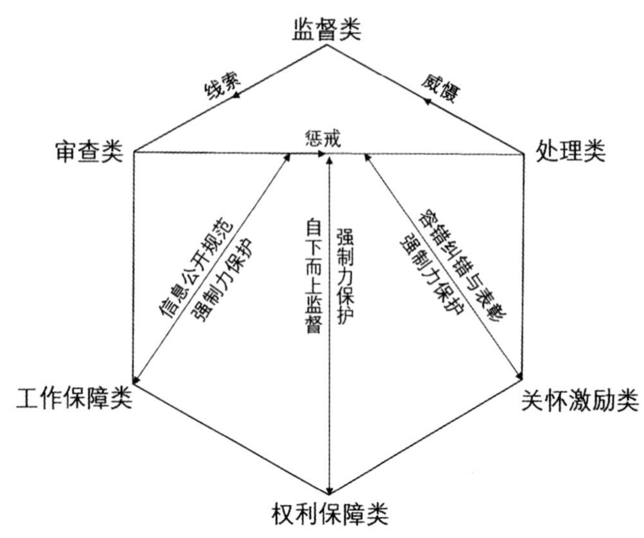

图 1　党的监督保障法规的内部关系

四、党的监督保障法规制度的发展逻辑

在中国共产党近百年的制度建设史中，监督保障法规制度形成了自身的演变逻辑，主要包括：以党建工具论为主要内容的理论逻辑，以党内监督为起点的历史逻辑，探索组织与个体平衡关系的实践逻辑。

（一）围绕党的政治路线充实制度内容，是监督保障法规发展的理论逻辑

作为“人民群众在特定的历史时期为完成特定的历史任务的一种工具”[26]，中国共产党需要围绕阶段性任务确立政治路线，开展自身建设。党的监督保障法规是政治路线在相关领域的映射与落实。

一方面，纪检法规制度并非头痛医头，以防治腐败或某类问题为核心定位，而是把政治纪律放在显著位置，最终目的是确保党的路线方针政策和重大决策部署的贯彻落实[27]，因此法规的建设重点和目标导向带有鲜明的时代特征。另一方面，“技术工作政治化”的要求贯穿于各个时期监督保障法规的建设中。党务工作保障类法规需要保证党内档案、信息、统计等技术工作“与党的整个任务联系起来”[28]。如建设时期档案工作主要为“工农业生产、技术革命和文化革命”服务；

改革年代党内信息简报工作的定位是为各级党委“决策科学化、民主化”提供智力支持[29]。但“技术工作政治化”具有一定的工具性弊端，在政治路线正确时可以作为领导工作的重要助手，在政治环境出现问题时，则需警惕其弊端。

因此，强化党的监督保障法规制度，必须认识到其独木难支的局限性。一方面，需要细化配套法规，增强制度的规范性与程序性；另一方面，监督保障法规也需要党的组织法规、自身建设法规予以配合，通过强化民主集中制，完善党内组织生活流程，压缩个人意志凌驾集体意志的可能空间，提升“任意横行”的制度成本，共同确保政治路线的稳定性。

（二）以党内监督为起点延展制度体系，是监督保障法规发展的历史逻辑

“路线是‘王道’，纪律是‘霸道’”[30]，政治路线确定之后，以铁的纪律确保路线的执行成为建规立制的核心任务，因此党的监督保障法规自建设起步就将监督全党行为、确保令行禁止的任务摆在首要位置。六届六中全会首提党内法规概念，也是为了对党内监督弱化、行动不统一的问题作出改变，可见监督制度在党内法规中的重要地位。

强化约束的现实需要决定了监督保障法规各项内容建设并非齐头并进。通过梳理历史可以看到，监督保障法规经历了从被动架构关联制度到主动探索法规协同的过程。监督类法规是这一制度板块的主线，其他类法规衍生于这条主线。为了确保制度的威慑力，惩戒处理类法规紧随监督法规启动建设。处理类法规在执行中遇到偏差，催生了各个时期强化审查和权利保障法规的需求，而实事求是地审查违纪案件，本身也是珍视党员权利的表现。进入改革开放新时期后，各类监督保障法规的建设均有所加速。但从法规数量上看，监督、审查、处理类法规占监督保障法规的70%以上①，制度板块内部不平衡现象依旧存在。

遵循监督保障法规的历史逻辑，要求增强其内部建设的协同性，确保法规之间相互支撑。一方面，制定或修改法规要充分考虑制度之间的联动作用，及时跟进相关法规的修订，防止法规之间出现冲突。另一方面，要补齐制度短板，加快保障性法规的建设。

（三）探索组织与个体的平衡关系，是监督保障法规发展的实践逻辑

约束与保障性法规的互动，反映了党组织和党员个体的关系。监督保障法规发

展的历史经验表明，自上而下的约束集中过强，会导致党员权利难以保障；刻意强调自下而上的民主，也不利于党的集中统一领导。两种极端都会损害党内政治生态，使民主和集中的目标落空。在分配组织权力与个体权利的博弈中，应找到一个均衡点，使一方权利或权力的行使不以牺牲、减损另一方为代价。

实现上下均衡的必要前提，是明确组织与个体之间的行为边界，这要求不断提升法规内容的精细化程度。约束性法规自改革开放以来不断完善立法，规范案件审查的流程，通过加强法规解释明确违纪判定的尺度。此外，发挥监督保障法规的最大效用，需要正确处理党组织、党员个体和群众的关系。在正确区分党内民主监督与党外群众监督的基础上，打通党内外监督相结合的渠道，走出一条坚持群众路线又不搞群众运动的新路径，并向更多主体赋予监督权，构建多元平衡的监督体系。

五、结语

相比于监督保障法规制度丰富的建设实践与文本积淀，本文对历史的梳理还是较为初步的，许多问题有待深入探讨。制度文本不等于制度绩效，梳理法规演变的历程与逻辑无法直接解决当前法规执行的困境与问题。例如执行过程重视强制命令、轻视自觉服从，被赋予监督权利的党员习惯将自己视作被监督者，尚未充分认识自身的主体地位。主干法规不健全、实际监督出现盲区等问题依旧存在。总之，监督保障法规制度建设还面临诸多现实挑战，也具有宽阔的制度前景，有待研究者给予关注，并提供更进一步的解决之策。

注　释

① 本文的统计数据以北大法宝党内法规数据库为基础，由于数据库更新法规有时间差，本文的统计数字仅反映大致情况。

参考文献

［1］李少杰．党的监督保障法规制度：概念、结构与价值［J］．理论建设，2020，36（4）：35—42.

［2］高小芳．社会变迁视野下党内法规的历史演进［J］．福建行政学院学报，2019（6）：28—29.

［3］中共中央文献研究室等．建党以来重要文献选编（1921～1949）：第 1 册［M］．北京：中央文献出版社，2011：148.

［4］中共中央文献研究室等．建党以来重要文献选编（1921～1949）：第 8 册［M］．北京：中央文献出版社，2011：374—378.

［5］中共中央文献研究室等．建党以来重要文献选编（1921～1949）：第 3 册［M］．北京：中央文献出版社，2011：348.

［6］中共中央文献研究室等．建党以来重要文献选编（1921～1949）：第 9 册［M］．北京：中央文献出版社，2011：23.

［7］中共中央文献研究室等．建党以来重要文献选编（1921～1949）：第 17 册［M］．北京：中央文献出版社，2011：692.

［8］中共中央文献研究室等．建党以来重要文献选编（1921～1949）：第 1 册［M］．北京：中央文献出版社，2011：270.

［9］中共中央文献研究室等．建党以来重要文献选编（1921～1949）：第 10 册［M］．北京：中央文献出版社，2011：440.

［10］张群．中国保密法制史研究［M］．上海：上海人民出版社，2017：270.

［11］中共中央文献研究室．中共中央文件选集：第 2 册［M］．北京：中央文献出版社，2013：316.

［12］中共中央文献研究室．中共中央文件选集：第 22 册［M］．北京：中央文献出版社，2013：362.

［13］中共中央文献研究室．中共中央文件选集：第 41 册［M］．北京：中央文献

出版社，2013：53.

［14］中共中央组织部．中国共产党组织史资料：第 9 卷［M］．北京：中共党史出版社，2000：318—319.

［15］罗正楷．中国共产党大典［M］．北京：红旗出版社，1996：728—729.

［16］国家档案局办公室．档案工作文件汇集：第 1 集［M］．北京：档案出版社，1986：23，46.

［17］丛进．曲折发展的岁月［M］．郑州：河南人民出版社，1996：66.

［18］杨德山．中国共产党的政党学说：一个学说史视角的梳理和分析［M］．北京：中共党史出版社，2005：231.

［19］中共中央文献研究室．中共中央文件选集：第 18 册［M］．北京：中央文献出版社，2013：329.

［20］中共中央文献研究室．中共中央文件选集：第 24 册［M］．北京：中央文献出版社，2013：230.

［21］中共中央文献研究室．十二大以来重要文献选编：下册［M］．北京：人民出版社，1988：1189.

［22］中共中央文献研究室．三中全会以来重要文献选编：上册［M］．北京：人民出版社，1982：25.

［23］中共中央文献研究室．三中全会以来重要文献选编：上册［M］．北京：人民出版社，1982：14.

［24］周叶中．关于中国共产党党内法规体系化的思考［J］．武汉大学学报（哲学社会科学版），2017，70（5）：8.

［25］中央办公厅法规室．中国共产党党内法规选编 1978—1996［M］．北京：法律出版社，1996：219.

［26］中共中央文献研究室．中共中央文件选集：第 24 册［M］．北京：中央文献出版社，2013：133.

［27］徐理响．试论中国共产党纪检制度的改革和完善［J］．政治学研究，2014（1）：16—17.

［28］中央档案馆．中共文书档案工作文件选编：1923—1949［M］．北京：档案出

版社，1991：11—14.

［29］胡锦涛．高举中国特色社会主义伟大旗帜为夺取全面建设小康社会新胜利而奋斗［N］．人民日报，2007-10-25（1）．

［30］毛泽东文集：第2卷［M］．北京：人民出版社，1993：374.

系统论视域下新时代党的自我革命研究

覃伟津[*]　卢成观[**]

摘　要： 自我革命是新时代语境下加强党的建设的宏观思考和顶层设计。作为一次方法论的自我革新，系统论应用于新时代党的自我革命研究具有重大的价值意蕴。在系统论视域下，新时代党的自我革命是一项伟大的系统工程，内在具有理论构建的整体性、结构体系的层次性、运行演化的动态性和系统边界的开放性等理论特质。随着新时代党的自我革命的纵深发展，要求我们要把新时代党的自我革命作为系统来规范运作，首在从整体上认识和把握新时代党的自我革命，贵在精细考察新时代党的自我革命的内在规定性，重在把新时代党的自我革命作为动态过程来认识，要在细致把握新时代党的自我革命的外在规定性，不断在深化新时代党的自我革命实践中把党建设得更加坚强有力。

关键词： 党的自我革命；系统论；新时代；党的建设

党的十八大以来，习近平围绕"自我革命"进行了顶层设计、系统谋划和整体部署，在新时代管党治党的具体实践中提出了许多新思想、新观点、新论断，系统而深刻地回答了新时代"为什么要进行党的自我革命""怎么样进行党的自我革命"这些重大的理论和实践问题，逐渐形成了全方位、宽领域、立体化

*　覃伟津，南京师范大学马克思主义学院研究生。

**　卢成观，贵州师范大学马克思主义学院研究生。

的党的自我革命思想理论体系，体现了新时代党的自我革命作为一项伟大的系统工程推进所蕴含的丰富系统论意蕴。以系统论的全新视域去审视新时代党的自我革命，对于我们更好地把握新时代党的自我革命的政治品格和核心要义、不断深化新时代党的自我革命、把党建设得更加坚强有力具有重大的理论意义和现实价值。

一、新时代党的自我革命的系统论意蕴

自我革命是新时代语境下加强党的建设的宏观思考和顶层设计。作为一次方法论的自我革新，系统论中蕴含的系列创新理论、研究视域和思维方法对于新时代党的自我革命研究具有重大的应用价值。在系统论视域下，新时代党的自我革命是一项要素耦合、结构合理、运行高效的伟大系统工程，内在蕴含着丰富的系统论意蕴。

（一）系统论对研究新时代党的自我革命的应用价值

系统论思想是20世纪中叶发展起来的创新理论体系，它从奥地利生物学家贝塔朗菲的一般系统论起步，逐渐发展到比利时物理学家普里高津的耗散结构学说、联邦德国科学家哈肯的协同理论、德国化学家艾根的超循环理论以及随着系统论的广泛应用而发展起来的突变论、信息论、控制论等新兴学科，逐渐发展形成一个完整的理论体系。作为一次方法论的自我革新，系统论深受学术界青睐，并被积极应用于教育学、历史学、管理学等领域，进一步提升了学科研究的参与度和交叉度。系统论应用于新时代党的自我革命研究具有重大的应用价值。一方面，系统论拓宽了新时代党的自我革命研究的视域。纵观已有研究，学界多从历史使命[1]、社会革命[2]、全面从严治党[3]等方面对新时代党的自我革命进行研究，而从系统论视域中对其展开系统分析尚未得到研究者的充分关注。因此，将系统论的研究方法应用于新时代党的自我革命，拓宽它的研究视域，不仅对新时代党的自我革命子系统与要素在系统运行中的作用作出全新的系统解读，而且还关注系统与外部环境之间的互动互应关系，从而能够探索形成一套上下联动、内外并举、纵横交错的新时代

党的自我革命运行系统，这将大大有利于自我革命的纵深发展。另一方面，系统论提升了新时代党进行自我革命的思维能力。科学的思维方法对提高新时代党的自我革命思维能力，提升党的建设质量具有决定性意义。系统论中蕴含着全局思维、协同思维、开放思维等，将系统论的思维方法引入新时代党的自我革命使得探寻自我革命的深化路径由单向思维向多向思维拓展、由平面思维向立体思维迈进、由封闭思维向开放思维转变，有利于党实现对传统思维方式的自我革新，不断提升进行自我革命的整体思维能力。由此可见，系统论中蕴含的系列创新理论、研究视域和思维方法对于研究新时代党的自我革命并将其推向深入都具有重大的应用价值。

（二）新时代党的自我革命是一项伟大的系统工程

自我革命是新时代中国共产党管党治党的新思想、新观点和新论断，是习近平新时代中国特色社会主义思想的重要组成部分，体现了中国共产党高度的理论自觉和实践自觉。在系统论视域下，新时代党的自我革命是一项伟大的系统工程。2016年10月24日习近平在党的十八届六中全会第一次全体会议上明确指出，“以自我革命的政治勇气着力解决党内存在的突出问题，做到管党有方、治党有力、建党有效”[4]。2018年12月18日习近平在庆祝改革开放40周年大会上指出，“坚定不移推进党的伟大自我革命，敢于清除一切侵蚀党的健康肌体的病毒，使党不断自我净化、自我完善、自我革新、自我提高”[5]。2019年6月24日习近平在十九届中央政治局第十五次集体学习时要求，“要以新的理念、思路、办法、手段解决好党内存在的各种矛盾和问题，不断提高自我革命实效”[6]。这些重要论述深刻阐明了新时代党的自我革命蕴含的丰富系统论意蕴和系统性特征。坚持问题导向、查明存在矛盾和问题的深层次原因，深入矛盾和问题的根源，明确前进方向和革新举措。新时代党的自我革命是相互联系、紧密关联的大规模系统运作，包含鲜明的系统思维和系统理念。中国特色社会主义进入新时代，面对世情、国情、党情的深刻变化，党中央始终坚持以建立整体思维和树立系统观念对新时代党的自我革命进行整体规划和系统审视，使管党治党的战略和部署更加科学、更加严密、更加有效，新时代党的自我革命的系统性、协同性、实效性显著增强，各项工作、各个领域、各种要素、各项机制联动集成、良性互动，逐步建立起一套要素耦合、结构合理、运行高效的运行系统，体现了新时代党的自我革命作为一项伟大的系统工程推进所蕴含的丰富系统论意蕴。

二、系统论视域下新时代党的自我革命的理论特质

新时代党的自我革命是党的十八大以来党中央管党治党的顶层设计、系统谋划和整体部署，是符合新时代加强党的自身建设，把党建设得更加坚强有力的系统模型构架和体系设计，体现了中国共产党人对执政党建设规律认识的不断深化。在系统论视域下，新时代党的自我革命具有理论构建的整体性、结构体系的层次性、运行演化的动态性和系统边界的开放性等理论特质。

（一）理论构建的整体性

整体性是系统论的核心特征，也是系统论的根本要求。“系统整体性说明，具有独立功能的系统要素以及要素间的相互关系（相关性、阶层性）是根据逻辑统一性的要求，协调存在于系统整体之中。”[7]从这个意义上看，在系统论视域下，新时代党的自我革命理论构建具有鲜明的整体性特征。一方面，新时代党的自我革命理论体系是一个涉及革命主体、革命客体、革命目标、革命内容、革命方法和革命情境①六个子系统的复杂系统工程，同时各个子系统之下又包含着大量复杂的要素，这些子系统与要素既相互独立又各成体系，都是新时代我党管党治党的宏观思考和顶层设计。在党的自我革命系统内在的组织形式中，每个子系统和要素都是系统整体不可或缺的重要环节，呈现出系统的不可分割性。另一方面，新时代党的自我革命理论体系的整体性特征还突出体现在子系统之间的相互作用。新时代党的自我革命系统工程之子系统之间的相互作用可展示为如图 1：

由图 1 可知，在党的自我革命系统工程中，各子系统是相互作用的，即革命主体围绕一定的革命目标，针对一定的革命内容，运用一定的革命方式，创设一定的革命情境，对革命客体施加革命影响的自我革命过程。其中，革命主体和革命客体作为党的自我革命系统工程的基础，决定了革命目标、内容、方法和情境；革命目标、内容、方法和情境又反作用于革命主体和革命客体，影响整个自我革命的完

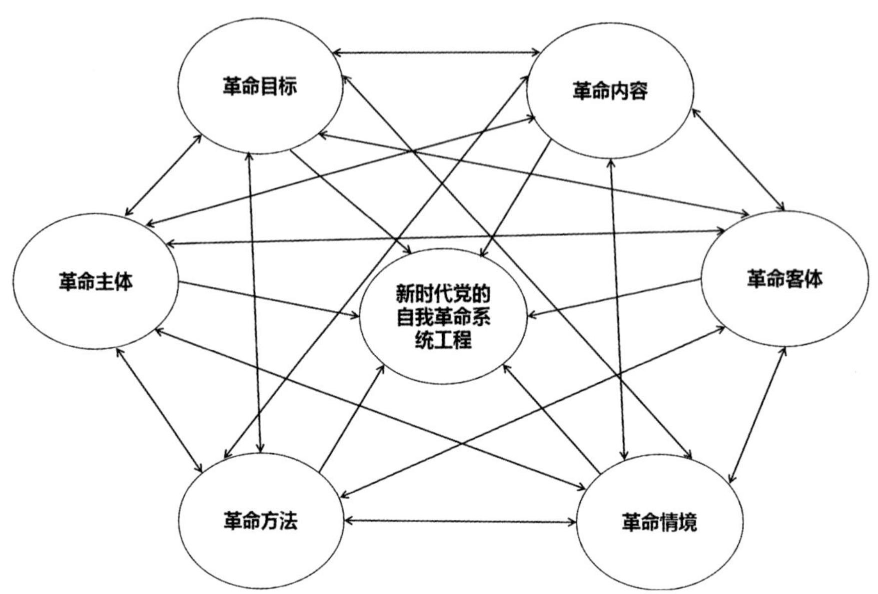

图1 新时代党的自我革命系统工程之子系统之间的相互作用图

成。除此之外，革命主体和革命客体之间相互依存、相互联系，革命目标、内容、方法和情境之间相互制约、相互渗透，六个子系统相互耦合、相互制约、相互促进构成一个有机的整体。党的自我革命整体性质和功能的最大发挥，既取决于各子系统的情况，又取决于各子系统之间的相互关系和功能整合的情况。因此，党的自我革命系统内部各子系统与要素之间的相互协调、功能整合、协同发力，能够形成整体效益大于部分功能之和的革命合力。总而言之，新时代党的自我革命系统工程的构成并不是由简单的一个或几个子系统与要素杂乱无序的偶然堆积，而是由涉及面广的系统群和要素群所构成的结构完整、内容全面、层次分明的理论体系，这符合共产党执政特点和规律的系统模型构架和体系设计，充分彰显了新时代党的自我革命理论构建具有的整体性特征。

（二）结构体系的层次性

层次性是系统能够形成有机整体的内在条件。系统层次性原理认为，由于组成系统的诸要素的种种差异包括结合方式上的差异，从而使系统组织在地位与作用、结构与功能上表现出等级秩序性，形成了具有质的差异的系统等级。[8] 在系统论视域下，新时代党的自我革命结构体系具有鲜明的层次性特征。从宏观上看，新时代党的自我革命系统工程可以分为革命主体子系统、革命客体子系统、革命目标子系统、革命内容子系统、革命方法子系统和革命情境子系统，它们相互关联、相互渗透、融洽配合；同时各子系统向下又由多个次一级的子系统和要素一层一层分层次组成，这样从底层到高层再到整体之间就存在着层次间的等级秩序，具有多层次的立体结构。具体来看，新时代党的自我革命结构体系的划分可以分成不同的层次。第一层次可分为：（1）承担着“谁来革命”角色的革命主体子系统。（2）承担着“革谁的命”角色的革命客体子系统。（3）承担着“达到怎样革命效果”角色的革命目标子系统。（4）承担着“具体革什么命”角色的革命内容子系统。（5）承担着“用什么方式革命”角色的革命方法子系统。（6）承担着“创设什么情境革命”角色的革命情境子系统。以上每一个子系统又可以作为一个独立的整体并进一步划分为次一级的子系统，即第二层次子系统：（1）革命主体子系统根据自我革命主体的复合性、多样性、互动性以及在自我革命过程中扮演的关键角色差异可以分为广大党员干部和各级党组织等子系统。（2）革命客体子系统根据自我革命具有的鲜明自我指向性特征可以分为广大党员干部、各级党组织和党的建设各领域、各方面、各部门等子系统。（3）革命目标子系统根据自我革命的目标和新时代党的建设总目标具有的内在一致性特征可以分为始终走在时代前列、人民衷心拥护、勇于自我革命、经得起各种风浪考验、朝气蓬勃的马克思主义执政党等子系统。（4）革命内容子系统根据自我革命覆盖党的建设各领域可以分为从政治、思想、组织、作风、纪律、制度和反腐倡廉等方面进行党的自我革命等子系统。（5）革命方法子系统根据党对自我革命规律的深刻认识可以分为坚持加强党的集中统一领导和解决党内问题相统一、坚持守正和创新相统一、坚持严管和厚爱相统一和坚持组织推动和个人主动相统一[9]等子系统。（6）革命情境子系统根据革命客体能够认知和体验的具体环境可以分为历史情境创设和现代情境创设等子系统。综上，新时代党的自我革命系统构造的划分可以总结为如图2所示。

图2的每个纵向系统和横向系统之间存在着相互对应关系，因此垂直的、纵向的系统与水平的、横向的系统之间相互联合构成了自我革命纵横交错的网状结构，充分凸显了新时代党的自我革命结构体系具有的层次性特征。

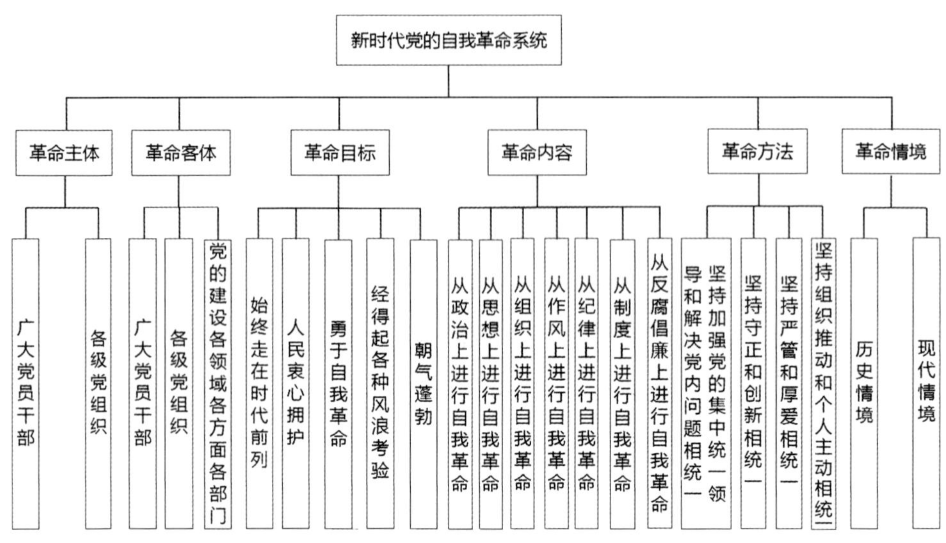

图 2　新时代党的自我革命系统图

（三）运行演化的动态性

任何系统都是动态系统，运动是系统的存在方式。系统辩证学认为，运动作为系统的存在方式，表现在运动和系统的不可分性。任何系统都处在永不停息的运动变化中，没有系统是不运动的。[10]很显然，在系统论视域下，新时代党的自我革命系统工程作为对新时代党的建设的顶层设计和宏观战略部署与规划，它的形成不是一蹴而就、毕其功于一役的，而是经历一个不断演进、深化、完善的动态发展过程。首先，从自我革命的历史演进角度来看，新时代党的自我革命系统体现着系统论的动态性特征。新中国成立以来，党的自我革命的系统形成可以划分为三个阶段：第一阶段是社会主义建设和探索时期（1949—1978 年），中国共产党根据党从革命党到执政党角色的转变，“以思想‘革命’巩固党的执政地位”，构造了党的自我革命的战略布局，推动了党的自我革命事业向前发展；第二阶段是改革开放新时期（1978—2012 年），中国共产党围绕党的建设的基本问题，以改革创新精神提升党的执政能力，创新了党的自我革命的内在架构和顶层设计，将党的自我革命推向了一个新的发展阶段；第三阶段是中国特色社会主义新时代（2012 年至今），中国共产党根据世情、国情、党情的变化，以自我革命精神深化了全面从严治党，深化了党的自我革命的体系结构和运行系统，新时代党的自我革命进入新境界。[11]新时代党的自我革命系统的历史演进充分说明了系统具有不断向前发展的动态性特征，体现党的自我革命系统随着内外环境的变化而不断自我完善。其次，从习近平关于党的建设的重要论述来看，新时代党的自我革命系统经历了持续的进化发展，不断自我推进、自我深化的动态过程。从“以自我革命的精神推进改革”[12]到“以自我革命精神推进全面从严治党”[13]再到“发扬自我革命精神，推进全面从严治党、全面从严治军”[14]，新时代党的自我革命根据党治国理政的现实需要，在系统的内部不断进行要素的更新与丰富，既突出了系统的重点又实现了系统的整体优化，完成了由一维平面式到多维立体式的动态升级，呈现出系统随着环境的不断进化而逐渐深化的动态性特征。再次，从系统的历史性角度来看，新时代党的自我革命系统内部诸系统与要素都会随着时代的进步和党的建设纵深发展而不断更新与完善。例如，党的自我革命系统中的革命目标子系统在不同的发展阶段呈现出不同的目标指向。党的自我革命系统之革命目标子系统的演进过程可以总结为如表 1 所示：

表 1　党的自我革命系统之革命目标子系统的演进过程

改革开放前	党的一大至八大	建设一个全国范围的、广大群众性的、思想上政治上组织上完全巩固的布尔什维克化的中国共产党。
改革开放新时期	党的十二大	努力把党建设成为领导社会主义现代化事业的坚强核心。
	党的十二届二中全会	把我们党建设成为有战斗力的马克思主义政党，成为领导全国人民进行建设社会主义物质文明和精神文明的坚强核心。
	党的十三大	把党建设成为站在改革和现代化建设前列，成为一个勇于改革、充满活力的党，纪律严明、公正廉洁的党，选贤任能、卓有成效地为人民服务的党。
	党的十四大	我们一定要结合新的实际、遵循党的基本路线，坚持党要管党和从严治党，加强和改进党的建设，努力提高党的执政水平和领导水平，使我们这个久经考验的马克思主义政党，在建设有中国特色社会主义的伟大事业中更好地发挥领导核心作用。
	党的十四届四中全会	把党建设成为用建设有中国特色社会主义理论武装起来、全心全意为人民服务、思想上政治上完全巩固、能够经受住各种风险、始终走在时代前列的马克思主义政党。
	党的十五大	把党建设成为用邓小平理论武装起来、全心全意为人民服务、思想上政治上组织上完全巩固、能够经受住各种风险、始终走在时代前列、领导全国人民建设有中国特色社会主义的马克思主义政党。

（续表）

改革开放新时期	党的十六大	通过锲而不舍的努力，保证我们党始终是中国工人阶级的先锋队，同时是中国人民和中华民族的先锋队，始终是中国特色社会主义事业的领导核心，始终代表中国先进生产力的发展要求，代表中国先进文化的前进方向，代表中国最广大人民的根本利益。
	党的十七大	使党始终成为立党为公、执政为民，求真务实、改革创新，艰苦奋斗、清正廉洁，富有活力、团结和谐的马克思主义执政党。
中国特色社会主义新时代（党的十八大以来）	党的十八大	建设学习型、服务型、创新型的马克思主义执政党，确保党始终成为中国特色社会主义事业的坚强领导核心。
	党的十九大	把党建设成为始终走在时代前列、人民衷心拥护、勇于自我革命、经得起各种风浪考验、朝气蓬勃的马克思主义执政党。

新中国成立以来，随着时代形势和执政任务的变化，我们党围绕“建设一个什么样的党”的基本问题，党的自我革命目标经历了从改革开放前的探索与调适，到改革开放新时期的确立与丰富，再到党的十八大以来的发展与完善的演进过程。这些与时俱进的变化，反映了中国共产党人对执政党建设规律认识的不断深化。同时随着新时代实践的发展，党的自我革命各子系统与要素也必将得到持续发展与优化，充分彰显新时代党的自我革命运行演化的动态性特征。

（四）系统边界的开放性

开放性是系统得以生存和发展的机制与本质特征。系统论认为，每个具体的系统都有开放性，都与周围环境及其他系统处于相互联系和相互作用中。环境是系统存在的不可缺少的外部条件。一个具体系统如果不同周围其他系统相互联系和相互作用并进行物质、能量、信息的转换或交换，那么它既不能存在，也不能发展[15]。由此可见，在系统论视域下，新时代党的自我革命作为一个极其复杂的动态系统，必然要在保持与系统边界开放及其良性互动的情况下才能实现自身的深化和发展。它的这种系统边界的开放性主要体现在两个维度上：一是边界以内的开放，即系统内部的开放。新时代党的自我革命的主体、客体、目标、内容、方法和情境等子系统都具有相对独立性，各有属性、结构、性质和功能。子系统之间互相扮演着外部环境的角色，彼此之间相互开放、相互交融、功能互补，不断进行着物质、能量、信息等方面地交换，以保持动态有序的结构运转，使系统充满生机与活力。二是边界以外的开放，即系统与环境之间的开放。系统存在于环境之中并始终都在进行着物质、能量、信息的交流互动，新时代党的自我革命系统也不例外。党的十八大以来，中国共产党以世界眼光和国际视野深刻认识国内外形势的新情况、新问题和新变化，将管党治党置于国内外两个环境之中进行审视，在与外部环境进行良性互动中对新时代党的自我革命进行了顶层设计和整体部署。在系统论视域下，新时代党的自我革命系统与外部环境之间的开放关系可以总结为如图 3 所示：

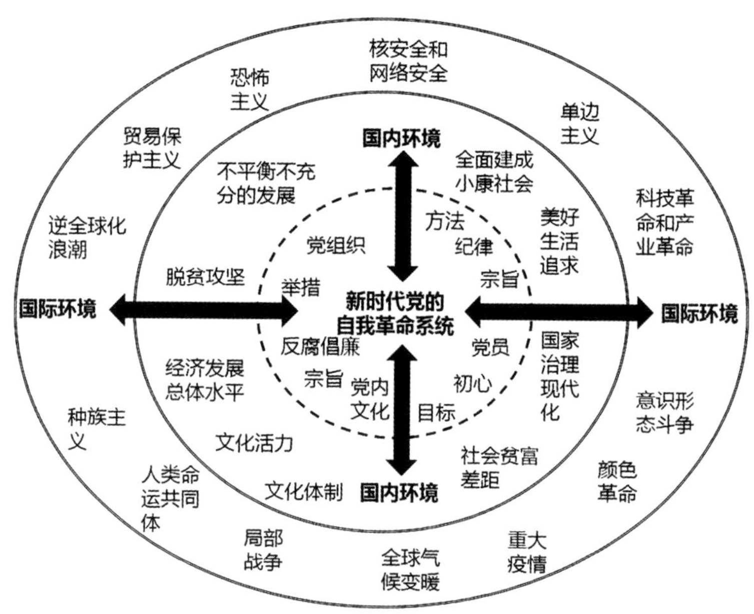

图 3　新时代党的自我革命系统与外部环境之间的开放关系图[16]

由图 3 可知，国内环境和国际环境之间的相互联系和相互作用共同构成了新时代党的自我革命系统的外部环境。对于新时代党的自我革命系统而言，由于外部环境对系统的塑造具有正反两方面的作用，因此任何的环境变化都会影响到系统的良性运转，其中系统适应环境变化的一面使它获得充分的养分来促进系统的合理运转，不适应环境变化的一面会使它趋于无序状态，甚至很快瓦解并朝着退化的方向发展，却又倒逼它不断优化升级，以适应变化了的环境。除此之外，系统对外部环境的塑造也有正反两方面的作用。新时代党的自我革命系统正是在与外部环境的交互作用中共生，产生互补效应，使系统在开放中促进整体功能得到最大的发挥。党的十八大以来，党中央高度重视党的自我革命与外部环境之间的良性互动关系，始终认为“我们不能关起门来搞自我革命”[17]，要以开放的姿态和广阔的视野把新时代党的自我革命深入发展，这充分彰显了新时代党的自我革命系统边界具有的开放性特征。

三、系统论视域下新时代党的自我革命的深化路径

新时代党的自我革命作为一项复杂的系统工程，其深入推进有赖于各个领域、各种要素、各类结构、各项机制之间的联动集成和良性互动。在新时代管党治党的实践探索中，各种片段性、孤立性、静止性、封闭性等非系统思维的存在，严重阻碍了新时代党的自我革命的纵深发展。这就要求我们要把新时代党的自我革命作为系统来规范运作，把系统思维和系统理念运用到新时代党的自我革命实践中，在不断深化新时代党的自我革命实践中把党建设得更加坚强有力。

（一）首在从整体上认识和把握新时代党的自我革命

“系统思维的第一要义，是从整体上认识和解决问题。”[18]从实质上看，作为系统的有机整体，具有的独特性质和功能状态，形成了新的系统的规定性。因此，深化新时代党的自我革命首先从整体上认识和把握。一方面，深化新时代党的自我革命要把新时代党的自我革命作为系统来充分追求它的整体涌现性。“所谓把对象作为系统来对待，就是思维在聚焦于对象的同时，向下要关注构成它的组分，向上要看到它所从属的更大系统”[19]，也就是说从整体上认识和把握新时代党的自我革命时，既要向下看到其要素或组分可以分为革命主体、革命客体、革命目标、革命内容、革命方法和革命情境，也要向上看到其又是从属于革命大系统且是其中的一种话语重塑和特殊形态，找出彼此的组分特征和组分效应。从系统思维上看，“系统思维强调从整体上认识和解决问题，但反对笼统地谈论整体性”[20]，能够具有整体涌现性的事物才能称得上系统。因此，从整体上认识和把握新时代党的自我革命不只考察系统内部的组分效应，更重要的是对组分之间的结构效应进行深入挖掘以及探寻系统同环境交换物质、能量、信息的环境效应。因此，深化新时代党的

自我革命既要从组分之间相互渗透、相互制约、相互补充中把握结构整合的整体涌现性，也要从系统跟环境的相互作用中把握环境塑造系统的整体涌现性，最终以组分效应、结构效应和环境效应共同造就新时代党的自我革命纵深发展的整体涌现性。另一方面，深化新时代党的自我革命要树立并贯彻全要素、全结构、全过程的观念。新时代党的自我革命作为一项系统工程，其要素数量庞大、结构内涵丰富和过程关系复杂的特点，决定在纵深推进新时代党的自我革命过程中，一要根据自我革命要素之间的差异性从不同角度划分要素，同时运用抓主要矛盾的原理，区分主次要素，避免“胡子眉毛一把抓”；二要以整体思维从多维度考察自我革命系统的主次结构、时空结构、内外结构等，以整体把握系统之间的结构层次关系；三要了解自我革命全过程所必经的所有阶段和步骤，以实现自我革命整体过程的组织安排恰当、前后衔接自然、阶段转换顺畅，最终更好地把握自我革命的过程整体性。总之，要想推动新时代党的自我革命向纵深发展，第一位的是具备整体意识，要在管党治党中不断提高从整体上认识和把握新时代党的自我革命的自觉性和能力。

（二）贵在精细考察新时代党的自我革命的内在规定性

“系统不是组分或要素的简单汇集，深入内部精细地考察系统不限于考察要素，更重要的是考察要素之间的关系，即分析系统的结构、特性、状态、行为、功能等，都受到结构的强烈影响，结构分析是系统分析的核心内容之一。”[21]新时代党的自我革命层次结构的表现形式具有多样性、差异性以及微妙性的特点，决定了对其内在规定性的考察注定是一个复杂而艰巨的过程。因此，深化新时代党的自我革命贵在精细考察其内在规定性，具体要做好两方面的工作：

一是善于找出隐藏在新时代党的自我革命系统背后的结构。结构是一个极其宽泛的范围，是系统所有内在关系的总和。但无论结构如何表现，它都内在于系统之中，是系统的重要组成部分。在结构范畴中，一方面那些浅在的结构容易被直接发现和直观把握，比如新时代党的自我革命系统从宏观上分为革命主体、革命客体、革命目标、革命内容、革命方法和革命情境六个子系统的框架结构，从要素上明确六个子系统功能定位的表层结构，从要素上形成空间排列、活动形式的硬结构，等等。另一方面那些隐藏在现象背后的结构，由于复杂性、多样性、隐蔽性的特点，往往难以完整把握，却在新时代党的自我革命纵深发展中具有重要作用，比如新时代党的自我革命系统要素之间相互依存、相互影响的互动结构、不同要素在搭配方式和表现形式上呈现出因果关系、矛盾关系的深层结构、不同要素间信息关联（包括革命主体之间的配合默契度和向心力、革命文化认同感等）的软结构，等等。系统思维的艺术不在于单纯把握新时代党的自我革命浅在的结构，贵在找出隐藏在系统背后的互动结构、深层结构和软结构。充分发挥新时代党的自我革命系统背后的结构功能以实现系统结构的最优化，这仍然是一个值得深挖的时代课题。

二是提升新时代党的自我革命系统结构的成效预见性。革命主体中的广大党员具有主观能动性，蕴含着主动预防式的思路与设想，其在进行党的自我革命中所采用的理念、方法、政策不同，往往使自我革命结构呈现出不同的表现形式。因此，革命主体要运用系统思维构建新时代党的自我革命系统结构的预警检测机制，注重结构运行的事前检测和主动预防，在深化新时代党的自我革命中要尽力避免形成劣质结构，力求导向良性结构，从而有效提升新时代党的自我革命系统结构成效的预见性。总之，通过精细考察新时代党的自我革命的内在规定性，能够为深化新时代党的自我革命增添新动力。

（三）重在把新时代党的自我革命作为动态过程来认识

“过程观点是完整的系统观点不可缺少的组成部分，排除了过程观点的系统观点是残缺不全的、僵化的，不考虑对象的过程性是非系统思维的一种表现形式。”[22]在系统论视域下，新时代党的自我革命是一个不断从无序到有序、从低级到高级演化变迁的动态发展过程。这就要求我们在深化新时代党的自我革命中要把它作为一个动态发展的过程来认识。

首先，要学会对新时代党的自我革命作过程分析。作为一个过程系统，新时代党的自我革命从始点的起步、运行的演化、过程的衔接、终点的抵达“不是既成事物的集合体，而是过程的集合体”[23]，同时它的存在条件、运行模式、过程特点等都会随着时间的推移而不断自我革新。因此，深化新时代党的自我革命要在时间维度中对其作过程分析，考察其包含的不同阶段或子过程，理清不同阶段或子过程中哪些是前后衔接关系，哪些是并行展开方式，哪些是交叉穿插关系。除此之外，对不同阶段或子过程之间自我革命的特征、内容、形式等进行细致考量，探寻它们如何互动互应，有哪些值得学习与借鉴，哪些需要改善或摒弃，不断为深化新时代党的自我革命提供合理借鉴。

其次，努力掌握新时代党的自我革命过程系统运行演变的规律性。从系统思维来看，新时代党的自我革命过程系统的运行演变具有客观规律性，努力掌握其动态发展的规律性对于深化新时代党的自我革命至关重要。正如钱学森所言："如果我们掌握了这种阶段演变的顺序特征，就可以按照过程演变的客观规律，一个阶段一个阶段地按部就班，顺序推进，渴望取得顺水行舟，势如破竹的良好效果。"[24]因此，我们要在新时代党的自我革命系统的动态过程中考察其如何生成、发展、演变，掌握不同阶段或子过程演变的顺序特征，按照系统运行演变的规律性特征，循序渐进，不断把新时代党的自我革命推向前进。

最后，善于在深化新时代党的自我革命中自觉地培育过程思维。从系统思维来看，一切事物都有自己的过程尺度，特别是面对现代社会发展的复杂性问题，善于以过程思维来识物想事是一种思维的艺术。但人的过程思维能力并不是先天性的，而是一种后天的自觉培育。

因此，在深化新时代党的自我革命中要善于自觉地培育过程思维。一方面，要培育用大的时间尺度思考新时代党的自我革命未来纵深发展的思维能力，及时发现阻碍自我革命顺畅推进的一系列突出问题，以必要措施最大程度降低深化自我革命的不确定性和盲目性。另一方面，要培养善于识别复杂过程阶段性的思维能力，及时在深化新时代党的自我革命中正确划分不同阶段，做好不同阶段有机衔接、过渡和转换的思想准备，不失时机地把新时代党的自我革命推向前进。

（四）要在细致把握新时代党的自我革命的外在规定性

"系统都是在一定的环境中存续、运行、发展的，欲充分认识和有效驾驭系统，必须跳出系统看系统，考察它的环境，了解系统与环境如何相互作用。"[25]从这个意义上看，仅仅考察新时代党的自我革命的内在规定性是远远不够的，没有细致把握新时代党的自我革命的外在规定性，就不可能完整地看清系统的真实面目，也不可能顺利地把新时代党的自我革命推向深入。因此，深化新时代党的自我革命，必须要跳出系统看系统，"对周围环境作系统的周密的调查和研究"[26]，积极培养环境意识，善于做环境分析，以系统的开放性细致把握新时代党的自我革命的外在规定性。

一方面，在深化新时代党的自我革命过程中要着重考察系统外部的硬环境和软环境。从外部环境的性质来看，它可以分为硬环境和软环境，两者的表现形式和性质特征截然不同，硬环境是显在的、具体的，容易看得见，常常受到重视；而软环境则是潜在的、模糊的，不易看得见，常常容易被忽视。对于新时代党的自我革命而言，基础设施、生活设施、自然资源等构成硬环境，政府服务、群众素质、社会文化等构成软环境。从位置上看，硬环境和软环境一明一暗、一外一里，都具有彼此不可替代的独特作用。因此，我们千万不能因为软环境的缓慢性和难以量化而忽视其建设，要在深化新时代党的自我革命中构建硬环境与软环境间的互促共进机制，只有“两手都要抓、两手都要硬”，才能在自我革命纵深发展中取得长足的进步。

另一方面，在深化新时代党的自我革命过程中要正确把握外部环境塑造系统的双重性质。任何系统都处在一定的外部环境中，外部环境既影响系统又塑造系统，这种塑造呈现出正负两方面的性质。从正面塑造来看，外部环境积极为新时代党的自我革命系统的要素耦合、结构合理、过程联动、效果集成提供社会人才、群众支持、物质资料、发展机遇等重要资源，这些重要资源以补充营养的方式不断推动自我革命的纵深发展。从负面塑造来看，外部环境对新时代党的自我革命系统的生存与发展存在负面影响，这种负面影响以压力的方式阻碍甚至限制自我革命地顺利推进，主要表现在政治安全、分裂主义、局部战争、颜色革命，等等。

因此，在深化新时代党的自我革命的过程中要重视以系统思维考察它的外部环境，弄清系统会得到哪些资源和条件以及将面对哪些约束和限制，统筹考量顺境与逆境、机遇与挑战、高潮与低潮，细致作出系统规划，不失时机将负面影响转化为塑造系统的正面作用，推动党的自我革命效果集成，不断在深化新时代党的自我革命实践中把党建设得更加坚强有力。

注　释

① 情境（situation）一词具有不同的理解，《辞海》认为，“情境”是指一个人在进行某种行动时所处的特定背景。从这个意义上看，本文的革命情境指的是党在

进行自我革命时，为了提高自我革命的时效性而创设或引入的具体情境，内在于自我革命系统之中，与自我革命系统外部的环境具有一定的差异性。

参考文献

[1] 黄蓉生，方建．勇于自我革命与新时代中国共产党的历史使命［J］．西南大学学报，2020（1）：11-18+193.

[2] 李宗建．把准中国共产党推进自我革命与社会革命关系的三个维度［J］．思想理论教育，2019（1）：46—51.

[3] 齐卫平．论新时代党的自我革命与全面从严治党［J］．思想理论教育，2019（8）：4—10.

[4] 中共中央文献研究室．习近平关于全面从严治党论述摘编［M］．北京：中央文献出版社，2016：13.

[5] 习近平．在庆祝改革开放 40 周年大会上的讲话［N］．人民日报 2018-12-19.

[6] 习近平．全党必须始终不忘初心牢记使命　在新时代把党的自我革命推向深入［N］．人民日报 2019-06-26.

[7] 汪应洛．系统工程理论、方法与应用［M］．北京：高等教育出版社，1998：3.

[8] 魏宏森，曾国屏．系统论［M］．北京：清华大学出版社，1995：213.

[9] 习近平．全党必须始终不忘初心牢记使命　在新时代把党的自我革命推向深入［N］．人民日报 2019-06-26.

[10] 乌杰．系统辩证学［M］．北京：中国财政经济出版社，2005：56.

[11] 王金磊，姚聪聪．新中国成立以来党自我革命的历史演进及经验启示［J］．长白学刊，2019（5）：24—31.

[12] 习近平．坚决贯彻全面深化改革决策部署　以自我革命精神推进改革［N］．人民日报 2016-10-12.

[13] 习近平．提高防控能力着力防范化解重大风险　保持经济持续健康发展社会大局稳定［N］．人民日报 2019-01-22.

［14］习近平．春节前夕视察看望北京卫戍区［N］．人民日报 2019－02－03.

［15］霍绍周．系统论［M］．北京：科学技术文献出版社，1988：43.

［16］齐卫平，宋瑞．试析系统论思想与党的建设科学化［J］．社会科学，2012（7）：4—10.

［17］习近平．全党必须始终不忘初心牢记使命 在新时代把党的自我革命推向深入［N］．人民日报 2019－06－26.

［18］钱学森．创建系统学［M］．太原：山西科学技术出版社，2001：179.

［19］苗东升．论系统思维（一）：把对象作为系统来识物想事［J］．系统辩证学学报，2004（3）：3—7.

［20］苗东升．论系统思维（六）：重在把握系统的整体涌现性［J］．系统科学学报，2006（1）：1－5+81.

［21］苗东升．论系统思维（四）：深入内部精细地考察系统［J］．系统辩证学学报，2005（2）：1—5.

［22］苗东升．把系统作为过程来对待［J］．湖南科技大学学报，2004（5）：45—50.

［23］马克思恩格斯文集：第 4 卷［M］．北京：人民出版社，2009：298.

［24］钱学森．论系统工程（增订本）［M］．长沙：湖南科学技术出版社，1988：4.

［25］苗东升．论系统思维（五）：跳出系统看系统［J］．系统辩证学学报，2005（3）：13—18.

［26］毛泽东选集：第 3 卷［M］．北京：人民出版社，1991：801.

困境与进路：政治系统论视角下地方性党内法规制度建设的解读

李　豫*

摘　要： 加强地方性党内法规制度建设是完善党内法规制度体系的关键环节，对中国特色社会主义法治道路的建设具有联动性和整体性的影响。文章基于对地方性党内法规制度建设的现有研究及其价值内涵的梳理，以政治系统论为研究视角分析地方性党内法规制度建设的当前困境，并结合地方实际，从构建需求输入的规范机制、强化内外支持的输入供给、树立地方性党内法规权威、打造“坚决依规治党”输出模式以及扩大信息反馈路径、保真反馈信息等方面入手，设计地方性党内法规制度建设的架构，以期探索出具有针对性的完善进路。

关键词： 政治系统论；地方性党内法规；制度建设；依规治党

引　言

习近平总书记在党的十九大上要求加快形成覆盖党的领导和党的建设各方面的党内法规制度体系，这是新时代一项重大政治任务。要完成这一任务，必须要建立重心下移、力量下沉的法治工作机制，重视并加强地方性党内法规制度建设，以地

* 李豫，湖南科技大学马克思主义学院研究生。

方党内法规制度建设推进全国党内法规制度体系向规范化、标准化、系统化方向发展。2019年修订的《中国共产党党内法规制定条例》（以下简称《制定条例》）第三条明确规定了省、自治区、直辖市党委所制定的体现党的统一意志、规范党的领导和党的建设活动、依靠党的纪律保证实施的专门规章制度可称之为党内法规。以此推论，根据《制定条例》允许省、自治区、直辖市党委在其职权范围内就有关事宜制定党内法规制度并付诸治理实践的行为称为地方性党内法规制度建设。[1]

在党的十八届四中全会后，党内法规被纳入中国特色社会主义法治体系范畴，其研究渐成显学，并呈现出主题多元化、方法系统化、问题导向化等研究特点。在党内法规制度建设方面，习近平总书记作出许多重要指示。他明确指出：加强党内法规制度建设“要完善法规制定体制机制，注重党内法规同国家法律的衔接和协调，构建以党章为根本、若干配套党内法规制度体系，提高党内法规执行力”。[2]围绕此，学者们对党内法规制度建设进行了深入研究。有专家从认识论层面入手，认为党的十八大以来党内法规的发展实现了从形式法治向法理法治的转变，具体体现在依法治国与依规治党相统一、思想建党和制度治党相结合等特点[3]；有学者着眼于方法论层面，主张要解决党内法规制度的科学性、民主性、执行力方面的问题，需要从党规内部统筹、党规与国法衔接、提高执行力三方面加强党内法规制度建设[4]；只有少量学者从地方党内法规的文本质量、地方党内法规制定、监督和保障体系等方面[5]对地方性党内法规制度建设的逻辑与遵循进行了探讨。这些研究取得了不少成就，但亦有不足。本文拟依托政治系统理论，吸纳其中的整体性、互动性理念，分析地方性党内法规制度建设运行的内在逻辑，并在此基础上探究行之有效的建设路径，以期为新时代地方性党内法规制度建设提供有益的理论参考。

一、概念界说：地方性党内法规与政治系统论

（一）地方性党内法规制度建设的基本定位

2016年12月，中共中央印发《关于加强党内法规制度建设的意见》（以下简

称《意见》）对加强新形势下党内法规制度建设提出明确要求。推进地方性党内法规制度建设实现科学有效、体系规范，则需要明确其制定主体、实质内涵以及制度建设的价值要素。

1. 地方性党内法规的制定主体

根据《制定条例》的界定，地方党委有权按照中央要求，在不与上位法规冲突的前提下制定规则、规定、办法、细则等党内法规，也可在遵循中央精神基础上立足地方实际，在作风建设、基层组织建设等方面积极探索，先行先试、特事特办，加强党内法规制度建设。依照上述所指，省、自治区、直辖市地方党委正是《制定条例》明确规定的地方性党内法规的制定主体。作为地方管党治党的重要规则依据，地方性党内法规的制定主体与地方立法机构明显存在区别，但是两者的建设和发展又具有相似性，都是遵循上位法精神根据地方特殊性立法。

2. 地方性党内法规制度建设的实质内涵

作为《制定条例》规定的地方性党内法规立规主体，地方党委负有统筹谋划、积极推进本系统、本地区党内法规制度建设的职责。同时《意见》指出，地方党委在推进本地区党内法规制度建设时必须按照“中央决策部署”进行探索。从政治性上看，中国共产党作为中国的执政党，其内蕴统一性、完整性以及一体性的特征。虽然地方党委是地方党员通过地方党的代表大会选举而出，但地方党委的立规权限只能来自中央授权[6]，其与中央并非独立分权的关系，本质上仍是党的中央组织的权力延展，不存在独立性。因此，地方党委必须是在执行中央法规并与中央保持一致的基础上制定符合地方特性的党内法规，其目的也是推动党内法规制度体系形成有机统一的整体，从而确保全党形成以习近平同志为核心的党中央领导集体的坚强领导，确保党要管党、全面从严治党的规范化、制度化，确保党的权威在全党扎根。从地方性党内法规的整体架构来看，其本质正是地方党委遵循党中央的精神做好地方党建、树立好党的权威。另外，地方性党内法规和地方党内规范性文件存在明显区别，两者的制定主体、制定程序、效力以及表现形式都不相同[7]。因此，在地方性党内法规制度建设实践中，必须将之与地方党内规范性文件区别开来，把握党内法规的本质，充分发挥其内蕴的长效机制。

3. 地方性党内法规制度建设的价值要素

《意见》明确规定，完善党内法规制度建设是建设中国特色社会主义法治体系的重要内容，事关党长期执政和国家长治久安。作为推动党内法规制度体系实现向整体化、协调化范式转变的重要途径，地方性党内法规制度建设的价值要素主要体现在规范价值、导向价值以及文明价值三个方面。其一，地方性党内法规制度建设为明确地方党员活动、完善地方党建提供了法治规范的依据；其二，为基层党组织和广大党员提供了基础性方向指导，要求党员做到政治品格和法律品格两者皆不偏废；其三，从中国政党政治文明的视角看，党的地方组织通过地方性党内法规制度建设将先进的政党治理理念转化为具体的政党制度、体制机制和现实的政党秩序，坚持党内法治带动国家法治，以理论和实践创新推动地方治理体系和治理能力现代化，扩展开来看，能够带动国家整体治理能力的提升，而这正是当代中国政治文明建设中极具标志性的实现方式。

（二）政治系统论的原理解读

美国政治学家戴维·伊斯顿（David Easton）在他的著作《政治分析的结构》（*A Framework for Political Analysis*）一书中构建了用于分析政治系统和政府决策的政治系统论（General Political System Theory），随后在《政治生活的系统分析》中对政治系统论进行了完备地阐述。在伊斯顿看来，政治系统是一个开放的、运动的有机体，在受到环境支持或制约的影响基础上调整内部系统来达到有序运行（见图1），而政治系统的运行或政府决策的过程就是在环境的影响下，通过不间断地输入、输出、反馈而形成。

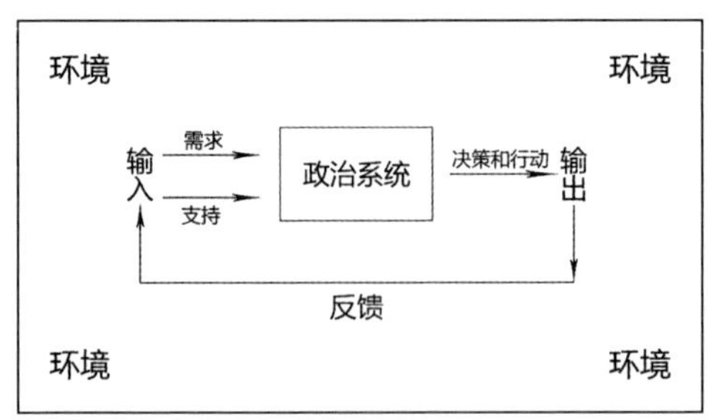

图 1

伊斯顿认为：“可以把政治生活看作一个行为系统，它处于一个环境之中，本身受到这种环境的影响，又对这种环境产生反作用。”[8]他把影响政治系统的整体大环境划分为内部环境和外部环境两个范畴，政治系统与内、外两个环境交融紧密，其与环境相互渗透，由环境变化所引发的压力也是政治系统运作的动力。用主动与被动的辩证法眼光分析可以发现，政治系统对于环境的外在压力不可能长期被动接受，它会在与环境不断交互的过程中主动适应环境，来实现自身的有序运转和长期发展。在双方互动的运动中，环境作用于政治系统，政治系统内部通过对输入信息进行转化与分解，演化出为应对内、外环境的独特运作范式，并通过实践作用于环境。由此，形成了政治系统的两大核心要素——输入与输出。输入环节指“包括了系统外部以一切可能的方式改变、修改或影响系统的所有事件”[9]，而这种“改变、修改或影响”则通过需求和支持两种不同的方式进入到政治系统内。需求输入是团体或个体基于自身利益的关切或对公共利益实现的考虑而进行的表达。需求输入为政治系统提供原料、信息和动力，并驱使政治系统运行，它被伊斯顿认为“政治系统的核心变量”[10]。支持输入通常指团体或个体对政治系统认可而采取的鼓励态度或支撑行为，具体可分为特定性支持与弥散性支持两种类型。事实上，对于政治系统来说，支持输入也是一个关键性因素，伊斯顿认为“最低限度的支持对政治系统的维持是必需的”[11]。因为在政治系统与环境的交互的过程中，支持输入起到信息沟通双向作用。一方面，外部对于政治系统的积极态度通过支持输入传达到政治系统内部，为政治系统运行提供动力；另一方面，外部的积极态度也通过支持输入反映出来，进而影响到整体环境。作为输入的两大形式，需求和支持吸纳来自环境的影响流，并将之形成压力传递到政治系统中。所谓输出环节，基本看法是指“由一系列源于系统内的权威当局的活动构成的”[12]。具体而言就是政策出台及政策落实、执行的实践活动，它是需求和支持经过转换并掺杂系统内某些因素得到的产物。政治系统的输出直接作用于环境，但结果并非总是如“当局者”所期望。成功的输出能够照顾到内部和外部的需求，运用好他们的支持，对整个环境产生积极的影响，通过反馈环节实现再输入，形成良性循环；反之，则会造成系统输出存在偏差，导致公众对政治系统的支持下降。值得注意的是，伊斯顿认为政治系统的输出包括权威性输出和相关性输出。政治系统对公众影响最大的输出是权威性输出，它包括约束性决策、法律法规等，其执行方式以约束性行动为主。相关性输出以思想引导为主，它依附于权威性输出，需要与权威性输出相关，否则就不可能产生影响。[13]

相较于输入和输出两者，反馈环节是政治系统中单个循环过程中的最后一环，但同时也是再循环过程的压力先导。政治系统的反馈具有多样性，它处于整体环境和政治系统之间，由输入或输出的制造者、支持和要求的集合者和传送者、输出及结果、支持流、系统反馈环通道、系统反馈环之选择性通道六种基本类型的反馈环节构成了错综复杂的反馈纽带[14]。"当局者"必须重视反馈环节，则"输出就可能是高度相互关联的、累积性的和前后一贯的"，从而使政治系统"能够修正自己或其环境，以实现其目标"[15]。

二、理论嵌入：地方性党内法规制度建设与政治系统论的融合

戴维·伊斯顿将政治系统视作行为系统的一种，把行为的交互作为分析政治系统的关键因素，他从系统"输入—输出—反馈"的角度探究了不同政治系统的价值分配逻辑。在政治系统论的观点中，任何政治系统都会受到不断变化的环境形成的压力影响，为了有效运转，政治系统就必须对压力作出适当的反应以实现自我发展。

地方性党内法规制度建设同样受到外部环境的影响。作为一种社会交互行为系统，它实质上是中央将依法治国和依规治党精神运用到地方党的建设实践中来。与一般党内法规不同，地方性党内法规制度建设是基于"遵循中央规定且发挥地方特色"环境的交互行为。在特殊的地方社会环境的制约和影响下，其需求以及支持指向因素被相关人员输入到地方性党内法规制度建设系统中，经过系统中地方党委、中央党内法规以及党的权威的交互作用，促成了一系列制度建设的决策和行动。这些输出以及造成的结果经过反馈环路重流到输入端口，再次作用于地方性党内法规制度建设的下一次输入（见图2）。正是在"输入—输出—反馈—再输入"这些连续不间断的行为互动网络中，地方性党内法规和总体环境相互作用，形成自身的发

展模式。在该系统中，输入是指由地方人群（包括地方党员和地方群众）造成的影响地方性党内法规制度建设系统的所有环境的总和，主要涉及需求要素和支持要素；输出是指由地方性党内法规制度运转所造成的影响总体环境的总和因素；反馈环路是指系统造成的输出而影响“再输入”的所有信息通道的总和。

地方性党内法规制度建设系统作为运转有效的政治系统，其内部结构主要由地方党员角色、地方党委组织行为、中央党内法规体系和党的权威等要素构成，外部环境则涵盖新时代背景下的国家法律、社会舆论、社会主要矛盾等要素。在政治实践中，地方性党内法规制度建设通过“输入—输出—转换”完成内部循环和环境互动等运行过程，在稳固党的执政地位、维护系统内部平衡的同时，实现管党治党全面从严，发挥地方党委依规治党的职能，从而使人民共享国家治理体系和治理能力现代化的成果。

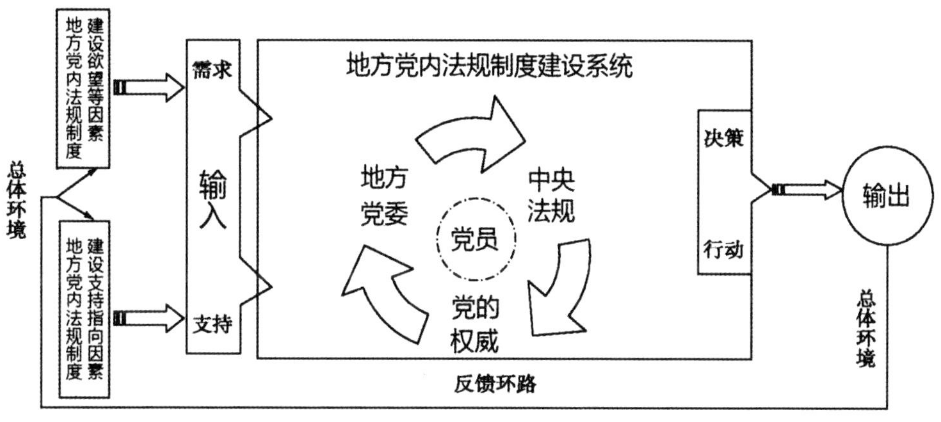

图 2

三、现实分析：政治系统论畛域下地方性党内法规制度建设的困境

（一）输入困境：规范需求与支持输入陷入困境，内外输入存在滞碍

1. 党内法规制度建设激励机制不健全，需求输入存在不当现象。一方面，持续存在的某些灰色利益链条造成“破窗效应”，形成制度建设格局下的不当需求。另

一方面，制度建设主体的理论创新能力不足以及党内法规制度建设激励机制不健全，正当需求输入受到滞碍。党内法规属于法的范畴又具有党的属性，把握好其中的平衡对于立规主体来说是不小的挑战。地方性党内法规从属于中央党内法规，服务于地方管党治党，制度间的衔接及协调问题难点较多。反观制度建设的主体，部分缺乏理论创新能力，相关党规知识的匮乏使他们在实务中会对制度建设形成片面理解。同时党内法规制度建设激励机制不健全，人才对于制度建设的积极性不强。这些问题就将地方性党内法规制度建设的积极需求滞碍在输入通道之外。

2. 不良价值观渗入地方党组织，支持输入存在弱化情况。一方面，外部不良价值观渗透，形成了关于制度规则标准的不当判断。一些地方党的领导干部由于受到不良价值观影响，忘记自己的初心和使命，追求一些所谓神秘主义；也有一些官员不加辩驳地吸收舶来文化，任由西方所谓的民主、法治思想对其洗脑，出现了价值观念混乱，进而迷失自我，对制度规则标准产生错误判断。另一方面，地方党内极个别的腐败现象不可避免，但由于“基层是党内政治生态与环境接触最密切、互动最频繁的场域，基层场域的腐败及作风问题对群众的影响最为明显”[16]，部分地区群众以偏概全，将错误归因于党组织自身，出现对地方性党内法规制度建设支持弱化的现象。

（二）输出困境：权威性输出效能不足，出现治党输出偏差现象

1. 地方性党内法规制度执行力出现问题，权威性输出效能不足。一方面，从执行主体看，存在执行意愿不足、认知水平不够等问题，造成地方性党内法规制度执行力不强。“一项普通政策得以贯彻到什么程度，通常取决于官僚对它的解释，以及取决于他们实施该政策的兴致和效率”[17]，地方性党内法规的效能发挥归根到底是要靠执行主体的工作、活动以及行为落实。作为地方性党内法规的实施主体，某些党员价值取向呈现出自由性、自立性等特征。当党规与自身利益或意愿有冲突时，执行主体会采取选择执行、片面执行甚至不执行。另一方面，从执行活动看，执规监督不到位、执规效果评价的标准不够科学等因素制约执行力的提升，造成地方性党内法规制度效能下降。党内对地方性党内法规执行的监督缺乏完善的机制、充足的专职人员以及多样化的监督方式。地方人大、政协组织、地方群众以及新闻媒体对于地方性党内法规执行的监督往往难以深入，既没有法定的资质，也缺乏畅

通的监督通道。由于监督主体并不能达到客观、全面，反馈的信息不能实现真实、有效，那么评估主体对评估客体的主观性认识就会出现偏差，法规执行效果是否达到预期、依据是什么等问题就不能科学地回答，欲达到广泛论证和正确评估的目的就难以实现，这直接导致地方性党内法规的执行效能下降。

2. 相关性输出出现偏差，降低党员、群众认同感。一方面，地方性党内法规以约束党员为主，表彰奖励型法规较少。《中国共产党纪律处分条例》第四条中明确规定，党的纪律处分工作原则是惩前毖后，治病救人。惩戒犯错误的党员和领导干部并非“治病救人”的唯一手段，通过表彰和奖励党员英雄同样能够增强党组织的凝聚力和感召力，引领党内风尚，甚至形成超预期的治理效果。但目前无论中央党内法规还是地方性党内法规中，表彰奖励型法规寥寥无几，无法形成规模，难以在地方党组织内掀起积极进取、向往表彰的风尚。另一方面，地方出现党员领导干部不当复出现象，导致党员、群众对地方性党内法规认同感降低。严格遵守党内法规和国家法律是党员特别是党员领导干部的政治责任，履行不力则需要受到相应处分。

（三）反馈困境：问题反馈路径缺乏，反馈信息失真

1. 某些地方性党内法规治党过程中出现问题，但反馈路径单一，反馈信息能力有限。一方面，缺乏有效的反馈路径，对于出现的问题不能做到及时反馈。在治党管党过程中，地方性党内法规输出后的反馈环节与党内法规评估具有相对一致性，但反馈所涵盖的范围更广，甚至对党外人员的影响都在反馈要求内。从党内法规制度建设的政治系统层面看，地方党委能否全面、及时掌握到一手准确的反馈信息至关重要，关系到再输入能否准确有效，关系到完善制度和预测未来形势能否顺利实现。当前针对地方性党内法规制度实施效能的信息反馈回路较少，一般只是做到直接的定性评估或间接的定量评估，且评估的特定对象是已经通过审批颁布实施了一段时间的党内法规，对于已长期实施的党内法规则并未建立有效的信息反馈机制。另一方面，专业型人才缺乏，反馈信息能力有限。

2. 某些地方性党内法规评估后反馈路径过长，导致反馈信息失真。一方面，反馈的问题层级上报导致信息失真。反馈信息在层层上报过程中在一定程度受到工作人员个人的意识形态、政治态度、主观价值等非客观因素的影响，反馈信息被有意

或无意篡改的风险增加，其失真的可能性自然随之增大。另一方面，反馈路径长，导致问题时效性流失。某些地方性党内法规评估后的反馈信息是通过层级化管理体制下相关工作人员层层传递的，多数机构对于反馈信息要进行审核，甚至一些机构对于问题拖延上报，大大降低了信息的时效性。

四、实践指向：政治系统论畛域下地方性党内法规制度建设的进路

（一）输入进路：构建需求输入的规范机制，强化内外支持的输入供给

1. 多措并举，避免不当需求输入。一方面，打磨地方“巡视利剑”，加强地方党员对党内法规的学习。灰色利益链条的存在，导致部分党员领导干部为了自身的好处而走向党的利益对立面，诱发制度建设格局下的不当需求愈来愈烈。习近平总书记指出：“干部出问题，都是因为纪律的突破”[18]，地方党员遵纪守法意识淡薄必然造成基层党组织虚化、弱化、边缘化，从而引发一系列问题。“纪律过硬是好干部的从政底线”[19]，抓牢底线才能锻造出优秀的党员领导干部。作为党内监督的战略性制度安排，党内巡视巡察能够有力遏制不正之风，有利于全面从严治党切实展开。打磨地方“巡视利剑”，推进派驻机构全面派驻，发挥“派”的权威和“驻”的优势，使干部不敢通过不正当或非法手段获取利益，从根本上杜绝“破窗效应”。“巡视要从全面从严治党出发，唤醒党章党规党纪意识”，只有有了这个意识，工作才能更好地开展。以地方巡视巡察为契机强化地方党员对党内法规的学习，形成“人人学党规，人人用党规”的良好政治氛围，充分树立起地方性党内法规的权威，从而消除“制度建设格局下的不当需求”。另一方面，提升地方性党内法规制度建设主体的理论创新能力，建立并完善党内法规制度建设激励机制。地方性党内法规制度建设是完善党内法规制度体系的关键性环节，也是推进国家治理能力现代化的基础性要求。作为地方性党内法规制度建设的主体，地方党委必须要统筹协调，调动有关力量，以问题为导向，以地方实际为依据，做好党内法规制度建设激励工作，在实践探索中提高自身理论创新能力，全方位推进制度建设。一要强

化地方党委的主体责任，将地方性党内法规制度建设成果纳入党员领导班子和党员领导干部考核的重要标准；二要通过打造激励目标明确、激励氛围优良、激励模式细分的地方性党内法规制度激励机制来提升党员领导干部的工作积极性；三要强化制度建设的针对性，面向地方实际，积极探索。地方党委要在中央党内法规的要求内开展工作，配合地方法治化进程，努力实现对标本地实际情况、体现管党治党要求、思路创新扎实管用的党内法规制度建设要求。

2. 强化地方政治生态建设，提升内外支持的供给意愿。一方面，强化地方党员主题教育活动的学习，营造风清气正的地方政治生态。习近平总书记明确指出，一个地方“政治生态好，人心就顺、正气就足；政治生态不好，就会人心涣散、弊病丛生”[20]，由此可见，某些党员领导干部存在价值混乱、迷失自我、误判制度建设标准等问题，与当地不严肃、不健康的政治生态有莫大关系。而作为中国的执政党和领导党，中国共产党“党内政治生态是政治生态的最重要组成部分，对政治生态具有极为重要的引领和推动作用”[21]。因此，必须修复好地方党内政治生态，以此为基础推动整体政治生态向好发展。党的十九大召开后，全党上下积极推进“不忘初心、牢记使命”主题教育活动，通过相关学习引领广大党员、领导干部回头看、向前看，通过锤炼和洗练自身思想政治，达到“涵养了风清气正的政治生态”“党内政治生态持续好转”[22]的目的。必须要看见，主题教育活动作为党的自我革命的生动实践，对于推动党的建设高质量发展、提振党员与领导干部精气神、净化党内政治生态的巨大作用。因此，地方党委应该重视并强化党员和领导干部的主题教育学习，看齐中央，做到紧盯问题、主动整改，以上带下、示范带动，将地方党内政治生态塑造成为“心情舒畅、生动活泼”的样态，同时形成与整体政治生态良性互动发展的局面，只有这样，才能扭转部分党员及群众的错误价值观，提升党员对于地方性党内法规制度建设的内部支持。另一方面，通过线上线下相结合的宣传方式，将贴近实际的党规裁办案例传递给群众，从而树立党规权威，获得支持和拥护。在线下，各级党委应大力宣传，明确一些现实问题的客观归因为个人因素、当下经济结构、文化传统以及社会基本矛盾。同时通过对正确归因的澄清，使地方党员和群众深刻认识到中国共产党是全心全意为人民服务的政党，党和人民的关系一定会更加稳固。在线上，地方党委应该统筹领导官方媒体，通过播放当地的党规裁办案件的视频，展现党组织“刮骨疗毒”的信心和勇气，使地方群众相信地方性党内法规制度建设能够达到管党治党的预期。

（二）输出进路：以执规树立地方性党内法规权威，构建“坚决依规治党”输出模式

1. 严格执规问责，提升地方性党内法规执行力。一方面，建立执规问责机制，谁执规谁负责。不明责则不知责，不知责则不畏责，不畏责则必不履责。习近平总书记指出：“有权必有责，用权受监督，失职要问责，违法要追究，保证人民赋予的权力始终用来为人民谋利益”[23]，必须要明确地方性党内法规的执行责任，有责必问，失责必究。地方性党内法规执行问责工作要注重稳定性、长期性，形成长效机制。同时将把执规问责、追责贯穿于整个党内法规制度中，无论是中央党内法规，还是地方性党内法规，在不冲突的条件下执行时应一视同仁。执规问责追责机制在实施过程中要遵循“抓关键，牵牛鼻子”的工作方法，将全面追责与重点问责结合起来。首先，无论执规主体是谁，只要执规不力就必须追责，由执规不力引发其他事项也由责任人负责，并实行空间、时间全覆盖，即追责要一追到底、终身追责。其次，要突出重点问责，抓“关键少数”。要强化地方党委对地方性党内法规执行的监督，严肃问责相关领导责任，以取得“提纲挈领”的问责效果，进而提升党规执行力。另一方面，借鉴地方法治的成功经验，优化执规实践。地方性党内法规的执行力提升是复杂的系统性工程，欲完成这一目标，需要借鉴地方法治建设的良好经验，坚持问题导向，明确地方党委责任，方能取得理想的建设成效。地方党委应积极发挥自身领导优势，完善党内法规的实施监督检查机制建设，发挥党的地方各级纪律检查委员会职责，加强指导，发挥党内法规执行的监督检查机制的应有作用；应强化党外监督，学习地方法治建设经验，适时召开听证会、座谈会、论证会以及网上征询会，听取专家学者以及群众对地方性党内法规执行效果的意见和建议。《中国共产党章程》第八章明确规定，党的各级纪律检查机关是党内法规实施监督的主体，是党内监督专责机关，但“需要把党内监督和党外监督有机结合起来，避免封闭式的自我监督”[24]。只有将党内监督和党外监督结合起来，认真梳理并听取党外监督的积极建议，这样执规效果评价的标准才能科学化、客观化，党内法规执行力才能得到进一步提升。

2. 以相关性输出树立地方性党内法规权威，做到“表彰”“惩处”同时抓，构建“坚决依规治党”的输出模式。一方面，从地方实际情况出发，制定党的地方功勋荣誉表彰机制。习近平总书记强调，英雄是需要表彰的，表彰英雄有利于形成一种正确的导向。要通过表彰党员英雄树立起学习榜样，在党内外掀起“向英雄学习”的热潮，激励党员和领导干部坚定理想信念，努力争先创优。地方党委要加强统筹规划，牢牢把握正确方向，确保功勋荣誉表彰机制稳定持久、有效管用。地方各级党组织要扎实工作，多角度宣传报道功勋荣誉表彰奖励获得者的突出功绩和精神风范，推动在地方形成崇尚英雄的良好氛围；要广泛参与，严格按照规定的标准和程序开展工作，维护功勋荣誉表彰的公正性和权威性，坚决树立“依规开展，依规表彰”的办事形象。另一方面，坚决运用规章制度查处党员以及领导干部违规违纪行为，在地方党员、群众心中扎实树立地方性党内法规权威，构建“坚决依规治党”的输出模式通过以下环节强化对复出人员的重点监督：一要对党员领导干部复出信息进行公示，实行复出透明化。各级党委应通过相关党政网站和新媒体平台，推送复出党员领导干部的制度依据和考核结果，并接受公众的质询。二要依据有关规章制度建立复出情况的复查机制。地方党组织应成立相关部门，若发现党内外对复出人员存在质疑，且超出一定人数，则启动核查程序。如果复出的党员领导干部确实存在不法复出、作假复出问题，必须采取撤销复出决定、依规从重处罚、媒体通报批评等处理措施，坚决维护党内法规权威。三由地方有关组织牵头建立健全党员领导干部复出核查机制，做到有法可依，有法必依。

（三）反馈进路：要扩大信息反馈路径，保真反馈信息

1. 扩大信息反馈路径，提升信息反馈能力。一方面，健全地方性党内法规的评估机制，同时要扩大反馈路径。由于地方组织实务较多，工作繁忙，因此在制度实施后往往不注重对反馈回来的实施效果进行收集，错失提升治理效能的机会。以地方性党内法规制度建设为例，强化地方性党内法规制度建设的目的就是要提升地方党委管党治党的能力，加强地方党的组织建设，解决好地方实际党务。要实现这些愿景，光靠制度的制定和执行是不够的，必须要有完善的信息反馈机制，将制度实施效果源源不断反馈给有关主体，才能充分把握制度建设方向，实现“再输入”的稳定供给，达到治理好党的目的。一要健全地方性党内法规的评估机制，在党章以

及上位党规指导下，扩大第三方专业评判机构在评估过程中所占比例，同时根据地方部门实际，采取成本效益分析与定性、定量分析相结合的分析方法对目标法规进行评估。二要扩大信息反馈路径，地方和基层有关部门应引导党员和领导干部对身边实施的地方性党内法规进行话题讨论，一方面通过茶话会、小组座谈会等形式扩大信息反馈路径，同时建立信息反馈小组，专司地方性党内法规制度建设的信息反馈工作。另一方面，聘请专家、学者授课，提升工作人员反馈信息能力。人才资源是第一资源，做好工作，归根结底在于对人才的培养和运用。党内法规学作为一门交叉学科与新兴学科，存在起步晚、师资力量不强、学科体系建设不健全等问题，加之地方组织聘用有关人才时并未详细区分所学领域，一般通过专业考试、拥有法律学位证书以及法律职业资格证即可，导致聘用人才缺乏高质量完成党内法规评估和反馈信息收集整理工作的能力。因此，必须扩大人才队伍，同时为使人才跟上实践发展的步伐，地方要经常组织高校专门从事相关工作研究的专家、学者到部门授课，根据具体工作制定业务定期培训计划，对人才进行基础性、专业性的专职培训，强化专职人才的实务能力，提升反馈效果。

2. 缩短反馈层级，保真反馈信息。一方面，避免问题层级上报延迟，经审核后直接上报地方性党内法规制定部门。真实有效性是被反馈信息的关键特性，如果通过各种渠道收集而来的反馈信息，因为传递的层级过于冗杂导致信息量缺损甚至失真，就会对地方性党内法规制度建设的决策和行动造成偏差，甚至重大失误。因此，需要由信息反馈小组专门负责各层级信息的收集和整理工作，组内人员对信息的真实性负责，制定信息保密规则。如确需层层递交的反馈信息，则每过一级，经手人必须签字，且经手人只能添加自己意见或建议而无修改反馈信息的权力，以此来保证反馈信息的真实性。另一方面，运用科技手段，建立线上信息反馈平台。从传播学的角度看，信息的时效性直接制约着决策的客观性。对于一些特殊信息而言，它只在某一时间段内有用，超过期限后其准确性显著下降。因此必须将线上线下信息反馈模式结合起来，以科技手段提升信息反馈速度。地方党委和党的地方纪律检查委员会作为地方性党内法规制度建设主体，应在官方网站、公众号以及微博平台设立专区，支持地方党员就某一党内法规实施效果或切身感受给出自身看法，允许地方群众在群众专栏内留言建议或意见，所得内容由信息反馈小组收集整理，并呈报给有关部门。

参考文献

［1］周悦丽．地方党内法规制度建设的理论与实践研究［J］．党内法规理论研究，2019（2）．

［2］习近平．关于严明党的纪律和规矩论述摘编［M］．北京：中央文献出版社，中国方正出版社，2016：56.

［3］郭春镇，曾钰诚．党规中的法理思维［J］．理论探索，2019（1）；陈东琼，刘紫璇．论新时代制度治党的鲜明特色［J］．山东社会科学，2019（3）；陈金龙．新时代制度治党的科学指南［J］．理论学刊，2019（1）．

［4］王立峰，田芳芳．中国共产党党内法规的制度实效分析——基于党内法规制度实效评价的调研［J］．长白学刊，2019（4）；倪春纳．论完善党内法规体系建设的路径选择［J］．科学社会主义，2019（3）．

［5］秦前红，庞慧洁．地方党内法规制定质量研究——以制定程序为中心的考察［J］．河南师范大学学报（哲学社会科学版），2020，47（1）；李燕英．新时代加强地方党内法规制度建设的思考［J］．中共云南省委党校学报，2019，20（6）．

［6］王振民．党内法规制度体系建设的基本理论问题［J］．中国高校社会学，2013（2）．

［7］欧爱民．中国共产党党内法规总论［M］．北京：人民出版社，2019：54—55.

［8］［9］［10］［11］［12］［13］［14］［15］［美］戴维·伊斯顿．政治生活的系统分析［M］．王浦劬译．北京：人民出版社，2012：16；25；43；146；330；338；52—353；349.

［16］王立峰，潘博．政治系统论视角下新时代党内政治生态建设研究［J］．学习与探索，2019（2）．

［17］［美］阿尔蒙德，小鲍威尔．比较政治学：体系、过程和政策［M］．曹沛霖，

郑世平，公婷，等，译．上海：上海译文出版社，1987：325.

［18］中共中央文献研究室．十八大以来重要文献选编（上）［M］．北京：中央文献出版社，2014：764.

［19］郑永丰．习近平关于好干部标准重要论述的科学内涵和实践要求［J］．行政与法，2019（11）.

［20］习近平．习近平在第十八届中央纪律检查委员会第六次全体会议上的讲话［N］．人民日报 2016-05-03.

［21］谢金峰．论政治生态修复与净化的路径［J］．探索，2018（1）.

［22］习近平．在“不忘初心、牢记使命”主题教育总结大会上的讲话［N］．人民日报 2020-01-09.

［23］习近平．在首都各界纪念现行宪法公布施行 30 周年大会上的讲话［N］．人民日报 2012-12-05.

［24］李景治．党内监督要进一步与党外监督有机结合［J］．学习论坛，2015，31（7）.

党的十八大以来红色文化研究的热点、演进及趋势
——基于 CiteSpace 的知识图谱分析

卢育强[*]　徐怀泽[**]

摘　要： 红色文化的研究近年来成为理论界的研究热点，随着相关研究日益深入，取得了丰硕的理论成果。文章基于CiteSpace软件对党的十八大以来中国知网（CNKI）收录的以“红色文化”为主题的448篇核心期刊和CSSCI期刊论文进行知识图谱分析，以期准确把握红色文化研究的发展态势。分析结果显示：红色文化研究领域的发文量整体呈上升趋势，载文期刊水平较高；研究机构和作者已形成一定地域集群，但相互间缺乏合作交流；研究热点聚焦于红色文化传播、社会主义核心价值观、思想政治教育、文化自信等；演进过程经历了稳步发展期和成熟繁荣期两个阶段。基于对上述研究的分析，文章提出红色文化的未来研究方向应从深化基础理论、优化传播策略和提升育人质量三方面着力。

关键词： 党的十八大；红色文化；CiteSpace；知识图谱

红色文化是党领导全国人民在革命、建设和改革的进程中形成的独有革命传统和精神气质，蕴含着旺盛的生命力，承载着中国共产党人的初心和使命，始终激

*　卢育强，华中师范大学马克思主义学院研究生。

**　徐怀泽，华中科技大学马克思主义学院研究生。

励着全党砥砺前行、锐意进取。党的十八大以来，党和国家高度重视对红色文化的传承与弘扬，习近平总书记更是多次前往革命圣地，强调要“把红色资源利用好，把红色传统发扬好，把红色基因传承好”[1]，红色文化相关领域的研究日益成为学界探讨的热点话题。为准确把握当前我国红色文化研究的发展态势，文章基于CiteSpace可视化知识图谱，对党的十八大以来有关红色文化的研究文献进行梳理分析，探寻研究的热点主题、演进历程及发展趋势，总结得失经验，以期为进一步的研究提供有益的参考和指引。

一、数据来源与研究工具

（一）数据来源

本研究以中国知网（CNKI）学术期刊全文数据库为数据来源，在高级检索中设置主题为“红色文化”，选择“精确”匹配，时间设定为2013—2020年，来源期刊类别选择“核心期刊”和“CSSCI”来源期刊，检索日期为2020年5月10日，共检索出文献680篇。为确保数据的完整性与准确性，在剔除人物简介、新闻报道、机构宣传、书评等非研究性文献后，最终得到期刊论文448篇，确定为有效数据，基本涵盖了党的十八大以来红色文化相关研究领域较有影响力和主流权威的研究成果。

（二）研究工具

CiteSpace是一款着眼于分析科学文献中蕴含的潜在知识，并在科学计量学（Scientometric）、数据和信息可视化（Data and information visualization）背景下逐渐发展起来的一款引文可视化分析软件。[2]它最大的优势与特色就是可以将文献数据信息可视化，通过绘制科学知识图谱，直观地展现出某一学科或研究领域在不同时期的热点主题和发展趋势。本文主要运用CiteSpace V软件对448篇核心期刊和CSSCI来源期刊论文进行知识图谱分析，以深入挖掘党的十八大以来红色文化相关研究领域的热点主题与发展脉络，从而更科学地分析红色文化研究前沿的演进趋势。

二、党的十八大以来红色文化研究的计量学统计结果分析

（一）文献年度走势

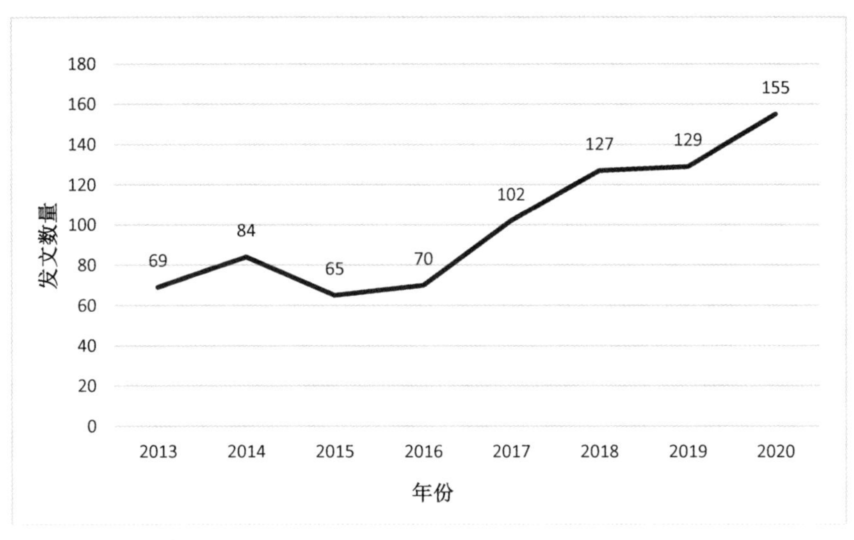

图 1　2013—2020 年红色文化研究文献数量分布图

某一领域研究文献数量的年度走势反映了该领域学术研究在一定时期的关注程度和发展速度。通过对党的十八大以来红色文化相关研究文献的年度数量进行统计，可以从总体上反映出该研究领域的进展情况和未来发展趋势。图 1 是根据中国知网（CNKI）自 2013 年以来有关红色文化研究的核心期刊和 CSSCI 来源期刊论文数量绘制的折线分布图。从中可以清晰地看出，自 2013 年以来，红色文化的相关研究与日俱增、成果丰硕，整体呈上升发展的趋势。由于研究样本文献的选取时间截至 2020 年 5 月，故该年度的期刊数量为预测值。党的十八大以来，立足于中国特色社会主义伟大实践，着眼于建设新时代社会主义文化强国的宏伟目标，习近平总书记多次参观革命老区和革命圣地，阐发了大量有关红色文化的重要论述，并在多个场合强调要增强对红色文化的传承与弘扬，掀起了学界对红色文化的研究热潮。

（二）期刊来源分析

期刊来源的分布情况在一定程度上可以客观地反映某一研究领域的期刊来源特色和水平，通过对文献来源期刊的梳理可以发现该研究的空间分布领域，并以此预测未来的研究走向。根据比利时情报学家埃格黑（L. Egghe）所提出的布拉福德核心区期刊数量计算公式 $r_0=2\ln(e^E\times Y)$[3]，其中 r_0 为核心区期刊文献数目，E 为欧拉系数 0.577 2，Y 为载文量最大期刊的论文数量，已知研究样本数据中期刊的最大发文量为 56 篇，可以得到处于核心区期刊的数量 $r_0\approx 9$，即发文量前 9 位的期刊属于核心区期刊，如图 2 所示：

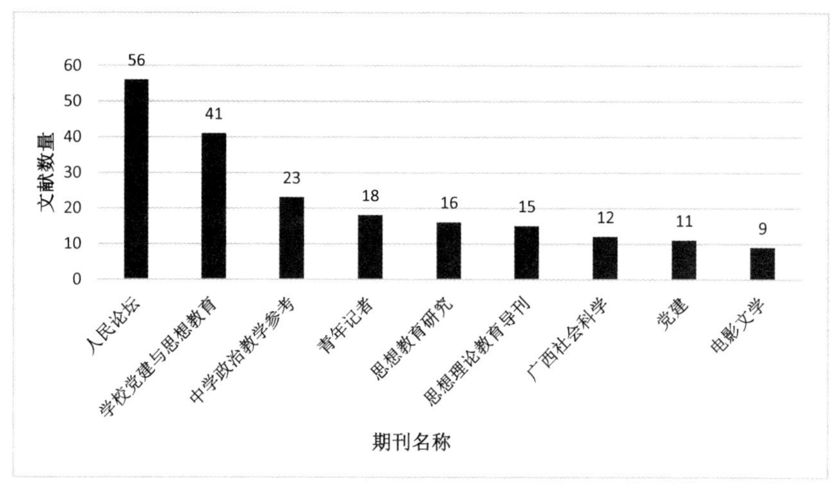

图 2 2013—2020 年红色文化研究核心区期刊分布图

由图 2 可知，核心区期刊载文量共计 201 篇文章，约占研究样本文献总数的 45%，反映出党的十八大以来红色文化相关领域的研究成果分布比较集中。从期刊的类型分布情况并结合二次文献查证可知，对红色文化的研究是基于多个不同的学科视角。其中，思想政治教育学科主要探讨红色文化融入思想政治教育以及红色文化的育人功能与价值；党史党建学科主要探究红色文化蕴含的精神特质和价值意蕴，用以增强对党员干部的初心使命教育和党内政治文化建设；新闻传播和影视文学等学科主要是侧重于探求红色文化的传播与弘扬的方式方法。

（三）发文作者分析

通过对某一研究领域作者发文数量的统计分析可以比较客观地反映出当前该领

域的领军人物和研究进展情况。根据洛特卡定律："在一个成熟的研究领域，写一篇论文的作者至多占全体作者的60.79%。"[4] 经过对样本文献的统计，发表一篇研究论文的有361人（根据洛特卡定律，仅统计论文的第一作者），占作者总数的90.7%，远高于洛特卡定律规定的占60.79%的比例，而发文三篇及以上的作者仅有10人，如图3所示：

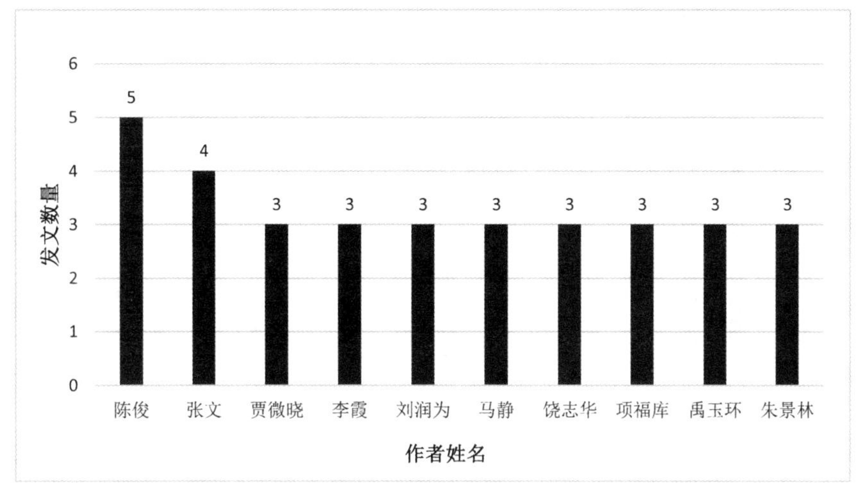

图3　2013—2020年红色文化研究作者发文量分布图

这表明对红色文化的研究存在过热现象，发文一篇的作者大多出于对学术热点的追逐，当前红色文化研究尚未形成具有较高科研生产能力的作者，学者对该领域的研究仍处于持续深化之中。另根据二次文献查证可发现，多数学者合作意识不强，合作次数在两次及以上的仅有六人，且多为两人之间的小规模合作，大部分高产作者为单兵作战、独立研究，学者们的合作交流意识有待增强。

（四）核心机构分布

对发文作者的来源机构进行统计分析，可有力揭示作者所在研究机构在该领域的研究实力，也可由此发现该研究领域学术聚落的地域分布情况。通过对发文作者所在单位按院校一级单位进行数据整合后可知，448篇期刊论文的作者来源于329家机构，发文机构较为广泛且主要为高等院校。其中，发文量最多的为遵义师范学院，共计15篇。根据普赖斯定律可以统计发文的核心机构，即核心机构的发文量下限 M≈0.749× $\sqrt{N\ max}$，M 为核心研究机构发表最低论文数，N max 为最高产研究机构发表论文数。[5] 已知最高产机构的发文量为 15 篇，计算出 M≈3，即发文量在三篇以上的机构可以被称为核心发文机构，共计 45 家，这 45 家机构的发文量共计 200 篇，约占总数的 44.64%，略低于普赖斯定律所给定的高产机构群发文总数占总发文量 50% 的比值，说明党的十八大以来关于红色文化研究的核心机构群正在形成。限于篇幅，本文选取发文量在五篇及以上的核心机构，绘制图 4。

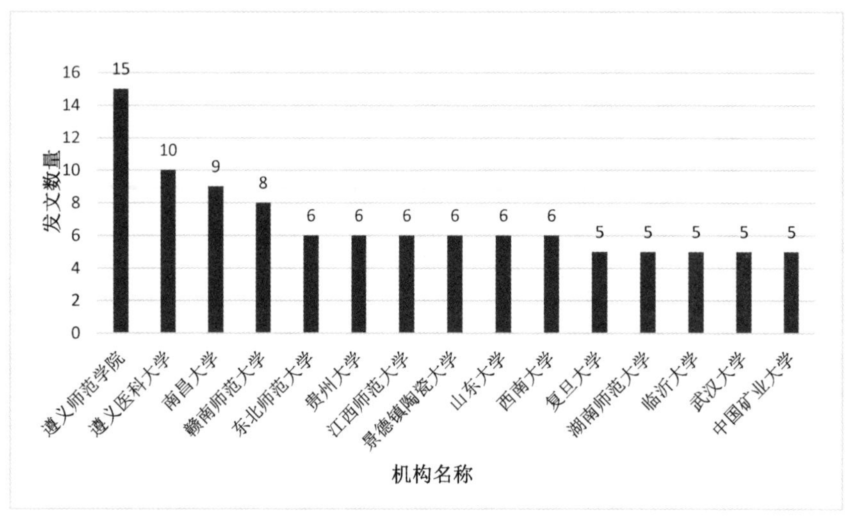

图 4　2013—2020 年红色文化研究文献来源机构分布图

从图中可以清晰地看出党的十八大以来红色文化相关研究具有明显地域集群特色，主要形成了以贵州、江西、湖南、湖北、山东以及东北等为主的学术聚落群，尤其是以贵州和江西等红色革命老区的学术机构研究成果最为丰硕，主要是因为这些地域红色文化资源丰富，党的十八大以来学者们积极响应党中央的号召，基于当地的红色历史遗存和红色精神特质而持续地进行了研究。

三、党的十八大以来红色文化研究热点的知识图谱分析

关键词是对文章核心内容的高度概括与凝练，通过 CiteSpace 软件进行关键词

共现分析，能够较为清晰地展现红色文化研究的热点主题与演进历程。将 448 篇期刊论文经数据处理后导入 CiteSpace 软件，设置时间跨度为 2013—2020 年，时间切片为 1 年，节点类型选择关键词；阈值赋值 c、cc、ccv 分别设定为 2、2、20，即反映出在关键词共现网络图谱中，关键词呈现次数高于两次，共现次数高于两次，相似系数高于 0.2；修剪方式选择寻径算法，其余保持默认选项。参数设置完成后运行 CiteSpace 软件，得到节点数为 87 个，连线数为 120 条的关键词共现网络知识图谱，经过调整和优化后如图 5 所示：

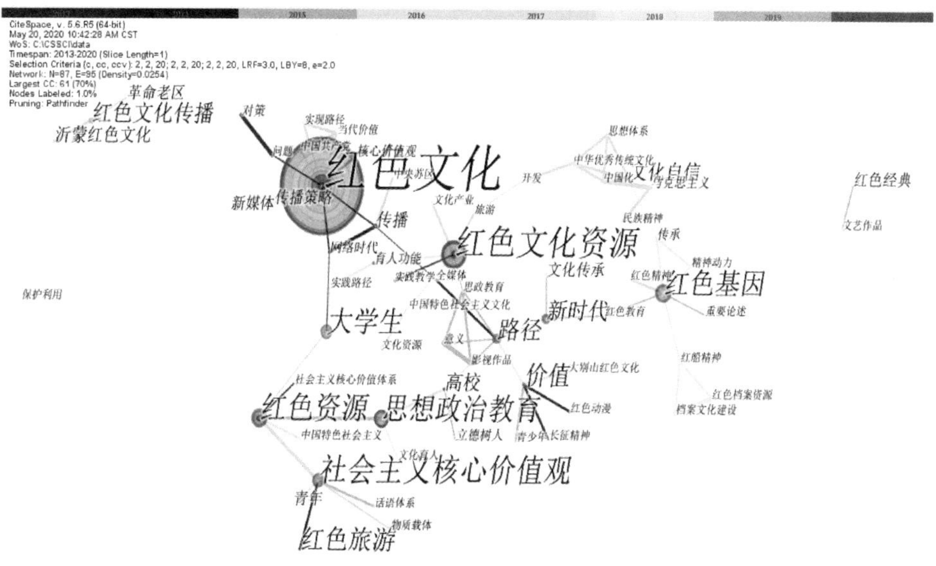

图 5　2013—2020 年红色文化研究关键词共现知识图谱

图例说明：图谱中“圆环”的节点标识代表关键词，圆环越大反映出关键词出现的频次越多；字体大小代表中心度，字体越大标识中心度越强；关键词节点之间连线代表彼此的关联程度，连线越粗表明关联程度越高；连线的颜色深浅代表研究的年代，颜色越鲜艳（越接近红色）表示研究年代越晚。

关键词节点的出现频次和中心度构成衡量某一领域研究热点的标准。关键词出现频次越多，说明它为该领域的研究热点，节点中心度大于 0.1，则反映出该关键词在整个共现知识图谱中处于枢纽性的重要价值。通过 CiteSpace 软件中的 Network Summary Table 功能，可得到相应的关键词词频数据和中心度数值。首先，分析关键词的频次分布情况以寻找研究热点主题，选取前 20 位高频关键词，如表 1 所示：

表 1 2013—2020 年红色文化研究文献关键词词频统计

序　号	关　键　词	频　次	序　号	关　键　词	频　次
1	红色文化	243	11	红色文化传播	9
2	红色文化资源	34	12	新时代	9
3	社会主义核心价值观	25	13	文化自信	7
4	红色资源	24	14	高校	7
5	思想政治教育	22	15	红色文化遗产	6
6	红色基因	19	16	红色文化教育	5
7	大学生	19	17	沂蒙红色文化	5
8	红色旅游	15	18	传播	5
9	价值	13	19	革命老区	4
10	路径	11	20	青年	4

其次，分析关键词节点中心度的大小以寻找研究热点主题，选取中心度≥ 0.1 的关键词，得到表 2。

表 2 中心度≥ 0.1 的关键词统计

序　号	中心度	关　键　词	序　号	中心度	关　键　词
1	0.52	路径	7	0.23	红色教育
2	0.28	红色文化资源	8	0.20	传播
3	0.27	新时代	9	0.20	全媒体
4	0.24	红色文化	10	0.18	大学生
5	0.24	红色基因	11	0.17	高校
6	0.23	红色资源	12	0.16	思政教育
13	0.14	思想政治教育	18	0.11	育人功能
14	0.13	社会主义核心价值观	19	0.11	网络时代
15	0.13	价值	20	0.11	实践路径
16	0.13	旅游	21	0.10	中华优秀传统文化
17	0.12	开发	—	—	—

结合表 1、表 2 可知，关键词的词频和中心性并不是呈现正相关，综合考虑关键词词频多少和中心度大小，可以得出党的十八大以来红色文化领域的相关研究热

点主题主要为：红色文化、新时代、红色基因、红色教育、传播、路径、价值、高校、大学生、思想政治教育、社会主义核心价值观等。

为了更为全面而准确地了解有关红色文化研究的热点主题分布情况，在图 5 关键词共现网络知识图谱的基础上，对关键词进行聚类分析。关键词聚类分析将联系密切的节点聚在一起形成类团，大致上可以揭示红色文化研究的分类，其中，关键词聚类编号越小，则表示该聚类的规模越大即聚类中包含的节点数量越多。综合运用多种算法对红色文化研究关键词进行聚类分析，可得到 Modularity Q 值为 0.799（Modularity Q 是网络模块化的评价指标，一般认为 0.4～0.8 之间适合聚类，当 Q ＞ 0.3 时划分的社团结构显著）；Mean Silhouette 值为 0.413 4（Mean Silhouette 主要衡量网络同质性，该值在 0～1 的区间内，＞ 0.5 表明聚类合理，越接近 1 表明同一聚类内同质性越强）[6]。可见，党的十八大以来关于红色文化研究文献的聚类效果较好，已形成多元化的研究热点，但研究的专注度仍有待提高。具体研究热点分布如下：聚类 #0“传播”主要是对红色文化传播载体、传播策略和传播路径的探索。聚类 #1“社会主义核心价值观”主要是探讨红色文化对培养和践行社会主义核心价值观的重要意义以及两者之间的内在关系。聚类 #2“档案文化建设”主要是对红色文化相关领域文物资料的归纳与整理研究。聚类 #3“思政教育”主要探寻红色文化融入思想政治教育、提升思想政治教育实效性的有效途径。聚类 #4“实践路径”主要是探求如何传承和弘扬红色文化的实践路径。聚类 #5“文化自信”主要是探究红色文化对提振文化自信、促进文化繁荣的重要作用。

四、党的十八大以来红色文化研究演进历程的知识图谱分析

基于 CiteSpace 软件对党的十八大以来红色文化相关研究文献的关键词进行共现时区图谱分析，可以直观地看到红色文化研究前沿的演进过程和未来发展趋势。具体操作流程为将阈值赋值 c、cc、ccv 设定为 3、2、20，其他参数设定同前文保持一致，运行 CiteSpace 软件后选择 Timezone View 功能，经优化处理得到红色文化研究关键词共现时区图谱，如图 6 所示：

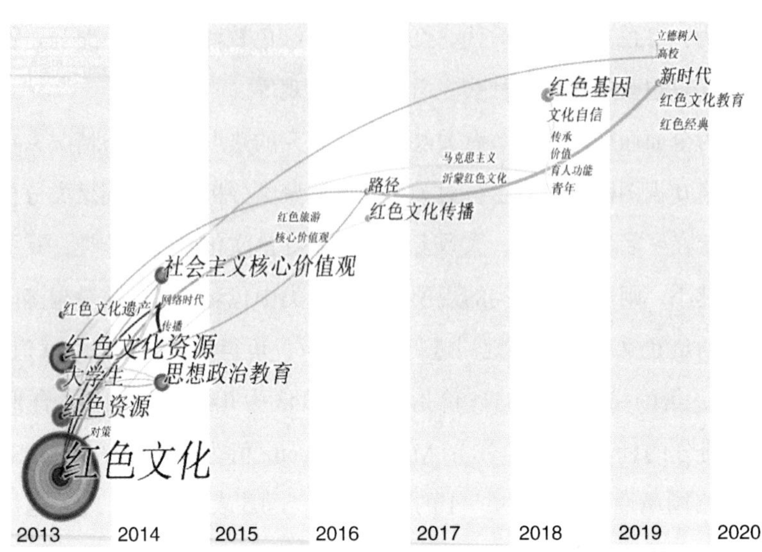

图 6　2013—2020 年红色文化研究关键词共现时区图谱

由图谱可知，党的十八大以来关于红色文化的研究大致经历了 2013—2017 年和 2017 年以后两个主要阶段。

（一）红色文化研究的稳步发展阶段（2013—2017 年）

自 2013 年起至 2017 年，关于红色文化研究的文章数量和研究成果总体上处于稳步上升状态，侧面反映出学界对红色文化进行了积极的探索，红色文化研究稳步发展。这一阶段红色文化领域的研究热点主要体现在以下四个方面。

一是对红色文化基础理论的研究。对于何谓红色文化、如何界定红色文化的基本内涵，学者们从不同角度进行了定义。例如，中国红色文化研究会会长刘润为从红色文化的性质给出了一个较为权威的定义，他指出：“红色文化是中国共产党领导全国各族人民在长期革命、建设、改革进程中创造的以中国化马克思主义为核心的先进文化，是中国人的精神脊梁。”[7] 这就把红色文化提高到同民族生存发展息息相关的宏伟高度。而学者渠长根则从红色文化的内容构成出发，认为红色文化表现为物质、精神和制度三种基本形态，是物资遗存和精神财富的总和[8]。总之，直到目前为止学界对红色文化概念的界定尚未形成统一的定论与共识，仍处于仁者见仁、智者见智、互相探讨的研究态势。

二是对红色文化与社会主义核心价值观的关系探究。2013 年 12 月，中共中央办公厅印发了《关于培育和践行社会主义核心价值观的意见》，指出："要开展革命传统教育，加强对革命传统文化时代价值的阐发，发扬党领导人民在革命、建设、改革中形成的优良传统"[9]，用以涵养社会主义核心价值观，学界对此展开了充分地研究。诸如，学者黄蓉生提出社会主义核心价值观具有思想政治性、民族性、大众性等丰富的红色文化特性，可以保障正确方向、增强前行动力、集聚群体力量，助推社会主义核心价值观的培育和践行[10]；学者张泰成认为红色文化蕴涵着社会主义核心价值观最深刻的内容，在国家、社会、公民三个层面都有丰富的体现；红色文化具有强大的吸引力、感召力、凝聚力等，在推动社会主义核心价值观的培育方面具有重要作用[11]。

三是对红色文化与大学生思想政治教育的关系探讨。学界对这一问题也从不同的着眼点作出了诸多有益的探索。比如，学者徐永健从红色文化对大学生思想政治教育的作用出发，认为红色文化具有对大学生政治信念的导向、民族精神培育的奠基和人生发展的激励三大作用[12]。而学者陈始发、陈坤则基于思想政治理论课教学过程，指出要做好思政课开发利用红色文化的顶层设计，并找到各门课程开发利用红色文化的侧重点与切入点，以提高思想政治理论课教学的实效性[13]。

四是对红色文化传播路径的探索。红色文化的传承与弘扬离不开对红色文化的传播，而对红色文化的传播离不开传播路径的创新。党的十八大以来学者们基于不同的视角来把握红色文化的传播规律，积极探索新载体、新理念、新机制，不断增强红色文化的生命力、影响力、感染力。在传播载体上，学者张文认为要将全媒体传播同红色文化有机融合来重塑红色经典[14]，而学者骆郁廷则从"微媒体"着眼，指出红色文化传播者要主动"识微"、积极"学微"、善于"用微"，开拓红色文化微传播的新途径[15]；在传播理念上，学者李霞主张红色文化传播要把握好民族性、时代性、人民性的内在统一[16]；在传播机制上，学者孙平提出红色文化传播机制主要包括传播社会化、传播专业化和传播产业化三个方面[17]。

（二）红色文化研究的成熟繁荣阶段（2017 年至今）

2017 年 5 月，中共中央办公厅、国务院办公厅印发的《国家"十三五"时期文化发展改革规划纲要》明确指出："要发扬红色传统、传承红色基因，用好革命历史类纪念设施、遗址和各类爱国主义教育示范基地等红色文化资源。"[18]得益于此，自2017年以来，关于红色文化的研究进入了成熟繁荣阶段，研究成果快速增长，出现了大量与时俱进的热点主题，这一阶段的研究主要体现在以下四个方面。

一是立足于新时代的历史方位。党的十九大报告指出，中国特色社会主义文化“熔铸于党领导人民在革命、建设、改革中创造的革命文化和社会主义先进文化”。[19]这一论断为研究红色文化指明了新的方向。学界系统地总结梳理党的十八大以来红色文化相关研究成果，并立足于新时代的历史方位对红色文化展开充分探讨。例如，学者孙学文认为红色文化在新时代具有丰富的实践价值，既是培育和践行社会主义核心价值观的要求，也是建设社会主义文化强国，实现中华民族伟大复兴的需要[20]。

二是着眼于红色基因这一精神品格。习近平总书记曾多次提到红色基因，指出红色基因是党和国家的宝贵精神财富，强调让红色基因代代相传。诸如，学者吴娜从文化学的视角运用文化基因理论对红色基因作了学理上的考察，认为红色基因是红色文化的遗传密码，包含无产阶级的思想理论和价值观、伟大的革命精神、优良的革命传统和高尚的道德品质[21]。学者肖文燕基于习近平治国理政的视角对红色基因进行分析，主要从理想信念、群众路线、纪律严明三方面阐述了红色基因在治国理政过程中的重要性[22]。

三是聚焦于红色文化同文化自信的关系问题。红色文化对文化自信的系统构建提供了基础和保障，学界对两者之间的关系有着多维度的阐释。如学者刘润为指出：“文化自信，归根结底是对红色文化的自信，或者说红色文化是文化自信的根本支撑。”[23]而学者衣玉梅从红色文化视角下探析大学生文化自信的培育，认为传承红色文化可让青年大学生增强文化自信，认清多元化文化本质，肩负起民族复兴重任的独特路径选择[24]。

四是致力于红色文化育人领域的研究。2017年12月，中共教育部党组印发了《高校思想政治工作质量提升工程实施纲要》，指出要挖掘革命文化的育人内涵，实施“革命文化教育资源库建设工程”，开展“传承红色基因、担当复兴重任”主题教育活动等革命文化教育。这一重要通知引发了学界对红色文化育人领域的重点关注与热烈探讨，成为当前的热点研究问题之一。关于红色文化育人的研究，学者们基本上是面向于高校青年大学生，从以下两大视角展开了分析。一方面是从红色文化育人的功能视角展开论述。诸如，王春霞指出，红色文化在大学生思想政治教育中发挥着认知优化、信念固化和行为活化三大育人功能[25]。而学者马晓燕基于实践体验的角度，提出红色文化具有理想信念导向、爱国情感激发、社会思潮引领、公民道德教化和创业精神强化五种特定的育人功能[26]。另一方面是从红色文化育人的路径进行阐释。例如，学者韩丽雯基于课程设计的角度，认为要通过专题教学、实践教学等方式将红色文化融入课程教学改革[27]。而学者陈九如基于网络平台建设的视角，提出要借助网络新媒体和各类网络平台加强红色文化的教育[28]。此外，还有红色文化育人的资源开发、文化营造、制度建设、阵地打造等方面的探讨，兹不赘述。

五、红色文化研究的未来发展趋势探析

突现词是指某一时间段内被引用频率突然增多的关键词，根据突现词可以判断该研究领域的前沿发展趋势。党的十八大以来红色文化研究的热点具有鲜明的阶段性特征，随着社会实践的发展和思想理论的创新而更迭变化、与时俱进。CiteSpace 软件的突现率探测（Burst Detection）功能可以对红色文化研究的某一时间段热点进行识别，从而实现对未来研究趋势的预测。运用 CiteSpace 软件绘制关键词突现性图谱视图，共得到有关红色文化研究领域中的 9 个突现性关键词，如图 7 所示：

关键词	年份	突现性	开始	结束	2013–2020 年
红色文化遗产	2013	3.074	**2013**	2014	
红色资源	2013	3.617	**2013**	2016	
社会主义核心价值观	2013	4.132 6	**2016**	2017	
红色文化传播	2013	3.924 8	**2016**	2017	
大学生	2013	2.479	**2016**	2017	
红色基因	2013	4.730 4	**2018**	2020	
文化自信	2013	2.531 4	**2018**	2018	
新时代	2013	4.249 5	**2019**	2020	
红色文化教育	2013	2.331 1	**2019**	2020	

图 7　2013—2020 年红色文化研究的突现词图谱视图

由图7可知，2013—2016年的突现词为“红色文化遗产”“红色资源”；2016—2017年的突现词为“社会主义核心价值观”“红色文化传播”“大学生”；2018年的突现词为“文化自信”“红色基因”；2019—2020年的突现词为“新时代”“红色文化教育”。其中“红色基因”“新时代”“红色文化教育”突现年限持续至今，可见这将是未来一段时间学界重点关注的研究热点。综合分析党的十八大以来红色文化研究相关文献的关键词共现知识图谱和关键词突现图谱，可以得出红色文化研究的未来发展趋势将从以下三个方面着力。

（一）深化红色文化的基础理论研究

党的十八大以来，学界对什么是红色文化，如何界定红色文化的概念内涵、本质特征、功能价值等基础理论进行了多方面的探讨，取得了一定的理论成果，为进一步深化研究奠定了重要理论基础。但由于讨论广泛、角度多样、不一而足，目前尚未形成权威的科学理论内涵，仍处于百家争鸣之态。马克思曾深刻指出：“理论只要彻底，就能说服人。所谓彻底，就是抓住事物的本质”[29]，对于红色文化研究而言，理论基础是展开一切其他研究的根本基石，因此，当前深化对红色文化的基础理论成为未来研究的重点方向。为从根本上提高红色文化研究的科学性和系统性，学者们深化红色文化基础理论研究应从以下两处着眼，从整体上构建红色文化理论体系。一是守正，即坚守红色文化的精神基因。要从党领导全国人民革命、建设和改革的历史进程出发，把握中国共产党的初心与使命，持续深化对红色文化内涵的科学界定，探究其理论特质和时代价值，特别是要加强对中国共产党革命精神及红色基因的研究，解读红色文化的本质内涵。二是创新，即创新红色文化的研究维度。一方面要丰富研究视角。立足于新时代的历史方位深化对红色文化的研究，将红色文化同推进中华文化软实力建设、培育和践行社会主义核心价值观、构建文化自信、实现中华民族伟大复兴的中国梦等紧密结合起来。另一方面要拓宽比较视野。不仅要在理论概念上加强红色文化同革命文化、党史文化、中华优秀传统文化以及社会主义先进文化之间关系的比较研究，同时也要在实践探索中将不同地方独特的红色文化资源进行对比分析，在差异性中寻找共性，提炼出红色文化的整体性和民族性。此外，还需要具有国际视野，通过对比国外无产阶级红色文化研究的理论、经验和特色，合理吸收与借鉴其有益经验，为我所用，以促进我国红色文化的繁荣发展。

（二）优化红色文化的传播策略研究

红色文化的生命力在于传播，红色文化的传承与弘扬离不开对红色文化的科学传播。党的十八大以来，学界对继承与弘扬红色文化的实践从未中断，传播载体丰富多样，但依然存在传播话语吸引力不强、传播内容针对性不足、传播载体融合度不够等问题。为讲好红色故事，传承红色基因，学者们要遵循文化传播规律，创新红色文化传播理念、模式和方法，有效提高红色文化的传播效果。具体而言，一是要形成线上与线下教育模式相结合的立体化传播格局。既要充分利用好现代网络新媒体传播技术开展红色在线教育，创新使用 5G、VR、AR 等新技术，提供红色革命基地远程浏览和虚拟体验，激发人们对红色文化的兴趣爱好；又要合理依托各级党团组织、革命纪念馆、红色宣讲团、红歌会等开展线下实践，进行学术研讨、文艺宣传、实地体验，使红色文化更好地入耳、入脑和入心。二是要构建现代和传统媒介载体相融合的传播机制。一方面，要发挥新媒体的智能化传播优势。新媒体技术融图像、音视频、文字等多种功能于一体，为我们提供了形式多样的传播方式。因此，红色文化传播要借助网络、手机等新媒体平台，利用其话语生活化、内容多样化、形式数字化等特点，合理使用“三微一端”，开拓红色文化传播的新场域。另一方面，要巩固传统媒体的主导性传播地位。电视、广播、报刊等传统媒体在传播主流价值观、引导社会舆论等方面仍具有独特优势，传统媒体要充分发挥在议程设置、节目安排、思想引领等方面的作用，增强红色文化的品牌效应和传播效果。总之，要在对红色文化资源的开发、整合、利用的基础上，大力发展红色文化产业，不断优化大众传播渠道，为人民群众传播喜闻乐见的红色影视剧作和文学艺术作品。

（三）提升红色文化的育人质量研究

对红色文化及其相关资源的挖掘、运用和传播不仅仅是为了继承与弘扬一种文化信息，更为重要的是要发挥红色文化作用，引领社会风尚，培育时代新人，推进新时代中国特色社会主义事业的建设。因此，未来对红色文化研究的重要方向就是要利用好红色资源，传承好红色基因，优化红色文化的育人路径，为培养合格的社会主义建设者和接班人增添精神力量。党的十八大以来，学界对红色文化育人相关研究从多个角度展开论述，取得了一定成果，但也存在研究内容形式化、同质化的问题，缺乏创造性、可行性。在新时代背景下开展红色文化育人应当因时而进、顺势而为，做到全面化、系统化地满足主体需要。为此，要切实提升红色文化育人质量，学者们应从以下两点入手。一是基于宏观层面，提升红色文化育人路径的视域要宏大开阔。目前，学界对红色文化的研究往往局限于就红色文化论红色文化、红色文化融入思想政治教育两大方面展开论述，往往限于一定的研究范式，应跳出单一学科研究的思维模式，引入不同学科的专业理论以形成合力，综合利用马克思主义理论、思想政治教育学、社会学、传播学、心理学等交叉学科多层次地剖析红色文化理论，开展大跨度、多维度的综合性研究，更好地服务于红色文化的价值转化和创新发展。二是基于微观层面，优化红色文化育人的策略要具体入微。当前针对红色文化育人的问题提出的对策多呈现出碎片化的状态，数量繁多但缺少系统性、代表性。未来学者们应立足于具体的地方红色文化资源，以青少年和广大党员干部为重点培育对象，针对不同主体的需要、兴趣和特点，做到量体裁衣、因地制宜地开展红色文化教育，以最具代表性的红色文化教育活动为抓手整合教育资源，形成系统的育人机制，着力提高红色文化的育人质量。

参考文献

［1］习近平．在视察南京军区机关时强调贯彻全军政治工作会议精神　扎实推进依法治军从严治军［N］．人民日报 2014-12-16（1）．

［2］李杰，陈超美．CiteSpace 科技文本挖掘及可视化：第二版［M］．北京：首都经济贸易大学出版社，2017：2.

［3］Egghe L, Rousseau R. Introduction to Informetrics: Quantitative Methods in Library, Documentation and Information Science［M］. New York: Elsevier Science Publishers, 1990: 341-344.

［4］马费成．信息管理学基础［M］．武汉：武汉大学出版社，2002：80—83.

［5］D. 普莱斯．小科学，大科学［M］．宋剑耕，戴振飞，译．北京：世界知识出

版社，1982：10—25.
［6］李碧珍，吴芃梅，杨少雄．新时代中国经济高质量发展的知识图谱研究——基于 CiteSpace 的可视化分析［J］．东南学术，2019（5）：188.
［7］刘润为．红色文化：中国人的精神脊梁［J］．红旗文稿，2013（18）：4.
［8］渠长根．红色文化概论［M］．北京：红旗出版社，2017：1.
［9］中共中央办公厅．关于培育和践行社会主义核心价值观的意见［N］．人民日报 2013-12-24（2）.
［10］黄蓉生，田歧瑞．社会主义核心价值观的红色文化特性探析［J］．思想教育研究，2015（10）：54.
［11］张泰城，常胜．红色文化资源与社会主义核心价值观培育［J］．求实，2016（11）：30.
［12］徐永健，李盼．试论红色文化资源与大学生思想政治教育的内在关联［J］．思想教育研究，2016（12）：84—88.
［13］陈始发，李立娥．红色文化资源在高校思想政治理论课教学中运用的思考［J］．思想理论教育导刊，2014（11）：70—73.
［14］张文，全军桦．全媒体传播“红色文化”的路径探析［J］．湖南社会科学，2014（4）：257.
［15］骆郁廷，陈娜．论红色文化的微传播［J］．江淮论坛，2017（3）：139.
［16］李霞．文化自觉与红色文化的形成与传播［J］．江西社会科学，2013（1）：242.
［17］孙平，熊平秀，于昊．新时期红色文化的意义表达与传播机制探析［J］．现代传播（中国传媒大学学报），2015（5）：22—23.
［18］国家“十三五”时期文化发展改革规划纲要［N］．人民日报 2017-05-08（1）.
［19］习近平．决胜全面建成小康社会　夺取新时代中国特色社会主义伟大胜利——在中国共产党第十九次全国代表大会上的报告［M］．北京：人民出版社，2017：35.
［20］孙学文，王晓飞．新时代红色文化的传承与发展［J］．吉首大学学报（社会

科学版），2019（S1）：12.

［21］吴娜．红色基因的文化学考察［J］．人民论坛，2015（35）：182—184.

［22］肖文燕，罗春喜．习近平的红色情怀与治国理政视野下的红色基因［J］．江西财经大学学报，2017（6）：97—103.

［23］刘润为．红色文化与文化自信［J］．红旗文稿，2017（12）：4

［24］衣玉梅．红色文化视角下大学生文化自信路径分析［J］．思想政治教育研究，2018（4）：121.

［25］王春霞．论红色文化资源在大学生思想政治教育中的功能定位及实现路径［J］．思想理论教育导刊，2018（5）：133—134.

［26］马晓燕．基于实践体验的红色文化资源育人功能探究［J］．思想理论教育，2019（2）：108—110.

［27］韩丽雯．红色文化融入“纲要”课教学实现价值性和知识性相统一［J］．学校党建与思想教育，2019（11）：37.

［28］陈九如，张烊烊．新时代高校红色文化教育的逻辑理路［J］．思想理论教育导刊，2019（7）：117.

［29］马克思恩格斯选集：第一卷［M］．北京：人民出版社，2012：10.

党内庇护式腐败的特征与生成逻辑

王静静*

摘　要：党内庇护式腐败是全面从严治党实践中的严峻挑战。庇护式腐败作为一种新的腐败形式，从特征上说，具有非正式的关系网络、稳固的内部结构、隐蔽的运作过程；从生成逻辑上讲，它以人情社会和负面价值观作为生存土壤，以制度机制建设不足和制度执行不力作为规则漏洞，以公权力失控作为权力通道。因此，为了有效治理庇护式腐败，需要做好政治生态、制度机制、权力限制和法治建设方面的工作。

关键词：庇护式腐败；特征；生成逻辑

一、问题的提出

“腐败是中国经济社会发展面临的严峻挑战之一，不仅影响经济发展效率，而且影响社会政治稳定。”[1]当前，我国的全面从严治党战略不断深入推进，尤其是十八大以来在中央“老虎苍蝇一起打”的高压反腐态势下，“拔出萝卜带出泥”“一挖就是一串”的窝案、串案现象频发，并已发展为我国腐败案件查处过程中日趋广泛的现象，大量涉嫌腐败的贪官被查，并且在这些“大老虎”背后不乏“秘书

* 王静静，中共上海市委党校。

帮”“石油帮”“山西帮”等“帮派”“团伙”。习近平总书记在第十八届中央纪律检查委员会第三次全体会议上曾明确表示，“党内决不能搞封建依附那一套，决不能搞小山头、小圈子、小团伙那一套，决不能搞门客、门宦、门附那一套，搞这种东西总有一天会出事！”他批判了党内存在的“信奉拉帮结派的‘圈子文化’，整天琢磨拉关系、找门路”，“琢磨关系学，利用关系网”等不良现象，并指出这些现象的出现表明“已形成了事实上的人身依附关系”。十八届六中全会也明确强调了“党内不准搞拉拉扯扯、吹吹拍拍、阿谀奉承”。[2] 2014 年 12 月 29 日，中共中央政治局会议再一次强调了“党内决不容忍搞团团伙伙、结党营私、拉帮结派”。总的来说，党中央高度重视具有集团化、组织化特征的腐败现象，近几年对党内此类腐败问题的治理力度也在逐渐加大，这在一定程度上有利于防止此类腐败的再恶化，保证党内反腐败工作扎实推进、持续向纵深方向发展的正确道路。

但中国经济社会的发展进入了新时代，腐败现象呈现出新的特点。吴忠民就曾研究了中国转型期的腐败特征，他认为主要包括波及面广泛、存在某种固化现象、群体性腐败色彩明显、腐败与鼓励试错的改革背景相勾连等特征。[3] 于学强则指出，随着反腐败力度的加强，腐败呈现出一些新的表征，如群体化、高位化等。[4] 陈朋更是阐明了村干部腐败的新特征，即具有较高的发展态势、涉“地”腐败占主体、个人腐败多样化与集体腐败共存、“小官巨腐”问题日益彰显、村庄中的“一把手”参与腐败的人数增多。[5] 相似的是杨群红也认为村官腐败的主要特征有：案件面大量广，扶贫和民生领域案件高发，窝案、串案突出，“苍蝇式”腐败与“虎蝇型”腐败并存，犯罪手段更加隐蔽和多样化。[6] 段小力指出，以“一把手”为中心的集体式腐败具有隐蔽性、涉案时间长，顽固性“保护伞”效应，严查阻力大，同盟性、破坏性大，辐射性、涉案人员多等特点。[7] 盛宏文从司法领域着手，指出中国司法腐败显示出高端化、权力寻租组织化、经营化、长期化等外在特征和司法体制过度行政化的内在特征。[8] 由学者们的研究可见，当前我国腐败现象更多地表现出一种组织化、集团化、人身依附的特征，存在一定的腐败关系网络。

同样，在实践过程中，党内反腐败工作也存在类似的问题，尤其是党的十八大以后一大批党员干部被查处，大量“老虎”“苍蝇”“狐狸”相继被查，存在人身依附关系的腐败案件频发，例如内蒙古金融系统频发“窝案”，农信社杨阿麟和内蒙古银行前后两任党委书记、董事长杨成林和姚永平，以及内蒙古金融投资集团党委书记王振坤等一批人被查处；2014 年山西省爆发出了系统性、塌方式的腐败案，五大省属煤炭集团原一把手全部被查处，其中，山西省委、政协、政府“三套班子”的金道铭、令政策、杜善学等人官官相护，形成了一定的腐败圈子；2017 年陕西省严查了魏民洲系列腐败案，并牵涉出了西安市政协原党组副书记、副主席赵红专和李益民、李大有等人的严重违纪违法问题，其中魏民洲等人更是利用手中的公权力大搞权力寻租和利益输送，左右拉扯、上下勾连，恶化了陕西党员队伍的政治生态。总之，这些腐败案不论大小都存在案件核心人物，或为一个人、或为少数几个人，以他们为中心形成了关系网络并不断向外扩散，处于同一关系网络中的官员相互依靠、互相庇护，形成了较为稳定的贪腐“团队”，共同进行腐败。这种腐败案件呈现出了有别于传统式腐败的新形式，即庇护式腐败。

庇护原指一种特殊的、以私人关系为基础的、非市场的双边交换关系，随着人类经济社会的不断发展和进步，地位、资源、权力的不平等加剧，之后更是发展成为一种政治交换模式。而所谓的庇护式腐败正是依托于庇护主义，并借助“人情”“金钱”“关系”“权力”等资源而形成的腐败关系腐败网络，在这个庇护网络中庇护者直接或间接地利用公权力、公共资源为庇护者提供利益和好处，而被庇护者则向庇护者献上自己的忠诚或输送其他利益，通过这种利益共谋和交换的方式抱成一团，相互勾连，成为“命运共同体”，彼此攀附。故庇护式腐败已成为中国共产党执政过程中所面临的最为严峻的问题之一，因此研究党内庇护式腐败对于有效遏制党内腐败，深化全面从严治党，保障党的纯洁性以及党内生态的和谐等方面具有重要意义。

显然，有效防治腐败的前提是要研究腐败现象的形成原因及逻辑。作为腐败新形式的庇护式腐败即呈现出腐败的共性，又表现出了新的特点。那么，党内庇护式腐败具有哪些特性呢？党内庇护式腐败的生成逻辑又是什么呢？这些正是本文拟探讨的核心问题，并在此基础上阐明了有效遏制党内庇护式腐败的方法。

二、党内庇护式腐败的特征

（一）关系网络：非正式化

庇护式腐败主要依赖于各种错综复杂的腐败关系网络的形成，而这种关系主要是一种非正式的关系，既包含以血缘、地缘等关系为基础而形成的人情关系（如亲眷、乡人、同窗、朋友和同事等），又包括以金钱、权力等资源交换为目的的利益关系。这两种关系在现实的庇护网络中，往往是相互勾连并不断融合的。具体来说，就是在这种非正式的关系网络中，庇护者（掌握实权的位高者）总是希望利用自己所掌握的权势、金钱进行利益交换，将各种社会资源和机遇更多地倾向自己的世情关系网络中，为自己的亲属、朋友等牟取暴利和好处，为被庇护者提供有利的保护。故庇护式腐败的关系网络具有非正式化的特征。

在实际的党内政治生活中，这一特征一般表现为谋求政治利益上的任人唯亲、排斥异己；经济利益上的官商勾结、权力分红、分赃等等。当前，随着反腐倡廉建设的不断推进，很多的“大老虎”庇护者落马，紧接一大批寻求其庇护的官员也随之落网，例如陕西的魏民洲系列腐败案，就先后查处了西安市政协原党组副书记、副主席赵红专和李益民、李大有等多人。可见，这种非正式的庇护关系网络往往是不正义的，它会造成社会资源的不当分配、扰乱社会经济的正常秩序、破坏党内政治生态，从而滋生出更多的违法乱纪、以权谋私的腐败现象。

（二）内部结构：稳固性

吉登斯认为“结构可以在实践中表现出来，但不是具体实践的外显模式，而是一些记忆中的原则”。[9]庇护式腐败作为一种制度外的蛆虫，不具备明确的实体性框架，而只是一种依赖于资源和“圈子规则”的无形结构。庇护式腐败是以庇护关系为根本的，而庇护关系又是在人类历史中早已存在的，是一种长久、稳定的社会资源相置换关系。基于此而产生的腐败方式不同于短期的权钱交易型腐败，只能短暂存续无法稳定发展，庇护式腐败是需要经过多次的交易而形成的“小团体”或“小圈子”，一般具有稳固的内部结构。并且为了掩盖腐败行径，庇护网络中的成员大多限定在较小的范围内，一般是围绕在庇护者所在的家庭、行业、部门或地区内的人，而维系这种内部结构的纽带，正是那些非正式关系：血缘、地缘、业缘和利益关系等。因而便于形成彼此维系和庇护依存的利益团体，有利于稳固内部结构。

在反腐败的斗争中，一些影响极为恶劣的腐败窝案就多属于庇护式腐败，具有内部结构封闭固化的特征。例如被查处的中央委员蒋洁敏，曾担任中石油集团“一把手”，在工作期间，他与冉新权、王永春、李华林和王道富等石油产业系统内的高层管理者形成了稳固的庇护关系，被媒体称为“石油帮”，在蒋洁敏宣布被查的前后一周内，这四名高管也相继落马。另外还有“秘书帮”“石油帮”“政法系”“山西帮”等，他们都依托于稳固的内部结构，长久地非法牟利。

（三）运作过程：隐蔽性

庇护式腐败的运作是潜在的、不可见的过场，具有极强的隐蔽性，而作为腐败的新形式，其运作过程中自然离不开腐败的核心问题——利益，庇护关系的实质就是利益的交换。一方面，庇护式腐败可以采取物质层面的利益交换。不同于一般性腐败的直接的权钱交易，庇护式腐败对于这种存在较大风险和不确定性的交易，一般会比较谨慎，他们通常情况下都会通过送礼来完成利益交换。“礼物交换一事貌似平常，其实是人类社会中相互交往的一个最重要模式，其给予——获取的双向选择维持、强化并创造着不同的合作、竞争、对抗的社会联系。”[10]在庇护关系网络中，庇护者和被庇护者之间通常有着较长时间的人情交往，而借由中国传统人情社会“礼尚往来”的特点，将利益交换夹杂在人情交往中的操作更具隐蔽性。例如，安徽省原副省长倪发科曾在多个领导岗位工作过，基于此，他以己为中心组成了具有庇护性质的关系网并收受贿赂，之后再利用职务之便将开发的项目工程流向关系网中的被庇护者。另一方面，庇护式腐败可以采取情感层面的利益交换，它相对于比较直观的物质利益交换更能体现庇护式腐败在运作过程中的隐蔽性。“一旦许下诺言和达成协议，就必须履约；帮派或小集团的成员必须相互‘忠诚’。”[11]而这种所谓的忠诚通常伴随着一种人身依附关系，主要体现在下级对上级的忠诚，在这种感情联结所构成的庇护关系中，参与者之间会逐渐产生出一种对庇护依存身份的自豪感和责任感，使其能够共同维护庇护关系网络。所以，庇护式腐败不同于短期性的腐败存在相当大的曝光风险，庇护者与被庇护者之间往往会产生出一种持久的互助关系，在这持久的互助中，两边会生成相应的默契感和信任感，产生出维护这种关系的较强烈的责任和义务感，他们不会轻易背叛庇护圈子。

领导与身边的秘书之间的关系就属于典型的情感层面的利益交换关系。秘书作为领导工作中的得力助手，对领导是忠诚的，并且由于和领导有更多的密切接触，领导一般都会对身边的秘书抱有更多的信任感。例如“河北第一秘”李真在被举报受贿时，其领导程维高竭力为其提供庇护，使他不仅没有被及时查处，反而进一步得到了提拔，直至五年后才被中央专案组查处。

三、党内庇护式腐败的生成逻辑

（一）生存土壤：人情社会和负面价值观

首先，中国传统社会是一个熟人社会、人情社会。正如费孝通先生所说，中国社会“好像把一块石头丢在水面上所发生的一圈圈推出去的波纹。每个人都是他社会影响所推出去的圈子的中心”，是一种“差序格局”。[12]它注重血缘、地缘、业缘关系以及人情关系和礼尚往来，这些关系将各种相关成员有机地联系在一起，形成了一个又一个的人际关系网，并依托于长久发展中形成的人情规则稳固地保障着社会关系的发展运作，巩固了传统社会的伦理秩序。但是这种规则运用到政治范畴中，却导致了情大于法、任人唯亲、阿谀奉承、圈子文化、“礼尚往来”等陋规和陋俗，而且这种“关系”思维使人们日益倾向于发展制度之外的非正式化关系，这就为腐败的产生提供了肥沃的土壤。位高权重者会倾向于操纵其掌握的权力和资源为自己的个人关系网络牟取益处和暴利，这无疑为庇护式腐败的扎根提供了文化的伦理土壤。例如在党内生活中，有些干部深信“关系论”，将其奉为生活和工作中的重要“处世之道”，导致拉帮结派、团团伙伙等现象严重，人情关系、裙带关系屡禁不止。

其次，负面价值观污染了政治生态。随着现代市场经济的发展，功利主义、享乐主义和个人主义等负面的价值观由市场领域蔓延至了政治领域，一些领导干部接触并沉沦于这些负面价值观，理想信念渐趋混乱，变得奢靡、享乐、无视法纪，利用手中的权力为个人和亲朋好友牟取利益，攫取钱财，而这些观念终会使得这些碰触禁忌的领导干部步入贪腐的绝境。无疑这些负面价值观也成了庇护式腐败的生存土壤。

（二）规则漏洞：制度机制建设不足和制度执行不力

制度是一种约束和规范个人行为的规则，能减少人们行为的不确定性。一项好的制度不仅能够引导并规范着社会中各成员之间的社会互动、关系往来，还能够发挥制度约束力，保障各成员在参与社会活动时做到合法行使权力并积极履行义务。

首先，我国的制度机制建设仍不健全。习近平总书记曾指出："我们的制度有些还不够健全，已经有的铁笼子门没有关上，没上锁。或者栅栏太宽了，或者栅栏是用麻秆做的，那也不行。"[13]目前我国的制度建设正处在新旧体制转轨的关键时期，制度和机制建设部分仍存在短板。比如存在着反腐败制度设计落后、缺失和矛盾的现象，有时反腐败制度是待腐败现象出现甚至恶化后才紧急制定出来的，缺乏腐败过程中的预防机制，无法有效、合理地整治我国的腐败问题；有时反腐败工作仅仅依靠一些行政文件，缺乏法律制度的保障，正当性容易遭到怀疑，不能起到威慑作用。这些问题都使得制度的约束力和威慑力下降。庇护式腐败作为新形式的腐败展现出了许多的新特点，其腐败行为隐蔽，关系网中的成员有着稳固的信任关系等等，而这些都无法使制度制约精准有效。

其次，尤为关键的是制度的执行不力问题。正如习近平同志所言："贯彻执行法规制度关键在真抓，靠的是严管。加强反腐倡廉法规制度建设，必须一手抓制度制定，一手抓贯彻执行。"[14]当前我国面临的突出问题不是制度体系的缺失，而是执行已有制度的能力不突出。在实践中，有些人会借助规则上的漏洞，逃避执行；还有的人会因"私利"采取"选择性"的态度来认识和执行制度；更有些人会变通执行、打擦边球甚至是利用制度构建腐败的庇护关系网络。最终使得制度因为缺乏应有的执行力而丧失应有的作用，沦为一些人编制运营庇护关系网的工具，成为庇护式腐败形成的规则漏洞。

（三）权力通道：公权力失控

首先，资本与公权力相勾连。随着我国市场经济的飞速发展，资本不断地积累、增殖和扩张，日益显示出对我国社会建设的强大影响力，特别是它所表现出的负面影响力正逐渐向政治领域蔓延，因此在逐利性的影响下，资本为了获取最大的利益往往会利用资本规则引诱或迫使公权力为其服务，以获取权威性资源的优先配置，例如利用金钱、美色、权力分红等物质引诱，利用请客送礼、走后门、托关系等隐蔽性方法，拉拢和腐蚀公权力者，使其成为资本的庇护者。另外，庇护关系的本质就是利益交换，这就使得那些手握公权力的人能够借助公权力，通过稳定的“庇护、被庇护”关系，以一种隐蔽、低风险的方式达到与资本进行利益交换的目的，并且因资本的引诱，公权力者往往希望获得更多的牟利机会、掌握更大的权力，因此不少人选择“忠诚”、依附于上级，试图利用物质和情感交换达到目的。

其次，无法被制约的权力容易被滥用。“绝对的权力导致绝对的腐败”，虽然资本的吹捧讨好和金钱美色诱惑巨大，但最关键的原因还是公权力的监督制约失灵，权力的高度集中会使党内外的监管乏力，有时领导的权力使其很容易干涉监管的程序，这就使得权力者能够毫无负担地将权力据为己有。而不受限的权力掌握者就像一个巨大的利益旋涡中心，牵引着亲属、友人、公司老板等人情和利益相关者聚拢过来，大家相互依存、共同维护，形成相对稳固的以权力掌握者为中心的庇护式腐败关系网络。在已经查处的众多腐败案中，多数涉及的主体均为单位、地方和行业的“一把手”或者曾经的“一把手”，他们手中权力集中，并且由于监管乏力，使得他们的行为肆无忌惮，丧失敬畏之心，让他们钻权力的漏洞，自由地组成各种庇护式“团伙”，出现官商勾结、利益交换、亲属垄断稀缺资源等现象。这些庇护式腐败关系网络就成为庇护式腐败的权力的通道。

四、党内庇护式腐败的治理路径

（一）重塑党内政治生态，逐步消解庇护式腐败的生存土壤

政治生态是一个政党内部环境以及成员工作作风的直接展现。习近平总书记就曾指出：“党内上下关系、人际关系、工作氛围都要突出团结和谐、纯洁健康、弘

扬正气，不允许搞团团伙伙、帮帮派派，不允许搞利益集团、进行利益交换。”[15]当下屡禁不止的潜规则、各式各样的庇护网络的产生都离不开被污染的政治生态。因此，重塑党内政治生态，消解传统人情社会和负面价值观的影响必不可少。例如，扎实推进党的组织生活向着制度化、标准化方向发展，抓好落实民主生活会等党内活动；引导党员群体的有序、规范的交往，形成和谐的人际关系。

（二）注重制度机制建设与执行，严堵庇护式腐败的规则漏洞

在治理庇护式腐败的过程中要注重制度机制建设。无数事实证明，机制建设对于规范党内政治生活具有非常重要的作用，其重要性表现在可以为社会成员展现一套合法的行为规范，使社会成员能够依规范行动，避免无序、无法的行为。因此，一方面在机制的运行过程中，要严格按照规则行事，建立过程预防机制，严抓制度执行，坚持有法必依、违法必究、执法必严的司法原则，力求从过程中就将庇护式腐败的可能性扼杀。另一方面，建立健全腐败惩处机制，提高庇护式腐败犯罪的惩处力度，使参与腐败、为犯罪提供庇护的代价上升，威慑党内人员间的庇护式行为。另外，无论是进行何种机制建设，都需要做到科学地配置权力、规范地使用权力、严格地执行权力和有效地监督权力，更重要的是要做到普遍性地约束权力，因此制度层面的建设与执行成了重中之重，可以说无论推行何种机制、规则，都离不开规范的制度化以及有效地贯彻落实。

（三）强化权力制约与监督体系，关闭庇护式腐败的权力通道

“一个被授予权力的人，总是面临着滥用权力的诱惑，面临着超越正义与道德界限的诱惑。”[16]庇护式腐败的产生和蔓延，缘于相应的监督制约乏力。当前我国分权制度设计往往重视监督而忽视制约，普遍存在事权高度集中于“一把手”的情况，而权力的监督、制约缺失将会带来行为的失范。因此，一方面要对事权进行适度分解，使各权力主体相互制约，避免权力过度集中在某个人或某些人身上，形成彼此牵制、互相监督的局面。另一方面要加强宣传教育，让更多的主体参与到权力的监督中来，防范掌权者的权力失控与滥用。同时，还需要注重党员同志的党性教育、党章党纪教育，增强其自觉抵制庇护式腐败的能力。总之，只有形成强有力的权力制约与监督体系，将权力滥用的通道关闭，才能有效地遏制庇护式腐败的发生。

（四）强化法治建设，杜绝公权力领域的亲情、人情渗透

在我国，公权力是由人民依法赋予的，其过程和目标都有明确的法律要求，与之相对，亲情、人情是中国社会长期发展过程中形成的典型特征，至今仍存在并影响着中国社会的发展，其中亲情、人情向公权领域的渗透更是引发了公权力的扭曲问题。而法律是经实践反复检验的、符合社会发展规律的行为准则，具备强制性和约束性。因此，加强法治建设，完善反腐败法律体系是遏制庇护式腐败的关键举措，让反腐败工作在法治的轨道上进行，并受到法律的保障是至关重要的。

五、小结

腐败对我国社会政治、经济的建设具有负面效应。庇护式腐败作为腐败的新形式，已成为中国共产党执政过程中所面临的最为严峻的问题之一。我国党内的庇护式腐败有着深刻的中国烙印，它以传统人情社会中的“关系”思维和现代化过程中的负面价值观为生存土壤，把握住了制度建设与执行中的规则漏洞，用资本诱惑和权力的不受限打开了腐败的权力通道，最终在关系、制度与权力三大因素的影响下在党内生活中形成并蔓延，并展现出了三大特征，即非正式化的关系网络、稳固的内部结构以及隐蔽性的运作过程。面对庇护式腐败所带来的治理挑战，要做好党内政治生态的重塑，注重制度建设并加强制度执行，强化权力的制约与监督体系。另外可以通过强化“四个意识”、规范运用常态化的政治机制、严明党内政治纪律等手段有效治理党内庇护式腐败。

参考文献

［1］何增科．政治之癌：发展中国家腐化问题研究［M］．北京：中央编译出版社，2008：1—14.

［2］中国共产党第十八届中央委员会第六次全体会议文件汇编［M］．北京：人

民出版社，2016：12.
[3] 吴忠民.中国转型期腐败问题的主要特征分析[J].教学与研究，2014(6)：5—14.
[4] 于学强.论当前腐败的表现特征与反腐败的认识误区[J].广州大学学报(社会科学版)，2012，11(4)：5—10.
[5] 陈朋.村干部腐败新特征及民主治理路径[J].理论探索，2018(6)：57—62.
[6] 杨群红.新形势下村官腐败的类型、特征及治理对策[J].中州学刊，2016(12)：14—20.
[7] 段小力."一把手"主导下的集体腐败类型、特征及治理路径——基于省市级"一把手"主导下的集体腐败案的思考[J].湖北行政学院学报，2015(1)：15—18.
[8] 盛宏文.司法腐败的基本特征及其预防对策——基于1990—2010年相关统计数据的实证分析[J].重庆工商大学学报(社会科学版)，2013，30(4)：97—104.
[9] GIDDENS A. The constitution of society: outline of the theory of structuration [M]. Oxford: Policy Press, 1984: 170.
[10] 杨念群.礼物交换的本土精神[J].读书，1997(2)：81—87.
[11] 戈登·塔洛克.官僚体制的政治[M].柏克，郑景胜，译.北京：商务印书馆，2010：46.
[12] 费孝通.乡土中国[A].费孝通文集(第五卷)[M].北京：群言出版社，1999：345.
[13] 中共中央纪律检查委员会、中共中央文献研究室.习近平关于党风廉政建设和反腐败斗争论述摘编[M].北京：中央文献出版社，中国方正出版社，2015：129.
[14] 中共中央纪律检查委员会、中共中央文献研究室.习近平关于党风廉政建设和反腐败斗争论述摘编[M].北京：中央文献出版社，中国方正出版社，2015：56.

［15］中共中央纪律检查委员会、中共中央文献研究室．习近平关于党风廉政建设和反腐败斗争论述摘编［M］．北京：中央文献出版社，中国方正出版社，2015：47.

［16］E.博登海默．法理学——法律哲学与法律方法［M］．邓正来，译．北京：中国政法大学出版社，1999：362.

兼容与排斥：政党意识形态视角下的政党制度类型学

焦　磊*

摘　要：自政党诞生以来，传统政党制度类型学一直大行其道。但是，以中国新型政党制度为代表的兼容性政党制度对这一理论提出了现实上的挑战。政党意识形态的兼容性与排斥性塑造了政党体制，形成了“求同存异”与“求异存同”两种不同的制度内在逻辑，从而建立了以政党意识形态兼容与否为核心的政党制度类型学。本文通过对既往研究的梳理发现，以政党数量多寡、有无竞争以及执政方式和政党特性为标准的政党制度类型学都存在一定的解释性不足的情况。因此，设计一种更易广泛适用的分类标准势在必行。

关键词：政党制度；新型政党制度；意识形态；兼容性；排斥性

习近平总书记指出，“中国共产党领导的多党合作和政治协商制度作为我国一项基本政治制度……是从中国土壤中生长出来的新型政党制度”[1]。中国新型政党制度的建立、完善与发展，是一条不同于传统西方政党制度理论的道路。传统政党制度类型学以政党数量多寡、有无竞争以及执政方式和政党特性为标准进行分类。中国基于本国国情建立的新型政党制度以其独特性对这些理论提出了严峻挑战。

* 焦磊，上海师范大学哲学与法政学院研究生。

一、中国新型政党制度的挑战与研究问题的提出

由于不同国家历史文化和宪政制度的不同，世界上各个国家建立了不同的政党制度。相较于先有理论、后有政治实践的民主理论而言，西方政党制度理论更多地建立于政治现实之上，并超脱于政治现实。传统政党制度理论的核心理念认为，政党制度使政党能够在竞争与合作之间保持相对的平衡，以达成政治上的共识。但是，从当今世界上的政党制度实践来看，政党恶斗与政治极化屡见不鲜，民粹主义政党在欧洲国家的崛起几成定局，并且有向其他国家与地区发展的趋势。除此以外，在面对非传统安全危机时，政党在政治上的相互竞争浪费了处理危机的宝贵时间，导致危机恶化，其实质是社会不平等增强和收入差距进一步扩大等内生性危机，以及恐怖主义、非传统安全问题等外部危机的双重叠加影响。在此基础上，更加强调“竞争”而非合作的政党制度已然不能弥合日益扩大的社会裂痕。相反，政党在选举中的激烈竞争会进一步扩大公共分歧，使社会中的矛盾日益增大。即使在选举结束后，受到刺激的社会矛盾也无法平复。

在这种背景下，中国建立的新型政党制度在世界政治中的表现就显得格外亮眼。无论是长期保持经济高速增长，还是在新冠疫情危机中迅速有效应对，都体现出了新型政党制度对社会力量的高度整合与社会分歧的有效控制。这种整合与控制建立在保持低烈度竞争与分歧的基础之上，而非无竞争与无分歧。在这种背景下，中国新型政党制度对传统政党制度理论提出了信度的挑战。传统政党制度理论无法解释中国新型政党制度，因此引申出了如下问题：（1）传统政党制度理论为什么会出现信度不足的问题？（2）传统政党制度理论中究竟有哪些缺陷？可以采用怎样一种视角对其进行补足？（3）有哪些国家的政党制度与中国相似，即保持低烈度竞争与分歧的同时也能对社会进行有效治理？（4）隐藏在这两类不同政党制度背后的内在逻辑究竟是什么？

二、政党制度类型学的主流理论述评

政党进行政治参与之后，便逐渐形成一整套相对稳定的政治过程。在这一框架下，政党与国家、社会形成政治互动，形成政治决策；政党之间相互竞争，寻求机会掌握政治权力。这一政党的活动框架就是政党制度。在不同的时代，不同的国家有着不同的政党制度，因此演化出多种关于政党制度类型学的理论。本文主要介绍三种主流理论并进行评介。

（一）以政党数量为基本标准的五分法与七分法

以制度内有效政党数量划分政党制度类型的方法，在政党制度类型理论中拥有悠久的传统。将政党制度划分为一党制、两党制和多党制[2]。之后，班克斯和泰克斯特[3]采用五分法，即一党制、主从党制、一个半党制、两党制和多党制；后来，萨托利[4]进一步扩展五分法，主张七分法，即一党制、霸权党制、主导党制、两党制、温和多党制、极端多党制和粉碎多党制。以政党数量的划分方法是政党制度类型学里面最为重要的理论，绝大部分对政党制度的分析都建立在这一划分类型之上，其中萨托利的七分法尤为重要。在此基础上衍生出有价值的研究，例如施密特和弗兰兹曼根据萨托利的这项研究与政党理论的空间模型相结合，对政治制度两极分化的产生机制进行建模分析，得出相应的隐含假设和因果联系。[5]

以数量为标准的政党分类方法，虽然经过萨托利添加意识形态差距这一额外因素的调整，但是仍然存在着不足。比如韦尔就批评："政党的意识形态距离……不仅包括政体内政党意识形态的变动范围，而且还包括一个相当不寻常的变量，即政党对自身以及对政体内其他政党的态度"[6]。该批评只考虑了政党狭义上和静止的意识形态，并未考虑到政党意识形态会在政治实践中逐渐微调以适应政治生态，导致"政党意识形态差距"这一概念缺乏科学化操作定义的可能性。

（二）萨托利的竞争性与非竞争性政党体制

事实上，萨托利的七分法是其所述及政党制度的二级分类。在七分法之上，萨托利还以存在于政党制度内的政党是否存在竞争（competition/non-competition），把政党制度分为非竞争性和竞争性两类，把一党制、霸权党制和主导党制等一党制列入非竞争性政党制度，把包括两党制在内的其他各种多党制列入竞争性政党制度。[7]

这种分类方式是传统政党制度理论的一贯观点，研究者们普遍认为一党制下的政党制度缺乏有效竞争，多党制建立在政党多元主义之上。但是，这种理论缺乏对政党制度变迁的动态观察。以印度为例，印度在独立之后，建立了以国大党为核心的主导党制并长期保持稳定，但这种观点在微观和时间上均存在误区。微观上，印度政党制度的独特在于选举中的政党主要以政党联盟的方式为外在表现。印度的政党联盟由一个全国性大党为核心，多个地方性政党扈从组成。因此，政党联盟在议会中获取席位相对稳定，但在政党联盟内部充满了竞争与变化；时间上，人民党在2014年获得执政权之后，在2019年大选之后进一步巩固了其执政地位。[8]国大党和人民党两个政党执政权的交替显然不能被概括为印度政党制度内缺乏竞争。如果将印度政党制度一直视为主导党制，必然会忽略这一执政权更迭中的动力机制。

（三）以执政方式和政党特性为标准的制度分类

拉帕隆巴拉和魏纳将执政方式分为独霸型和轮流型，将政党特性分为意识形态型和实用型，两者交叉结合之后，从而将竞争性政党制度分为独霸—意识形态型（hegemonic-ideological）、独霸—实用型（hegemonic-pragmatic）、轮流—意识形态型（turnover-ideological）、轮流—实用型（turnover-pragmatic）[9]。这种分类方式扩大了竞争性政党制度的分析范围，即在萨托利标准中的一些一党制国家可能会在这种分类中被视为独霸型政党制度。但正如萨托利在其论著中所提到的一样，“这个方案很有启发性，但概括性太强”[10]。

除概括性之外，拉帕隆巴拉和魏纳的分类所采取的两个标准对于现今政治实践来说也存在解释力不足的问题。独霸型与轮流型的问题同样可以使用印度[11]的例子进行反驳，即人民党与国大党完成了政党轮换，但是人民党又同时保持了独霸型的执政方式，那么怎样来描述印度的政党制度，或者说印度的政党制度完成了快速的制度转换，即独霸型—轮换型—独霸型？另外，对于一个政党来说，保有其意识形态与采用灵活实用的政策并无冲突，但是这种分类却将其割裂开来（原因在第四小节详叙）。事实上，对于当今世界上的绝大多数民粹主义政党而言，其所奉行的民粹主义意识形态就是一种意识形态与实用主义的结合。我们可以很清晰地看到，民粹主义政党在选举中的政策选择是民粹主义意识形态性质的，但是如果其一旦获取执政权，就会采用相对缓和及实用主义的国家政策，避免急剧的政策转变导致社会停摆。

三、政党制度内各政党意识形态之间的“兼容”与“排斥”

通过对传统西方政党制度分类的述评，我们可以发现，现有的一系列政党制度类型学理论已经不能满足当今变幻万千的世界政治实践需求。因此，我们急需一种建立在政党制度与制度次类型之间的初级分类，以便政党制度分析的继续进行。事实上，通过对当今世界上几个典型国家政党制度的分析，我们就能够明显观察到，相较于“是否存在竞争”这一标准而言，政党制度中各政党意识形态是否“兼容”，更能够体现当今世界上各国政党制度的本质区别。

（一）日本、新加坡与中国：兼容性政党制度

首先，我们要讨论的是兼容性政党制度。这种政党制度的最大特点就是制度内的各政党意识形态相互“兼容”，外在表现为政党竞争稍弱，政党中间化倾向较强。在传统政党制度类型理论中，兼容性政党制度中的绝大部分都被视作非竞争性政党体制一党制的一部分。但实际上，这些国家内部政党竞争虽然微弱，但仍然存在。这种竞争的存在，是由国家与社会中问题与矛盾的复杂性所决定的。在进行兼容性与排斥性政党制度比较时，我们对每一个国家提出了 7 个问题（见表 1、表 2）。这 7 个问题围绕主导性政党（第 1 个问题）、政党数量（第 2 个问题）、政党竞争（第 3、4、5 个问题）和政党意识形态（第 6、7 个问题）四个主题。这四个主题基本上覆盖了传统政党制度分类理论中的分类标准。

从表 1 中，我们可以看到，日本、新加坡与中国在议会内都存在一个主导性政党。主导性政党的概念沿用了萨托利对于主导党制的定义，同时为了避免争议，本文对这一概念进行了微调，即主导性政党是能够在一个国家由多政党组成的议会中长期保有执政权的政党。

日本在《和平宪法》确立以来，建立了稳定的民主政治。自由民主党连续执政长达 54 年（1993 年和 1994 年内的数月除外）。这证明了长期连续执政，并不必然是不民主的[12]。自由民主党（以下简称“自民党”）长期秉持保守主义政策，同时吸纳了经济自由主义的部分主张。从自民党 1955 年、2005 年和 2010 年三篇党的政纲来看，自民党总体属于中右翼政党，其政策主张包含极右翼所拥护的宪法修正、右翼的小政府主张，也包括中间派选民的自由主义[13]。由此看来，自民党在左—右政治光谱上占了很大的比重，这也是为何自民党能够持续主导国会大部分的议席的原因所在。从立党宗旨上来说，自民党是属于典型的保守主义政党，号召恢复日本的传统文化与家族价值观，这些社会纲领与左翼的民主党团及共产党截然不同。值得注意的是，自民党同时也部分吸纳了左翼政党的经济自由主义政策，希望推进全球化与自由贸易，反对保护主义与贸易壁垒以提振日本经济。这是政党在保有自身意识形态基础之上作出的兼容其他政党意识形态的必然选择。在中间化的妥协上，日本前首相安倍晋三致力于“修宪”的政治纲领与其“安倍经济学”表现得尤为突出。

相较于日本是被普遍承认的民主政体，新加坡与中国在习惯上被认为是主导性政党政体。新加坡和中国均没有实现过政党轮替，在议会中也缺乏有足够力量的政党去挑战其执政地位。如果按照传统政党制度类型学来看，这两个国家只是在细枝末节上存在一定的差别，但仍然摆脱不了“非竞争性政党制度”的判定。实际上，如果我们将新加坡、中国与日本相比较，会发现在一些方面，新加坡和中国比日本做得还要出色。比如，在政党中间化倾向上，新加坡和中国都具有很高的强度。虽然新加坡议会中的政党数量很少，但是在议会制度中有反对派至少拥有 12 席的规定，还设置了官委议员①以保证公民的充分参与；在中国的全国人民代表大会中，各民主党派、无党派代表等占代表总数的 28.72%②。因此可以判断，新加坡和中国都在为议会中的多元化作出非常重要的努力[14]。

因此，当我们观察一个国家的政党制度之时，不是简单地考察其制度中是否存在竞争，而是应当首要观察制度内的各政党意识形态是否相互兼容。如果一个国家政党制度内的各政党意识形态之间冲突很少，且存在一个主导性政党以自身政党意识形态为蓝本主动兼容其他政党意识形态，那么无论政党制度内政党数量是否足够多、政党竞争是否剧烈，都会产生一个兼容性的政党制度（见表 1）。

表1 日本、新加坡与中国政党制度比较

比 较 标 准	日 本	新 加 坡	中 国
1. 是否存在主导性政党?	存在自由民主党	存在人民行动党	存在中国共产党
2. 议会中的政党数量?	多（9个）	少（2个）	多（9个）
3. 政党之间的竞争强度?	强	稍强	弱
4. 产生过政党轮换?	有	无	无
5. 存在对执政党有威胁的政党?	有	无	无
6. 是否强调政党意识形态性?	强调	一般	非常强调
7. 政党中间化倾向强度?	一般	强	很强

（二）美国、法国与意大利：排斥性政党制度

与日本、新加坡和中国相反，美国、法国和意大利都不存在一个主导性政党。同时，这三个国家政党制度内的各个政党之间的竞争与意识形态冲突都相当激烈，政党轮换相对频繁，民粹主义意识形态和极右翼意识形态相继崛起。

美国作为这三个国家中唯一一个两党制的国家，具有一定的典型性。因为，根据传统政党制度理论，两党制下的政党政策往往会倾向于中间化以获取中间选民的选票。但是，从今日的美国大选来看，操纵意识形态议题和外部威胁已经成为两党的重要竞选手段。与之相反的是，国内政策（如疫情应对）在总统竞选中提及甚少。如果说两党之间其他的意识形态和政策议题所引起的社会对立有可能会随总统大选的结束而结束，但是种族主义问题并不会如此简单地结束。种族仇恨的深埋与政治正确的扩大化已经使美国民族大熔炉的神话破灭。

与美国的两党制不同，法国与意大利都形成了多极化党制的政党制度[15]。在这种政党制度下，议会中的各政党意识形态自然会产生激烈的碰撞。但是，就这两个国家而言，两者之间也存在一定的差别。法国的共和前进党作为携马克龙胜选之势获得议会多数议席的政党，其政党意识形态不可避免地受到总统政策的影响。在这种影响下，共和前进党的政党意识形态主要为偏向中间化的自由主义，也即由英国工党前首相布莱尔所最先倡导的新中间路线③。因此，法国虽然在制度内存在很强的政党竞争，但是在总统权威的压制下，政党之间的意识形态冲突并不强，除了少数如国民联盟的极右翼政党，各政党的中间化程度相对于美国与意大利来说较

强，但仍弱于日本、新加坡和中国。意大利的现存政党制度催生了现在的执政党五星运动党。五星运动党是意大利的一个民粹主义政党，信奉贸易保护主义和欧洲怀疑主义，其政策主张大多反对现存建制。例如，五星运动党主张宪法改革，缩减参众两院的议员数量以节省财政支出④。除此以外，五星运动党还主张直接民主，并在执政以来使用电子民主的方式决定了其在欧洲议会中的党团所属，以及部分法律选择[16]。作为民粹主义政党的五星运动党虽然获得了意大利议会中的多数席位，但是其民粹主义的身份仍然受到来自右翼的意大利力量党和同为民粹主义政党的北方联盟党的挑战。五星运动党的绝大部分意识形态与力量党和北方联盟党相重合，但是五星运动党的政党意识形态并不与这两党兼容。事实上，五星运动党的获胜原因除了民粹主义政党身份外，还与其独特性有密切关系。除左翼民主党和地区主义北方联盟党，力量党所倡导的保守主义和软性欧洲怀疑主义亦被五星运动党抛弃。五星运动党为凸显出自己的不同，拥有彻底的欧洲怀疑主张和反移民政策，并在政策主张中添加了许多左翼政党的政策主张，如直接民主、支持同性婚姻、绿色环保主义，等等。由此可见，民粹主义政党五星运动党的崛起很大程度上就是意大利议会中政党意识形态排斥性斗争的产物（见表2）。

表2　美国、法国与意大利政党制度比较

比　较　标　准	美　　国	法　　国	意大利
1. 是否存在主导性政党?	不存在	不存在	不存在
2. 议会中的政党数量?	少（2个）	多（9个）	多（6个）
3. 政党之间的竞争强度?	强	很强	非常强
4. 产生过政党轮换?	有	有	有
5. 存在对执政党有威胁的政党?	有	有	有
6. 是否强调政党意识形态性?	强调	一般	非常强调
7. 政党中间化倾向强度?	较弱	一般	弱

我们可以清楚地发现，相比于将“竞争、非竞争”作为政党制度分类的标准，政党意识形态的“兼容”与“排斥”似乎更具有解释力与说服力。“兼容”与“排斥”这一对概念所产生的衡量标准，扩大政党制度类型学的解释范围，将当今世界上政党政治的最新变化纳入了分析范畴。兼容性政党制度与排斥性政党制度两者之

间的区别和内在动因值得进一步探究。

四、两种政党制度的内在逻辑：求同存异与求异存同

通过上文分析，我们发现，受多元文化鼓励个性发展的价值观影响，西方“排斥性”政党体制中的激烈竞争更强调政党之间的相异之处，而相同之处却极少有人关注；相反，包括中国在内的兼容性政党制度国家在烈度相对较低的政策竞争市场中，政党之间更强调彼此的“最大公约数”（即共性）。由此，从“兼容”与“排斥”的标准中，我们可以发现两种政党制度内在逻辑的最大不同是求“同”还是求“异”。这也是兼容性政党制度与排斥性政党制度两者的真正区别和内在动因。

（一）政策竞争市场中政党意识形态的竞争

在分析两种制度的内在逻辑之前，我们需确认政策竞争市场中政党意识形态是否存在竞争。投票时，公民虽然因社会议题的不同而持有多种不同的政治主张，但是依然面临“二选一”或“多选一”的难题，因此会选择将选票投给与自己政治主张最接近的政党。研究人员在进行投票行为的统计调查时遇到的困境与公民投票的困境是一致的。因此，不妨将一个选民假设为单一的“点”以代表其意识形态，将所有选民组成的“点”集合按照左、右意识形态的顺序进行横向排列，就会组成一条完整的线段，形成意识形态连续统。在选举中，政党会针对多样化的议题设置多样化的政策纲领，这主要是基于现实需要（政党吸引选票产生的必然结果）和理论需要（政党功能）。

政党的重要功能包括利益综合功能和成员组织功能。利益综合功能主要是指政党通过其政党组织对选民零散的政治主张或政治意见进行整合，从而产生政党的政治主张。因此，政党主张必然在最大程度上囊括其基础选民的意见，并根据这些意见在意识形态领域中的位置，围绕政党自己的政治意识形态进行综合，形成具有调和性的政党意识形态（见图 1）。成员组织功能是指，政党的高层精英是基础选民中经过利益斗争后产生的政党优秀分子。这些人也是政党用来争夺政治权力的候选人，为了在选举中获得政党基本盘选民的选票，这些候选人的政治主张只能在基本

选民的主张中进行小范围的移动，而不会完全出圈。因此，在利益综合功能和成员组织功能的统合之下，由政党候选人所表现出的政治主张也会在意识形态连续统中占据一定的位置，而由这些候选人所占据部分的意识形态连续统的总和共同组成了一个政党的政党意识形态，多个政党意识形态共同组成了社会的意识形态连续统（见图 2）。

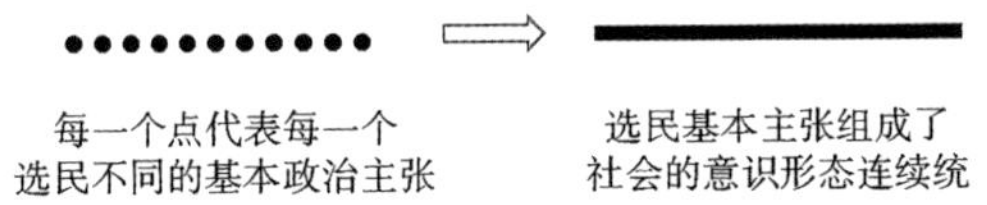

每一个点代表每一个
选民不同的基本政治主张

选民基本主张组成了
社会的意识形态连续统

图 1　意识形态连续统产生的第一种路径：利益综合功能

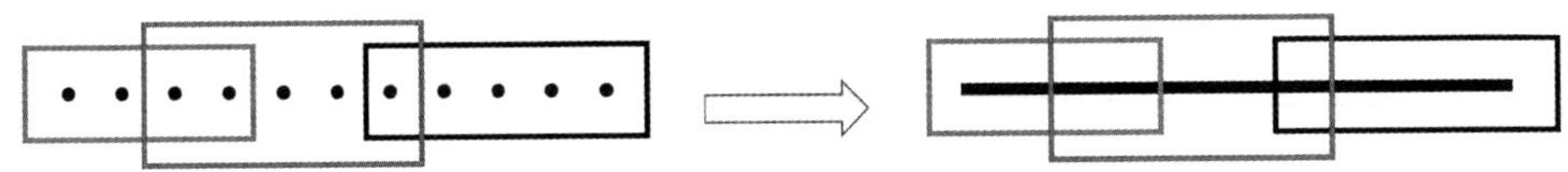

每一个方框代表了不同的政党意识形态空间

各个政党不同的意识形态空间实际上同样
组成了社会的意识形态连续统

图 2　意识形态连续统产生的第二种路径：成员组织功能

通过对意识形态连续统的发生逻辑进行探析，可以观察到两种功能分别产生的意识形态连续统客观上有很大的重合部分。在理想模型中，这两个连续统应当是完全重合的，表明政党能够完全渗透到社会的每一寸之中，作为复数的政党（parties）和政党制度能够向政治体制完整地反馈社会中的每一条民意。但是，由于政党与反体制政治意识形态在先天上无法自洽共存，极右和极左的反体制意识形态只能处于游离状态。但是，由于民粹主义和反全球化浪潮的出现，极右和极左意识形态在当下正在逐渐被民粹主义政党吸纳，其极端化的意识形态也被这些政党所吸纳，拥有了极强的生命力。

从意识形态连续统的产生过程中可以发现，一个国家政党制度中的政党意识形态往往会出现交叉的情况。这些交叉重合之处就是不同政党在选举活动中出现竞争的根源所在，而往往也是这些交叉区域的选票决定选举最终结果。根据传统政党制度理论，政党体制越碎片化的国家，不仅意识形态对选民投票影响越高，而且政党意识形态空间交叉情况也会越严重，最直接的结果就是政党竞争的烈度远高于两党制或是主导性党制的政党制度。但是在政治实践中，竞争的激烈与否与政党体制的碎片化程度的相关度并不如想象中的一样高，相反，制度内各政党意识形态的兼容与否反而与竞争激烈程度呈现负相关，即兼容度越高，竞争程度越低；兼容度越低，竞争程度越高。

（二）兼容性政党制度：求同存异

下面，我们分析两种政党制度产生的内在逻辑。如图 3 所示，因两组不同变量（a/b/c/；d/e）的影响，而可能产生两种不同的政党政策选择与政党制度（4d/5d；4e/5e）。两组变量的选择与第三节两组六个国家案例中的四组七个问题紧密相关。在排除了传统政党制度理论中“竞争 / 非竞争”的影响因素后，第一组变量（a/b/c）与主导性政党和政党数量密切相关，第二组变量（d/e）与政党意识形态密切相关。在兼容性政党制度的产生路径上，我们发现主导性政党的存在与否，以及政党数量的多寡并无直接关联，而与兼容性政党意识形态密切相关。存在主导性政党的国家产生兼容性政党制度的有日本、新加坡与中国；两党制国家产生的兼容性政党制度也已经为传统政党制度理论所证明，在种族分歧相对缓和时间段下的美国两党制就是最好的例证。下面，我们将讨论政党制度内存在大量政党的国家产生兼容性政党体制的逻辑理路。

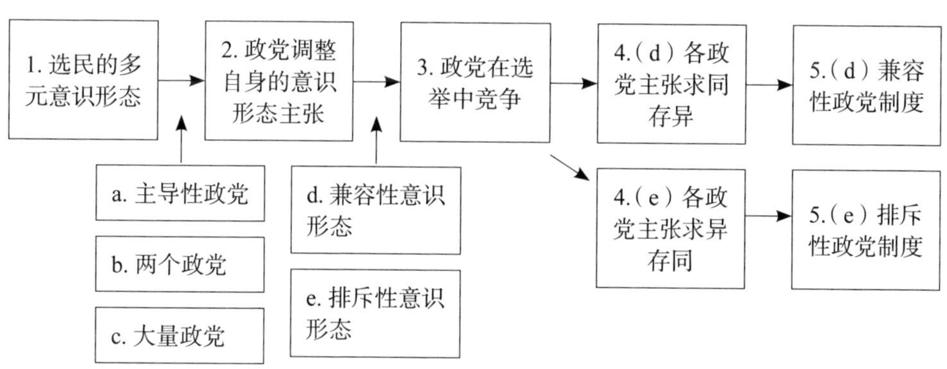

图 3　兼容性与排斥性政党制度的产生逻辑

在存在大量政党的情况下，民众自身原本存在的多元意识形态会为众多政党的多元政党意识形态再度撕裂，显得更加破碎。在这种情况下，单一政党很难调整自身的意识形态主张以建立兼容性意识形态。因为，政党一旦尝试兼容其他政党意识形态就会有支持者“跑票”的危险。虽然单一政党的兼容性尝试可能会遭受失败，但是，如果有政党能够团结与自身政党意识形态相近的政党建立广泛的政党联盟，有极大可能在选举竞争中获得当选。在政党联盟执政后，为最大限度地维持联盟存在，各政党主张将不再会相互激进地攻讦。虽然联盟内各党政治意识形态的差异仍然存在，但是各政党仍然会找到各自政策主张中的“最大公约数”，从而建立一个具有广泛政治意识形态代表性的联合政府。这一政治意识形态的兼容过程，可以称之为“求同存异”。在执政联盟的政治绩效的刺激下，在野党也有极大可能会建立反对党联盟，从而形成一种执政联盟与反对联盟之间的良性政治互动。

（三）排斥性政党制度：求异存同

与兼容性政党制度相似，在排斥性政党制度中，排斥性意识形态仍然占有举足轻重的决定地位。我们同样也能够从存在主导性政党、两个政党以及大量政党的政党制度找到产生排斥性政党制度的国家案例。苏联及其附属加盟国就是典型例子。以转型前的波兰为例，1945—1990年间的波兰统一工人党作为斯大林体系下的执政党，显然符合我们对主导性政党的定义。在斯大林体系中，排斥共产主义以外的任何意识形态是最为典型的特征。同时，无竞争的环境直接略过了“3”和“4e”过程，直接形成了排斥性政党制度。在这种政党制度下，缺乏对其他社会意识形态的主动吸纳，执政党一味奉行单一政党意识形态，迫使社会中客观存在的其他意识形态不得不反抗执政党，形成一种“求异存同”的风潮。对于统一工人党来说，发展经济与保障国民基本生活水平是其政治意识形态中的固有内容，但是，我们可以看到当团结工会运动崛起时所领导的工人罢工，提出的主要政策反而是对这些内容的重申⑤。出现这种情况一是因为统一工人党的政党意识形态内容出现了变化。所谓变化，即在建立排斥性政党制度后，统一工人党在议会层面上占据了整个意识形态连续统，但是其共产主义左派政党的政治主张却让位于右翼的经济主张，最终导致国内经济恶化，国民生活水平急剧下降；二是因为团结工会所代表的自由主义意识形态与统一工人党所宣称的左翼社会主义政治意识形态出现了重合，因此团结工会要以政治经济现实与政治意识形态的“异”，去攻击与统一工人党政治意识形态中的“同”，从而维持自己存在的正当性。从一定程度上可以说，波兰统一工人党的下台与共产政权的瓦解，原因就在于其建立的排斥性政党体制缺乏一种充分吸纳多元社会意识形态的框架机制，不仅压制了社会意见自下而上的表达，而且也影响了政府政策自上而下的传递。

排斥性政党制度在缺乏竞争的政党制度中表现得如此糟糕，在存在竞争的政党制度中表现得就更加明显。如果将斯大林体系下的排斥性政党制度称之为单极化政党制度的话，那么两党制与多党制下的排斥政党制度就可以被称为两极化与多极化或碎片化政党制度。在民粹主义政治意识形态崛起的今天，这种极化政治对政党制度的影响极为明显。在选举中，参与各方都不再寻求合作或有效率的竞争，反而更多地宣扬本政党与其他政党之间的相异之处。

五、结语

我们的理论逻辑假设是一个相对完整的解释模型。毫无疑问的是，我们的研究将会在一定程度上拓宽有关意识形态和政党意识形态在政党制度类型学中所发挥作用的认识，进一步弥合经典政党制度理论上的固有缺陷。同时，在进行理论逻辑假设和分析的过程中，我们也发现了一些在想象之中、意料之外的问题以及一些对方法和理论上的思考。对这些问题的思考和解决将有助于进一步推动有关政党意识形态和政党制度理论的研究，甚至对政党理论的研究也有借鉴意义。

第一，政党理论的意识形态角度。在我们的理论假设中，政党意识形态作为自变量发挥了重要作用。在许多现有的研究中，非常重视政党意识形态对政党和政党制度发生的作用，但是这些研究常常大而化之，以一种笼统的模糊性语言来揭示意识形态在政党政治发挥中的作用。我们认为，政党意识形态作为维系政党团结和政党组织的核心纽带，自政党成立之日起就在政党内部结构和对外交流中起着至关重要的作用。一个政党只有明确自身的政治意识形态才能在变幻莫测的政局中找到自己的对手或盟友，才能在政治斗争中获得胜利，在更大程度上获得选民的选票与信任。在我们所分析的案例中众多获得成功的新兴政党和老牌政党的消逝都毫无疑问地昭示了这一点，正是如此，我们才将政党意识形态放在理论研究的核心位置。

第二，重视机制更甚于单一要素。在现有的社会科学研究中，由于新研究方法的应用，很多学者对政党体制变迁的解释往往是一种条件的解释，他们似乎认为只要能够深入挖掘出那些导致政党制度形成的条件，就能够找到政党制度分类的真正标准。但事实远非如此，我们认为，某一条件或条件间的组合对于政党制度的形成必不可少，但这不意味着只要某一案例拥有了这些条件或条件组合就会形成某种特定的政党制度。因此，对社会科学研究来说，我们在从宏观上把握某一条件或一组条件对结果变量的显著影响力时，更不能忽略具体案例中的具体情况，这样才能使我们的理论和分析具备有更强的说服力。

第三，对未来进一步研究的建议。我们目前的研究给出了一个划分政党制度类型的关键变量——政党意识形态兼容性。接下来我们需要获取更多的素材和资料，使用科学的分析方法与案例进行深入分析和科学验证。由于现代社会科学研究方法的进步，许多研究者（尤其是注重定量分析的研究者）一般不会对政党意识形态产生比较大的兴趣，更遑论政党意识形态与政党制度分类之间的关系，原因就在于政党意识形态和政党体制的类型学两者都在学界内仍然存在一些争议。同时，这些理论性很强的概念也十分难以计量化，使得相关研究一直不温不火。但是比较研究中的案例导向型研究（case-oriented research）的定性比较分析方法（QCA）的应用可以提供一个多重并发因果关系的解释机制，成为政党意识形态研究中的一个有益探索。

注　释

① 1990 年,《新加坡宪法》经修正，可任命最多 9 席官委议员。这项修正是因为当时认为在国会的两个反对党无法充分表达国会外部的重要另类观点，并且能让还没准备好经营地方选区及参选议员的新加坡公民，借此提升国会实务经验。

② 第十三届全国人民代表大会共有 2 980 名代表，中国国民党革命委员会有 43 名代表，中国民主同盟有 57 名代表，中国民主建国会有 57 名代表，中国民主促进会有 55 名代表，中国农工民主党有 54 名代表，中国致公党有 38 名代表，九三学社有 63 名代表，台湾民主自治同盟有 13 名代表，无党派人士有 476 名代表，各民主党派及无党派人士总共有 856 名全国人大代表。其中，香港和澳

门的政党政治团体，由于并未在内地登记，因而在代表信息中以无党派列明。

③ 新中间路线（New Middle Way），是一种走在自由放任资本主义和传统社会主义中间的政治经济理念的概称。它由中间派所倡导，是社会民主主义的一个流派。它的中心思想是既不主张纯粹的自由市场，也不主张纯粹的社会主义，而是主张在两者之间取折中方案。

④ 在 2019 年 10 月，意大利国会成功通过法案，将议员减少三分之一，但改革方案还需要公投通过，将于 2023 年国会选举生效，预算众议院每年可省 5 290 万欧元，参议院每年可省 2 870 万欧元，可以为政府 10 年省下 10 亿欧元，但批评者认为这会削弱民主机制。

⑤ 1980 年 8 月 21 日，罢工的工人们提出了 21 项要求，包括创建新的独立工会，放宽检查制度、罢工权、做宗教礼拜的权利，释放政治囚犯和改进公共医疗服务。这些要求，被列入在 1980 年 8 月 30 日和 31 日及 9 月 3 日代表劳工的工会与政府签下的格但斯克协议（Gdańsk Agreement）之中。

参考文献

［1］周淑真 . 从中国土壤中生长出来的新型政党制度［N］. 人民日报 2018-08-08（7）.

［2］柴宝勇 . 政党政治的概念、框架与实践：建构有中国特色的政党政治学［M］. 北京：中国社会科学出版社，2016：79—80.

［3］柴宝勇 . 政党政治的概念、框架与实践：建构有中国特色的政党政治学［M］. 北京：中国社会科学出版社，2016：81.

［4］［7］萨托利 . 政党与政党体制［M］. 王明进，译 . 北京：商务印书馆，2006：178.

［5］Schmitt, J. & Franzmann, S. T. A Polarizing Dynamic by Center Cabinets? The Mechanism of Limited Contestation. *Historical Social Research/Historische Sozialforschung*, 2018, 43(1): 168-209.

［6］韦尔．政党与政党制度［M］．谢峰，译．北京：北京大学出版社，2011：156.

［8］王娟娟．冷战后印度政党格局与政党政治：历史经验与未来走向［M］．南亚研究季刊，2019（3）．

［9］La Palombara, J. & Weiner. Political Parties and *Political Development. (SPD−6)*［M］. Princeton, NJ: Princeton University Press, 2015: 34, 36.

［10］萨托利．政党与政党体制［M］．王明进，译．北京：商务印书馆，2006：168.

［11］陈金英．2019年大选后印度政党政治的发展动向［J］．当代世界，2019（10）．

［12］鲍威尔，等．当代比较政治学：世界视野（第十版）［J］．上海：上海人民出版社，2017：331.

［13］张伯玉．日本自民党“一强”优势的延续及其原因分析［J］．当代世界，2019（11）．

［14］李路曲．比较视野下新加坡的国家构建［J］．山东大学学报（哲学社会科学版），2014（1）．

［15］钟准．不同政党制度下民粹主义政党的影响与局限——以意大利、德国、法国和英国为例［J］．当代世界与社会主义，2020（1）．

［16］田野，李存娜．全球化冲击、互联网民主与混合民粹主义的生成——解释意大利五星运动的兴起［J］．欧洲研究，2019（1）．

国家治理现代化与人民主体地位

国家治理现代化场域下坚持人民主体思想的合理性逻辑
——写在恩格斯诞辰200周年之际

白茂峰[*]

摘　要： 人民主体思想的生成进路、时代地位和价值研究是国家治理现代化场域下绕不开的关键命题。从合理内涵看，坚持人民主体思想是马克思主义国家治理学说的根本立场和精神内核，是中国传统治国理政实践中“民本”思想渐进发展和内生性演化的结果，是中国共产党成立100年、新中国70余年和改革开放40余年三个关键历史时期交织叠加的核心话语。坚持人民主体思想作为国家治理现代化的思维主线和价值尺度，具体表现在“依靠谁”“为了谁”以及“朝着什么方向”三个维度。从理论和实践双重维度看，国家治理现代化场域下坚持人民主体思想有助于构建现代国家治理价值体系，有利于推进治理体系和治理能力现代化。

关键词： 国家治理；现代化；人民主体；合理性

党的十九大是“在全面建成小康社会决胜阶段、中国特色社会主义进入新时代的关键时期召开的”[1]，从时间节点、政治意义和时代贡献等方面加以审视，其历史地位十分重要，其中“最重要”的贡献之一就是从凸显新时代历史方位和使命任务的独特视角，创造性提出“八个明确”和“十四个坚持”的系统理论，深刻阐明

* 白茂峰，福建师范大学研究生。

了新时代坚持和发展中国特色社会主义的系列问题，蕴含着鲜明的人民性特质。就其内容来看，共有27处直接提及“人民”，其中“八个明确”中第二个“明确”，“十四个坚持”中第二、第五和第八个“坚持”，均以“人民”为中心展开。可见，尽管新中国新时代面临新地位、新任务、新矛盾，但“人民主体地位”不但没有削弱反而得到持续提升、巩固和增强，这是解读的一个重要视角。与新的历史方位相适应，改革进入全面、系统深化的新阶段，习近平总书记强调，“坚持和完善中国特色社会主义制度、推进国家治理体系和治理能力现代化，是关系党和国家事业兴旺发达、国家长治久安、人民幸福安康的重大问题”。[2] 可以说，推进国家治理现代化，必须坚持人民立场，尊重人民主体地位，因此，有必要从全面深化改革这一高度，在理论上深入阐发和关注国家治理现代化坚持人民主体性的中国特色，从而凸显人民在国家治理现代化进程中的地位，以人的治理理念及人的现代化有效回应国家治理现代化。

一、坚持人民主体思想是国家治理现代化的合理内涵

“现代化”是人类社会发展的新形态和新趋势，现代化（modernization）在英语中是一个动态名词，是使当下社会形态经过变革“化”为“现代”（to make modern）之意。“modern”一词，最早出现在欧洲文艺复兴时期，人文主义者用它来表达与中世纪时代（农耕时代）相对立的一个新时代，特别是工业革命后，西欧国家完成国家制度的转型，率先走在现代化国家前列，现代化其重要特征就是“从手工劳动转向机器操作，自然经济转向市场经济，社会固态转向社会流动，信息封闭转向信息传播，习俗惯例转向规章制度，保守单一转向开放多元，乡村转向都市，文盲转向知识，愚昧转向科学，人治转向法治，专制转向民主”[3]。可以说，国家治理现代化之“现代化”不仅是生产生活方式的转变，还在于一种国家治理文明模式的转型，是具有深层变革性质的治理范式的转换。

国家治理现代化作为全新整体性概念首次被提出是在党的十八届三中全会上，这一概念有别于传统意义上的管理、治理、国家治理，在构成要素上具有隐性与显

性两种结构，隐性结构主要包括国家治理理念、治理制度、组织运行三个方面的现代化，其中，治理制度现代化是治理体系现代化的本质特征，组织运行现代化直接表现为治理能力现代化。此外，横向维度的政治治理、经济治理、文化治理、社会治理、生态治理五个领域与纵向维度的国家治理、地方治理、社区治理三个层次纵横交织构成国家治理现代化的显性结构。不难看出，国家治理现代化是一项涉及诸多要素的系统工程，也就是习近平总书记反复强调的，“国家治理体系和治理能力是一个国家制度和制度执行能力的集中体现”，[4]“推进国家治理体系和治理能力现代化，必须完整理解和把握全面深化改革的总目标，这是两句话组成的一个整体，即完善和发展中国特色社会主义制度、推进国家治理体系和治理能力现代化。我们的方向就是中国特色社会主义道路”[5]。当然，国家治理现代化的核心旨归是增进人民福祉，让改革红利惠及全体人民，国家治理现代化是以“人民性”的要求来衡量的，从一定意义上讲，中国特色治理唯有“把人民大众从其自身发展的旁观者变成参与者，才能实现其发展的内源化”。[6]基于这一论述，我们可以从马克思主义经典作家、中国传统治国理政实践和中国共产党成立后的三个跨度对国家治理现代化中的人民性意蕴予以深刻把握。

第一，坚持人民主体思想是马克思主义国家治理学说的根本立场和精神内核。马克思主义国家治理学说是马克思主义经典作家在批判吸收西方资本主义国家治理理论的基础上，结合无产阶级革命实践形成的关于国家的系统理论。19 世纪 40 年代，马克思在《黑格尔法哲学批判》中重新界定了市民社会和国家的关系，批判了黑格尔主张君主、官僚决定国家制度的英雄史观，认为“人一出生就注定成为君主，如同圣母马利亚的圣灵降孕一样，不可能成功超自然的真理”[7]，阐释了人民创造国家的思想，把家庭的天然基础和市民社会的人为基础作为政治国家形成和存在的必要条件。此外，马克思还提出了“民主是君主制的真理”[8]的观点，强调只有人民才有权决定国家制度，“从而必须使国家制度的实际体现者——人民成为国家制度的原则”[9]。1845 年春天，他在《关于费尔巴哈的提纲》中首次系统阐明了他的“新唯物主义观点”，明确写道“旧唯物主义的立脚点是‘市民社会’；新唯物主义的立脚点则是人类社会或社会化了的人类”[10]。19 世纪中叶，马克思在《路易·波拿巴的雾月十八日》中通过对法国二月革命和路易·波拿巴政变的剖析，进一步阐述了无产阶级专政、国家学说和无产阶级联盟的思想，“在那里，是国家权力而不是社会经济中占支配地位的统治阶级，对整个社会进行宰制和支配，成为比资产阶级本身有过之而无不及的保守力量；在那里，革命针对的对象不仅是资产阶级，而且是一个掌握了暴力机器和官僚机构的现代国家，必须要通过暴力革命打碎整个国家机器才能争取到解放的可能”[11]。为总结巴黎公社运动经验，《法兰西内战》一文深刻指明了对无产阶级政权建设的若干原则：“社会的代表”和“法官”应当由社会普选产生、当选的代表要对选民负责、选民有权撤换不称职的代表、国家决策机构必须遵循“议行合一”原则等，这些破天荒的探索映射了马克思对早期国家治理中人民性的深度思考。马克思认为“工人阶级不能简单地掌握现成的国家机器，并运用它来达到自己的目的”[12]，并强调“公社的真正秘密就在于，它实质上是工人阶级的政府，是生产者阶级同占有者阶级斗争的产物，是终于发现的可以使劳动在经济上获得解放的政治形式”[13]，这些主要观点在 1872 年《共产党宣言》德文版序言中得到进一步体现，马克思主义国家治理中的人民性思想不仅体现在上述著作中，更体现在《德意志意识形态》《论工人阶级状况》《神圣家族》《哲学的贫困》《论住宅问题》《社会主义从空想到科学的发展》《家庭、私有制和国家的起源》等经典著作中。

早在 1945 年，毛泽东就提出用“民主”破解“历史周期律”，毛泽东在 1949 年发表的唯一一篇署名文章——《论人民民主专政》中总结道：“这些阶级在工人阶级和共产党的领导之下，团结起来，组成自己的国家，选举自己的政府……”，[14]“我们现在的任务是强化人民的国家机器，这主要地是指人民的军队、人民的警察和人民的法庭，借以巩固国防和保护人民利益”。[15]“人民”在这一文本中一共出现了 63 次之多。新中国成立以来，我国汲取苏联社会主义建设和改革的经验教训，创造性地运用和发展马克思主义国家治理思想，逐步确立并巩固人民民主专政的国体，将发展社会主义民主作为政治建设的重要目标，大力宣扬“以人民为本”的现代价值理念。1954 年新中国第一部《宪法》就明确规定：中华人民共和国的一切权力属于人民；人民行使权力的机关是全国人民代表大会和地方各级人民代表大会，全国人民代表大会和地方各级人民代表大会都实行民主集中制。人民代表大会制度及其所实行的民主集中制充分体现了宪政层面的“人民主体”思想。之后，相继制定《中华人民共和国婚姻法》，真正将妇女从不平等的境遇解放出来；实施民族区域自治制度为各民族平等奠定重要制度基础；形成以村民自治、社区民主选举和职工代表大会为代表形式的基层群众自治制度，以展示社会主义民主的广泛性与真实性；不断提升基层社会治理实效性；坚持和完善中国共产党领导的多党合作和政治协商制度，推进协商民主广泛、多层、制度化发展；确立社会主义基本经济制度和其他各方面重要制度，尊重和保障人权，最终构建起中国特色社会主义制度和中国特色社会主义法律体系。习近平总书记在庆祝全国人民代表大会成立60周年大会上强调："我们必须坚持国家一切权力属于人民，坚持人民主体地位，支持和保证人民通过人民代表大会行使国家权力。"[16]"我们国家的名称，我们各级国家机关的名称，都冠以'人民'的称号，这是我们对中国社会主义政权的基本定位。"[17]这些重大理论创新和制度创新成果表征了我们党对马克思国家治理思想中关于人民主体思想的科学继承与发展。

第二，坚持人民主体思想是中国传统治国理政实践中"民本"思想渐进发展和内生性演化的结果。国家治理实践中的人民主体思想是一个传统与现代对接的持续衍生的过程，传统治国理政实践中的民本思想与当下"以人民为中心"的思想不可同日而语，但其话语表达和精神实质对国家治理进程中人民主体思想的方法建构、思维方式和规律认识上不乏可资借鉴的经验，时至今日，传统民本思想对中国现代化崛起依然发挥着潜移默化的作用，构成中国现代政治文化与社会心态的底板。习近平总书记高度重视中华优秀传统文化，他强调，中华优秀传统文化是中华民族的文化根脉，其蕴含的思想观念、人文精神、道德规范，不仅是我们中国人思想和精神的内核，对解决人类问题也有重要价值，并要求把优秀传统文化的精神标识提炼出来、展示出来，并把其中具有当代价值、世界意义的文化精髓提炼出来、展示出来。习近平总书记的重要讲话为从传统治国理政智慧中挖掘人民主体思想建构了重要基点和根本遵循。

"人民"一词在中国古代典籍中并不是以概念重合的叠义词出现的，在许慎《说文解字》中，"[illegible]"始终意指人身自由的平民，"[illegible]"则指挖去眼睛的终生奴隶，在整个奴隶社会，"人"与"民"在所指对象和内涵上存在较大差距，甚至截然对立。直至商周时期地主阶级兴起，"人"与"民"的语境和使用方式在政治事件和国家权力的整合下才逐渐统一相连，形成了相对完整的民本思想体系，诸子百家“你方唱罢我登场”，提出了许多重民、保民、利民、恤民的主张，以儒家为代表，将“民”的地位提升至新高度，《论语·尧曰》中写道：“宽则得众，信则民任焉，敏则有功，公则说。”这里的“民”已兼容“人民”之意。孟子说“民为贵，社稷次之，君为轻”，荀子提出“水则载舟，水则覆舟”暗指民与国的关系。至此，民本思想不仅以政治思想存在，更上升为关系政权合法性、并渐进成为规范社会运行和国家治理秩序的伦理规约。秦二世胡亥公然滥用民力，奉行以“税民深者为明吏”，以“杀人众者为忠臣”。汉代吸取秦朝政权覆灭教训，将民本思想融入国家上层正统意识形态，比如：黄老之学倡导“与民休息”；以贾谊、董仲舒为代表的知识精英进一步丰富了民本思想，贾谊指出“民才是‘万世之本’”，董仲舒也阐释了天、君、民的关系，认为“屈民而伸君，屈君而伸天”“民者，君之心也，民者，君之体也”等。唐代则以隋灭为鉴，得出了“天子者，有道则人推而为主，无道则人弃而不用”“君依于国，国依于民”“国以人为本”等结论，形成了“君依于国，国依于民”的重民格局，开创了国家治理的“贞观之治”。宋代将儒家思想的家国情怀和“民为政治之本体”贯彻到极致。明清时期专制皇权达到顶峰，部分汉族士大夫对封建集权治理下的制度进行了反思，如黄宗羲提出“天下为主，君为客”。尽管我国古代传统治国理政实践中哺育的民本思想终究是低水平的生产力、集权的封建制度作用下的产物，但实际上已经蕴含了国家治理人民性的初始因子，中国共产党“在自己的发展进程中要同传统的观念实行最彻底的决裂”[18]的同时，形成了一系列关于人民和人民群众的理论，体现了历史底蕴、文化传统、现实发展的内在交互与深度融合。正如习近平总书记所说：“马克思主义传入中国后，科学社会主义的主张受到中国人民热烈欢迎，并最终扎根中国大地、开花结果，绝不是偶然的，而是同我国传承了几千年的优秀历史文化和广大人民日用而不觉的价值观念融通的。”[19]

第三，坚持人民主体思想是中国共产党成立100年、新中国成立70余年和改革开放40余年三个关键历史时期交织叠加的核心话语。以1840年鸦片战争为分界点，中国拉开了政治、经济和思想等多个领域近代化的序幕，不过直至20世纪初，中国现代化仍处于迷茫期和尝试期。地主阶级改革派、求富求强的洋务派、资产阶级改良派，包括以孙中山为首领导的辛亥革命均没有提出有效的救国方案。这些早期探索囿于阶级利益固化，轻视人民在现代化进程中的主体力量，都没有在现代化进程中得以生效和延续。直至中国共产党成立，这些局限性才得以克服，正如毛泽东所指出的，“自从有了中国共产党，中国革命的面目就焕然一新了”[20]，这里所提到的“焕然一新”亦暗含对国家治理道路的全新探索和对人民地位的重新考量。基于建立人民当家作主的新国家、新社会的政治考虑，中共一大明确强调“要把工人、农民和士兵组织起来，并确定党的根本政治目的是实行社会革命”[21]，中共二大进一步指出“我们既然是为无产群众奋斗的政党，我们便要‘到群众中去’，要组成一个大的‘群众党’”[22]，进而至中共四大正式形成党的“群众路线”思想。可见，我们党自成立之日起，就把“人民”鲜明地写在自己的旗帜上。在长达28年的革命斗争中，我们党接续取得北伐战争、土地革命战争、抗日战争和解放战争的伟大胜利，根本原因就在于始终通过有效治理凝聚人民力量。例如，在大革命中积极组建工会和农民联合会以壮大北伐队伍，土地革命战争期间率先开展土地革命以巩固壮大革命根据地，在中央革命根据地开展“局部治理”孕育国家治理雏形，抗日战争时期围绕“三三制”政权建设、农业生产、文化教育进行抗日民主根据地治理，等等，这些早期局部地区治理实践极大涵养和开拓了中国共产党关于人民主体思想的实践视野。

改革开放后我国国家治理实践面临重大转型和变革，现代化、市场化、工业化、城市化、信息化、多样化和全球化进程前所未有，共同重塑中国“现代化”国家治理的历史场景和生态环境。在这一背景下，国家治理如何协调各方面利益关系，既确保公共利益和主流道德价值受到合法性保护，又尊重合法合理的个性化需求，成为新时期的一大主题。改革开放之初，邓小平就指出，“人民群众必须自己解放自己；党的全部任务就是全心全意地为人民群众服务”[23]，“制度好可以使坏人无法任意横行，制度不好可以使好人无法充分做好事，甚至走向反面”[24]，强调政府是人民的，也是为人民的，国家的权力属于人民，国家工作人员是“人民的公仆”，等等。这些关于国家治理中人民主体思想的论述深刻讲明了改革“为了谁”“依靠谁”“到哪里去”的问题，为处于摸着石头过河中的改革提供了价值参照。20世纪90年代，国内外复杂局势给国家治理造成难以纾解的困局，江泽民指出“时代在发展，形势在变化，我们必须紧跟世界发展进步的潮流，始终代表中国先进生产力的发展要求，先进文化的前进方向和最广大人民群众的根本利益”[25]。党的十六大以来，以胡锦涛同志为总书记的党中央准确把握世界发展趋势，吸取其他国家发展的经验教训，总结我国发展的实践经验，提出“以人为本”为核心的科学发展观，这里所指的“人”，不是抽象的、无差别的“类”的概念，而主要是指人民群众，赋予了“人民主体思想”以新内涵。党的十八届三中全会将全面深化改革的总目标确定为“完善和发展中国特色社会主义制度，推进国家治理体系和治理能力现代化”，并进一步提出“坚持以人为本，尊重人民主体地位，发挥群众首创精神，紧紧依靠人民推动改革，促进人的全面发展”[26]，把人民主体思想的地位提升至国家治理层面，以期冀最终达成民主、法治、有效的现代国家治理形态。

二、坚持人民主体思想是国家治理现代化的思维主线和价值尺度

第一，国家治理现代化必须把人民群众及其实践作为依靠力量和动力源泉。如前所论，人民主体思想的形成、演进与国家治理实践互融互促，具有充分实践内驱力。恩格斯曾经提出“历史合力论”借以凸显人民群众实践在社会历史演变中的地位，“历史是这样创造的：最终的结果总是从许多单个的意志的相互冲突中产生出来的，而其中的每一个意志，又是由于许多特殊的生活条件，才成为它作为的那样”[27]。党的十八大以来，习近平总书记反复强调，“中国特色社会主义之所以能够不断前进，正是因为依靠了人民。谋划发展，最了解实际情况的，是人民群众；推动改革，最大的依靠力量，也是人民群众”[28]。他又说，“任何一项伟大事业要成功，都必须从人民中找到根基，从人民中积聚力量，由人民共同来完成。违背人民意愿，脱离人民支持，任何事业都会成为无源之水、无本之木，都是不能成功的”[29]。党的十九届四中全会通过的《中共中央关于坚持和完善中国特色社会主义制度　推进国家治理体系和治理能力现代化若干重大问题的决定》系统总结了我国国家制度和国家治理体系 13 个方面的显著优势，“坚持人民当家作主，发展人民

民主，密切联系群众，紧紧依靠人民推动国家发展”“坚持以人民为中心的发展思想，不断保障和改善民生、增进人民福祉，走共同富裕道路”两大优势就是从“依靠谁”“为了谁”视角映射国家治理现代化人民性特质，这些重要论述实际上都是在侧重强调人民是推动历史前进的根本动力，是历史的真正主人。

2013年，十八届三中全会把国家治理现代化作为改革总目标，开启了新一轮改革热潮，成为我国改革已由渐进式推进的“浅水区”转而进入全面、系统深化的攻坚期和“深水区”的核心标识，改革正在向更深层次、更广范围压茬拓展，改革的敏感程度、复杂程度前所未有，正如习近平总书记所指出的，“随着改革进入攻坚期和深水区，遇到的阻力越来越大，面对的暗礁、潜流、旋涡越来越多。发展中的问题和发展后的问题、一般矛盾和深层次矛盾交织叠加、错综复杂”[30]。在国家治理领域，“中国正在迈入一个高风险社会，中国社会变革具有强烈的时空重叠性，导致风险类型多样化、风险主体的多元化和风险关系的复杂化”[31]，如区域城乡发展不平衡、不充分导致社会分化，既得利益集团的形成，国家制度体系还不完善，制度执行能力不强，民主法制有待完善，权力运行缺乏制约和监督，各种社会矛盾交织，群体性事件频发，在教育、就业、社会保障、医疗、住房、生态环境、食品药品安全、司法公正等关系群众切身利益的领域仍然大有可为，人民群众的公平意识、民主意识、权利诉求不断增强，对社会不公问题反应愈加强烈。习近平总书记在主持召开中央全面深化改革领导小组第七次会议并发表重要讲话时强调，“改革开放在认识和实践上的每一次突破和发展，无不来自人民群众的实践和智慧”[32]，要求“善于从群众关注的焦点、百姓生活的难点中寻找改革切入点，推动顶层设计和基层探索良性互动、有机结合”[33]。因此，必须把人民群众及其基层实践和国家治理现代化紧密结合，既把成功的实践上升为理论，又以正确的理论指导实践，把实践中已有成效的方针政策依法上升为党和国家的制度，这是从源头上、根本上解决改革的诸多新问题的一种办法。正如邓小平同志所指出的，“改革首先是从农村做起的”[34]“我们改革开放的成功，不是靠本本，而是靠实践，靠实事求是。农村搞家庭联产承包，这个发明权是农民的。农村改革中的好多东西，都是基层创造出来，我们把它拿来加工提高作为全国的指导”[35]。

第二，国家治理现代化的核心旨归和根本目的是为了满足人民群众日益增长的美好生活需要，实现全体人民共同富裕。马克思主义自诞生起，就致力推翻资本主义剥削制度，并“利用自己的政治统治，一步一步地夺取资产阶级的全部资本，把一切生产工具集中在国家即组织成为统治阶级的无产阶级手里，并且尽可能快地增加生产力的总量”[36]，建立共同富裕、人人享有的美好社会，正如马克思、恩格斯在《共产党宣言》中所指出的，“代替那存在着阶级和阶级对立的资产阶级旧社会的，将是这样一个联合体，在那里，每个人的自由发展是一切人的自由发展的条件”[37]。在早期无产阶级和剥削阶级的斗争中，“每一个力图取得统治的阶级……就像无产阶级那样，都必须首先夺取政权，以便把自己的利益又说成是普遍的利益，而这是它在初期不得不如此做的”[38]。无产阶级运动表现出绝大多数人为绝大多数人的独立自主谋利益这一鲜明特色。马克思主义“人民主体论”认为，民主不应仅仅适用或局限于政治领域，还必须向其他一切人的生活领域扩展，我国社会主要矛盾从“日益增长的物质文化需要”到“日益增长的美好生活需要”的重大转变，就深刻反映出“人民主体”思想在发展各领域的延伸与拓展。

这一问题属于改革观的“目的论”范畴，回答国家治理“为了谁”的问题。党的十九大宣告中国特色社会主义进入新时代，“新时代”作为一个深具“划时代”意义的重大政治论断的核心概念，从中国共产党使命承载的价值之维度认识“新时代”的思想意蕴，透视出党治国理政以满足人民群众向往美好生活的期待的主体诉求。早在 2014 年，习近平总书记就表示“我们推进改革的根本目的，是要让国家变得更加富强、让社会变得更加公平正义、让人民生活得更加美好”[39]。2020 年 3 月，习近平总书记指出：“中国共产党根基在人民、血脉在人民。党团结带领人民进行革命、建设、改革，根本目的就是为了让人民过上好日子，无论面临多大挑战和压力，无论付出多大牺牲和代价，这一点都始终不渝、毫不动摇。”[40]习近平总书记考察宁夏时进一步强调“要把为民造福作为最重要的政绩”[41]。可以说，国家治理现代化与坚持人民主体思想之间有着高度契合的统一关系。相较于西方市场经济国家基于“国家—市场”和“国家—社会”二分法基础上的对“互赖式”治理模式的强调，我国国家治理语境下的治理更突出“五位一体”的“协作式”特征。经过 40 年国家治理实践，我国 GDP 总量由改革开放之初的 3 600 多亿元跃升至 99.1 万亿元，且占世界生产总值的比重由改革开放之初的 1.8% 上升到 15.2%。

改革开放之初，我国82.1%的人口生活在农村，农村贫困人口占比达97.5%，居民年均可支配收入仅171元，2018年我国居民人均可支配收入增加到2.6万元，贫困人口累计减少7.4亿人，常住人口城镇化率接近60%，居民预期寿命由1981年的67.8岁提高到2017年的76.7岁。这些重大成果反映了“广大人民群众共享改革发展成果，是社会主义的本质要求，是社会主义制度优越性的集中体现，是我们党坚持全心全意为人民服务根本宗旨的重要体现”[42]，体现了推进国家治理现代化进程中以人民为主体的核心立场。

第三，国家治理现代化的社会主义性质，要求坚持、巩固和发展人民主体思想以确保国家治理现代化的正确方向。马克思主义国家学说强调，国家的性质不同，其治理形式也存在差别。资本主义国家和社会主义国家由于性质不同，国家治理模式也是不一样的。资本主义是以资本家占有生产资料和剥削雇佣劳动为基础的社会制度，其本质是资产阶级对无产阶级的政治统治，是资产阶级专政。“资产阶级在它的不到一百年的阶级统治中所创造的生产力，比过去一切世代创造的全部生产力还要多，还要大。”[43]特别是进入21世纪以来，资本主义国家治理体系逐步变革，取得了一定改善，但本质上仍然是“资本主义的机器，资本家的国家，理想的总资本家”。2008年国际金融危机的爆发，特别是2020年新冠肺炎疫情席卷全球后，资本主义国家采取的种种措施再次证明，资本主义国家的执政党、政府、垄断资本集团作为国家治理的主体，都是为资产阶级统治服务的。资本主义国家治理模式反映的是资本主义社会的经济关系，是政治上占统治地位的资产阶级的要求。正如马克思曾经对资本主义国家治理形式作出的批判，“现代的国家政权不过是管理整个资产阶级的共同事物的委员会罢了”[44]“表面上高高凌驾于社会之上的国家政权，实际上正是这个社会最丑恶的东西，正是这个社会一切腐败事物的温床”[45]。

“人民当家作主是社会主义民主政治的本质和核心。人民民主是社会主义的生命。没有民主就没有社会主义，就没有社会主义的现代化，就没有中华民族伟大复兴。”[46]人民、民主和社会主义是本质相连的系统概念。《中华人民共和国宪法》明确规定，“中华人民共和国是工人阶级领导的、以工农联盟为基础的人民民主专政的社会主义国家”“中华人民共和国的一切权力属于人民”。我国国家的这一本质直接决定了国家治理必须建立在社会主义经济基础之上，推进国家治理现代化必须遵循“社会主义制度是中华人民共和国的根本制度”这一重要原则和“社会主义”这一根本方向，进而有效维护最广大人民的根本利益，体现人民当家作主的本质要求。1979年邓小平便创造性地提出“中国式的四个现代化”，也就是在着重强调现代化的社会主义属性。邓小平提出的四项基本原则，其中一项就是坚持社会主义。他提出的“三个有利于”标准，也在前面加上了“社会主义社会”这个关键词。习近平总书记在十八届中央政治局第二次集体学习时深刻指出“两条死路”，即不实行改革开放死路一条，搞否定社会主义的“改革开放”也是死路一条，并强调“在方向问题上，我们头脑必须十分清醒。我们的方向就是推动社会主义制度不断完善和发展，而不是对社会主义制度改弦更张”[47]。可见，社会主义与资本主义的显著不同在于，社会主义坚持以人为本，以实现最大多数人的利益为宗旨，以实现人的自由而全面发展为最终目标。而资本主义设计的国家治理的终极目的是维护资本主义和少数精英阶层利益，其模式正是剥削广大无产阶级人民的工具，包括税收制度、分配制度等一揽子制度设计。因此，推进社会主义国家治理现代化任何时候都不能在根本性问题上出现颠覆性错误，理应尊重人民的主体地位，保障人民的民主权利，维护人民的根本利益，切实提高人民参与国家治理能力，使我国社会主义制度的优越性充分展现出来，以人民主体性地位的持续巩固反哺国家治理体系和治理能力现代化的效能。

三、国家治理现代化场域下坚持人民主体思想的重要意义

第一，有助于构建现代国家治理价值体系。“推进国家治理体系和治理能力现代化，要大力培育和弘扬社会主义核心价值体系和核心价值观，加快构建充分反映中国特色、民族特性、时代特征的价值体系。”[48]构建现代价值体系是中国国家治理现代化的有效保障和战略支撑。其一，坚持人民主体思想有助于化解国家治理价值危机。国家治理的价值危机表现为价值立场、价值秩序和价值形态的系统性危机。“核心价值观在一定社会的文化中是起中轴作用的，是决定文化性质和方向的最深层要素，是国家的重要稳定器。”[49]各级国家机关和广大党员干部始终坚持人

民为中心，营造一切为了人民、一切依靠人民的干事创业氛围，最大限度地避免脱离群众和损害人民利益行为，无疑有助于化解国家治理中的价值危机。其二，坚持人民主体思想有助于有效整合社会意识。坚持人民主体思想，实现维权与维稳的统一，使党员干部自觉增强对制度的认同，通过完善制度保证人民在国家治理中的地位，强化宗旨意识，坚守人民立场，健全社会主义核心价值观引领文化建设制度，有效克服国家治理价值观层面多元化、碎片化的局限，凝聚社会成员之间的共识，实现社会公共事务的公平、公正和秩序化。其三，坚持人民主体思想有助于塑造现代价值理念。善治是国家治理现代化的理想模式，而人民主体是其合理内涵和重要评价依据。人民主体思想承载着国家治理体系和治理能力的核心要素，通过人民主体思想实现传统管理向现代治理转变，并将人民福祉作为治理的出发点和落脚点。

第二，有利于推进治理体系和治理能力现代化。国家治理体系和治理能力能否实现现代化，关键在于国家治理实践是否坚持人民主体地位。其一，坚持人民主体思想有助于健全为人民执政、靠人民执政的各项制度。“健全为人民执政、靠人民执政各项制度事关共产党执政基础的巩固，是中国共产党长期执政的制度性安排。”[50]坚持人民主体思想是坚持国家治理目标、达成治理共识、统一治理行动、规避治理偏差，将制度优势转化为治理效能、提高制度执行力的思想保障。其二，坚持人民主体思想有助于彰显党对国家治理的领导力。中国共产党强大的领导力，说到底是践行党的性质和根本宗旨所决定的。人民主体思想的践行可以提升各级领导干部把握方向、把握大势、把握全局的能力，做到始终站在从人民群众立场分析问题、解决问题、推动工作。其三，坚持人民主体思想有助于全面提升国家治理能力。人民主体思想有助于推动干部群众的自我监督和管理，推动党和国家治理的制度化、规范化，让人民监督权力，进而促进党立党为公，国家机器依法履职，保证党领导人民有效治理国家。

参考文献

[1] 习近平.决胜全面建成小康社会　夺取新时代中国特色社会主义伟大胜利

［M］. 北京：人民出版社，2017：1.

［2］习近平 . 坚持和完善中国特色社会主义制度　推进国家治理体系和治理能力现代化［J］. 求是，2020（1）.

［3］虞崇胜，唐皇凤 . 第五个现代化——国家治理体系和治理能力现代化［M］. 武汉：长江出版传媒，湖北人民出版社，2015：1.

［4］习近平 . 在省部级主要领导干部学习贯彻十八届三中全会精神全面深化改革专题研讨班开班式上的讲话［N］. 人民日报 2014-02-18（1）.

［5］习近平 . 在省部级主要领导干部学习贯彻十八届三中全会精神全面深化改革专题研讨班开班式上的讲话［N］. 人民日报 2014-02-18（1）.

［6］黄高智，等 . 内源发展——质量方面和战略因素［M］. 北京：中国对外翻译出版公司，1991：45.

［7］马克思恩格斯全集：第 3 卷［M］. 北京：人民出版社，2002：44.

［8］马克思恩格斯全集：第 3 卷［M］. 北京：人民出版社，2002：39.

［9］马克思恩格斯全集：第 3 卷［M］. 北京：人民出版社，2002：72.

［10］马克思恩格斯选集：第 1 卷［M］. 北京：人民出版社，2012：140.

［11］陈周旺 . 马克思国家学说的演进逻辑［J］. 中国人民大学学报，2012，26（1）：109—116.

［12］马克思恩格斯选集：第 3 卷［M］. 北京：人民出版社，2012：95.

［13］马克思恩格斯选集：第 3 卷［M］. 北京：人民出版社，2012：102.

［14］毛泽东选集：第 4 卷［M］. 北京：人民出版社，2008：1475.

［15］毛泽东选集：第 4 卷［M］. 北京：人民出版社，2008：1476.

［16］习近平 . 在庆祝全国人民代表大会成立 60 周年大会的讲话［N］. 人民日报 2014-09-06（2）.

［17］习近平 . 在庆祝全国人民代表大会成立 60 周年大会的讲话［N］. 人民日报 2014-09-06（2）.

［18］马克思，恩格斯 . 共产党宣言［M］. 北京：人民出版社，2018：49.

［19］习近平 . 坚持和完善中国特色社会主义制度推进国家治理体系和治理能力现代化［J］. 求是，2020（1）.

[20] 毛泽东选集：第 4 卷 [M]. 北京：人民出版社，2008：1357.
[21] 历次《中国共产党章程》[DB/OL]. [2020-06-07].http://som.shufe.edu.cn/djgzyhsgl/1333.htm.
[22] 历次《中国共产党章程》[DB/OL]. [2020-06-07].http://som.shufe.edu.cn/djgzyhsgl/1333.htm.
[23] 邓小平文选：第 1 卷 [M]. 北京：人民出版社，2008：217.
[24] 邓小平文选：第 2 卷 [M]. 北京：人民出版社，2008：333.
[25] 邓小平文选：第 2 卷 [M]. 北京：人民出版社，2008：245.
[26] 中国共产党第十八届中央委员会第三次全体会议公报 [N]. 人民日报 2013-11-13（1）.
[27] 马克思恩格斯选集：第 4 卷 [M]. 北京：人民出版社，2005：697.
[28] 习近平新时代中国特色社会主义思想学习纲要 [M]. 北京：学习出版社，人民出版社，2019：42.
[29] 习近平. 在纪念孙中山先生诞辰 150 周年大会上的讲话 [M]. 北京：人民出版社，2016：3.
[30] 习近平新时代中国特色社会主义思想学习纲要 [M]. 北京：学习出版社，人民出版社，2019：81.
[31] 虞崇胜，唐皇凤. 第五个现代化——国家治理体系和治理能力现代化 [M]. 武汉：长江出版传媒，湖北人民出版社，2015：10.
[32] 习近平主持召开中央全面深化改革委员会第七次会议 [EB/OL]. [2020-05-08].http://www.xinhuanet.com/politics/2019-03/19/c_1124255626.htm.
[33] 习近平主持召开中央全面深化改革委员会第七次会议 [EB/OL]. [2020-05-08].http://www.xinhuanet.com/politics/2019-03/19/c_1124255626.htm.
[34] 邓小平文选：第 3 卷 [M]. 北京：人民出版社，2008：217.
[35] 邓小平文选：第 3 卷 [M]. 北京：人民出版社，2008：382.
[36] 马克思，恩格斯. 共产党宣言 [M]. 北京：人民出版社，2018：49.
[37] 马克思，恩格斯. 共产党宣言 [M]. 北京：人民出版社，2018：51.
[38] 马克思恩格斯选集：第 1 卷 [M]. 北京：人民出版社，2012：84—85.

［39］国家主席习近平发表二〇一四年新年贺词［N］. 人民日报 2014-01-01（1）.

［40］习近平在参加内蒙古代表团审议时强调：坚持人民至上 不断造福人民 把以人民为中心的发展思想落实到各项决策部署和实际工作之中［N］. 人民日报 2020-05-23（1）.

［41］把为民造福作为最重要的政绩［N］. 人民日报 2020-06-01（4）.

［42］十八大以来重要文献选编（中）［M］. 北京：中央文献出版社，2016：827.

［43］马克思，恩格斯. 共产党宣言［M］. 北京：人民出版社，2018：32.

［44］马克思恩格斯文集：第 4 卷［M］. 北京：人民出版社，2009：33.

［45］马克思恩格斯选集：第 3 卷［M］. 北京：人民出版社，2012：54.

［46］习近平. 在庆祝全国人民代表大会成立 60 周年大会的讲话［N］. 人民日报 2014-09-06（2）.

［47］习近平. 在十八届中共中央政治局第一次集体学习时的讲话［N］. 人民日报 2012-11-17（1）.

［48］习近平总书记系列重要讲话读本［M］. 北京：学习出版社，人民出版社，2016：76.

［49］习近平总书记系列重要讲话读本［M］. 北京：学习出版社，人民出版社，2016：189.

［50］《中共中央关于坚持和完善中国特色社会主义制度、推进国家治理体系和治理能力现代化若干重大问题的决定》辅导读本［M］. 北京：人民出版社，2019：191.

公众参与基层“微腐败”治理的可行路径探讨

岳轩宇*

摘　要：随着我国反腐败斗争走向深入和适应人民对提升基层社会治理绩效的新需求，“微腐败”治理已成为我国新时代反腐工作的必然选择。当前“微腐败”治理仍存在公众参与“微腐败”治理的动力不足、规范性有待改善、畅通性有待提升以及治理效果不理想等问题，其原因反映在传统政治文化的消极因素、公众参与基层社会治理的体制与机制的不完善、公众与干部的现代民主和法治素养的缺乏等方面。提升“微腐败”治理的路径主要在于普及廉政文化，打造良好基层政治生态；建立健全公众参与体制机制，为扩大公众参与“微腐败”治理提供制度保障；加大基层公众宣传教育，增强公众参与“微腐败”治理的政治认同；以加强基层自治为切入点，锻炼公众的现代政治素养与能力。

关键词：微腐败；公众参与；从严治党；基层治理

一、问题缘起

党的十八大以来，以习近平同志为核心的党中央开启了全面从严治党的新格

* 岳轩宇，中国人民大学研究生。

局，在反腐败斗争方面，我国始终坚持站在人民立场，采取“零容忍”的态度，强调“老虎”“苍蝇”一起打，并取得了显著的成就。自习近平在第十八届中央纪律检查委员会第六次全体会议中首次提出“微腐败”后，多次在中共中央纪律检查委员会系列会议以及十九大中反复强调严厉惩治群众身边的不正之风和腐败问题。习近平指出：“‘微腐败’也可能成为‘大祸害’，它损害的是老百姓切身利益，啃食的是群众获得感，挥霍的是基层群众对党的信任。”[1]它不仅直接损害群众的利益，降低公众对我国执政党政治合法性的认同，而且污化了基层政治生态，不利于“干部清正、政府清廉、政治清明”的廉政建设，进而阻碍我国民主政治的健康发展。可见，随着全面从严治党和反腐斗争走向深入，加强对“微腐败”治理和提高其治理绩效，是我们党在新时代加强自身建设和决胜全面建成小康社会的一项重要任务。

目前，我国“反腐败斗争压倒性态势已经形成并巩固发展”[2]，在党的领导下，“基层公务人员违规违纪问题逐渐减少”，但依旧存在“群众身边腐败问题仍时有发生”的现状。[3]群众身边的腐败，即“微腐败”，是指乡科级及以下的基层公职人员在行使公权力、履行职能职责或为民服务过程中，运用小微权力谋取不当利益而损害群众及其正当利益的违规违纪违法行为。

以中央纪委国家监察委网站 2017—2019 年每月公布的查处乡科级及以下干部“违反中央八项规定精神问题”的数据为例来看，“微腐败”治理依然是基层治理中的一项紧迫任务：2017 年查处的违反中央八项规定精神的乡科级及以下干部人数为 63 946 人；2018 年查处的违反中央八项规定精神的乡科级及以下干部人数为 81 576 人[4]；2019 年，共查处违反中央八项规定精神的乡科级及以下干部 180 626 人（见图 1）。由于“微腐败”隐蔽性高、持续力强、传染面广等特性，它依然呈波浪式趋势发展，其复杂性、多样性和变异性使得治理工作异常艰巨。

国内外现有研究成果表明，公共权力的制约仅仅依靠自我约束是不够的，还应受到社会特别是社会公众的制约。随着政治民主化的深入和公众社会影响力的彰显，当代民主化的发展趋势开始向公众参与的民主转变，试图建立一种“参与式治理型民主”，将国家权力、政治生活与社会各领域相联系，充分发挥社会公众在国家治理中的积极作用。[5]有些学者特别强调，公众是腐败治理的根本性动力

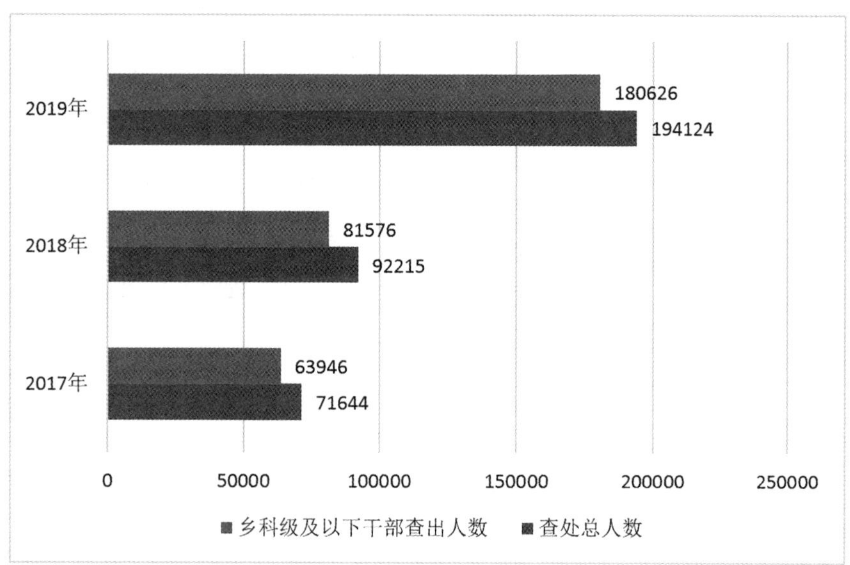

图 1　2017—2019 年“违反中央八项规定精神”的乡科级及以下干部查处人数

资料来源：笔者根据中共中央纪律检查委员会　中华人民共和国国家监察委员会网站每月公布的“违反中央八项规定精神问题”情况汇总。

源，公众参与不足是导致“微腐败”治理困境的关键原因之一，[6] 这都从学理上为“微腐败”治理指明了方向。另外，从我国社会制度的性质和现阶段所要解决的主要任务来看，提升公众在社会治理的参与，不仅是发展我国社会主义民主本质的客观要求，也是我国当前全面深化改革、推进国家治理体系和治理能力现代化的必然选择。事实上，从目前公众参与的现实情况来看，我国人民主体力量在腐败治理中处于缺位状态，公众旨在维护切身合法利益的反“微腐败”方面的参与行动不足。基于此，本文以公众参与为研究视角，分析我国“微腐败”治理中公众参与的问题以及成因，从而探究提升公众参与治理“微腐败”的深化路径。

二、公众参与“微腐败”治理的现状分析

随着改革的深入推进，我国社会经济发展水平显著提升，人的权利意识在解决温饱问题之后日益觉醒，党和政府也努力鼓励公民积极参与政治生活、创造良好社

会氛围。特别是党的十八大以来，党中央加强对党纪党规的建设，执纪手段得到完善、社会监督的途径得以拓展，通过建立健全相关制度和开展廉政教育，公众力量在腐败治理中的作用越发得到重视。在国家治理和政治生态建设中，公众的政治参与意识在增加、参与热情在提高，但当前我国公众在参与“微腐败”治理方面仍存在很多不足，例如，公众参与的制度不完善、公众的知情权得不到有效保障、公众参与的渠道不畅通、公众参与效率低等。[7]这些不足也造成了我国“微腐败”治理中公众参与的现实困境。其表现为以下几方面：

（一）公众参与“微腐败”治理的动力不足

公众参与“微腐败”治理的动力主要体现于公众参与身边腐败问题治理的意愿性、主动性与自觉性。目前整体来看，公民参与的意识不强烈、主动参与低，大多属于消极参与，难以适应共同治理要求。

首先，公众参与也会产生问题，公民在政治上较为冷漠，参与呈现相对自由化。若非涉及切身利益时，公众参与的热情普遍较低，对国家、社会的主体意识和责任意识在认识上存在缺失和错位。“微腐败”在没有伤害到自身“大利益”的情况下，公众一般采取“睁一只眼闭一只眼”坐视不理的冷漠态度；若“微腐败”直接关系到公众切身利益时，又可呈现出“利他”应付式参与和“利己”选择性参与。在不直接涉及自身利害关系时，公众往往呈现漠不关心的态度或是“八卦”心态，有些会因害怕波及自身而盲目跟随参与，草率应对后续相关调查或情况核实以防止危及自身；在涉及自我利益时，会根据损害的轻重程度作出相应程度的参与行为举动。在基层腐败中，如公众遭受危害较轻，他们可能会选择在网络平台抱怨相关基层公务人员办事效率低、态度差或是发表有关事件的质疑言论；若遭受的危害较大，他们可能会直接采取举报、上访等参与行为。

其次，公众政治参与的积极性不高。一方面，由于普通公众大多忙于生计，没有足够的时间和资源去收集、处理信息，用言语表达等以全力反抗“微腐败”。另一方面，一部分公众虽有一定的参与意愿，但碍于对如何参与才能有效预防监督惩罚“微腐败”所知甚少，最终他们积极参与的意愿在受制于自身能力和客观条件下，参与行动变成了一种低效或者消极样态。

最后，参与后果的不确定性使公众参与的主动性和自觉性有所欠缺。现实中，由于基层各类资源的分配权掌握在从事公务的官员手中，公众往往处于相对弱势地位，面对一些基层干部的“微腐败”行为以及官官相护的利益关系网，公众常常存在一种“枪打出头鸟”的顾虑和担心，他们认为对身边腐败行为和不正之风的举报、反映等参与行动会招致涉事官员的打击和报复，他们坚信“多一事不如少一事”，从而在“微腐败”治理方面极大削弱了参与的积极性。

（二）公众参与“微腐败”的规范性不强

公众参与的规范性是指参与制度的法治化和行为的理性化。现阶段，我国公众参与“微腐败”治理的参与细则不够明确化、精细化。虽然我国宪法规定了公众行使政治参与的权利，信访、举报制度等也明确了公众参与腐败治理的合法性，但是由于缺乏反映公众参与的具体法规和机制，没有制定健全完善的参与行为规范、没有明确科学系统地规定参与范围和限度，导致了“微腐败”治理中公众的被动参与或无序参与（这种参与状态被称为“参与盲从”和“参与极端”）。无序参与，往往是公众参与中呈现与当前法律法规不相符的极端化的言谈举止，这种极端化的无序参与也是非理性的。这种非理性参与的方式也凸显了参与规范性的滞后。[8] 例如，有些公众仅凭自己主观猜测或一知半解，在一些社交平台上发表一些不符合事实的言论，或仅凭道听途说，在网上随意“揭发”干部的各种“罪行”。更有甚者，为了个人私利，捏造事实，在一些公共网络平台胡编乱造，很多不明真相者，在缺乏辨别力和没有经过认真求证的情况下，便信以为真，盲目跟贴或者随意转载（转发）。这些乱作为、乱参与的非理性行为，不仅破坏了公众参与“微腐败”治理的实际效果，而且还扰乱了公众参与的正常秩序，严重影响了我国基层民主政治生态建设的进程，不利于参与制度法治化的推进。

（三）公众参与“微腐败”治理的渠道不畅通

畅通性是针对公众参与“微腐败”治理的途径和渠道而言。随着我国民主政治的不断推进，公民参与“微腐败”治理的空间在逐渐扩大，参与的形式逐渐呈现出多样化的趋势，就公众参与的渠道而言，可分为人民代表大会、信访、举报、审计等制度化渠道和网络曝光、社会舆论、自媒体等非正式渠道这两大类。就现有的制度化渠道来看，它们的一些局限性影响了公众参与“微腐败”治理的作用发挥，如人大代表非专职化、信访举报者的保密工作和人身安全保护缺失、审计专业上的严格要求参与的条件限制、公众对信息知情程度低等问题，使上述制度化渠道没有发挥应有的作用。总体而言，公众参与“微腐败”治理目前还未健全明了、便利、规范的制度化参与渠道，不能给予公众在各种可能的场所和条件下有效参与提供明确的法律和制度保障。由此，公众最常采用的是非正式治理参与方式，即网络参与。有学者表示，近些年“网络民意”“舆论暴力”等之所以越来越受到民众的偏好，是与当前的常规反腐败渠道不够通畅直接相关联的。[9]但是，这些有限的非正式渠道同样存在一些局限性，例如网络信息曝光后的核实和审查工作困难，社会舆论传播迅速且可控性较差，自媒体匿名参与存在着参与泛化、言论偏激等问题。这些局限性不但会阻碍公众参与渠道的通畅性和有效性，甚至容易造成社会的不稳定性，而且长远看，也不利于公众参与的深度的拓展。

（四）公众参与“微腐败”治理的效果不佳

公众参与“微腐败”治理不佳意味着公众参与“微腐败”治理的效果有待提升。一方面，近几年，党和政府反复强调依靠人民群众的“微腐败”治理理念，但在公众参与“微腐败”治理的实际情况中，主要还是呈现出以“自上而下”的引导式参与为主，这种引导式的参与往往是党和政府作为“在上”主导政策的制定和出台，而基层和群众作为“在下”成为政策的被执行者。但由于种种原因，党和政府制定的制度及政策的出发点和理想目标没有被基层和群众很好地了解和接受，使得在党和政府引导的“自上而下”的政治参与中，那些赋权于民的好制度和好政策，在一些地方和基层中蜕变为公众参与的“走过场”的形式主义。另一方面，公众参与“微腐败”治理的机制和体制上的不健全降低了公众参与的效果。普通公众因信息获取机制的不完善降低了其获取相关政务信息的便捷性和准确性；基层公务人员与普通公众之间的信息不对称会造成公众信息知情权的滞后，影响公众反映基层官员腐败线索的及时性和准确性；在参与的过程中，公众往往因为信息资源了解得不充分产生不规范的举报或曝光行动，或因为反映问题不全面和不准确而增添重复无用信息，会增加相关部门对“微腐败”举报信息核实的工作量，耽误后续取证处理的工作进度，这不仅会增加“微腐败”治理工作的成本，还会降低腐败治理绩效。

事实上，党和政府虽然努力打造人民群众参与“微腐败”治理的共治格局，倡导公众大力举报身边腐败问题，但现阶段公众只是有权参与对身边公务人员腐败行为的举报，公众总是扮演“等待”的角色，等待相关机构对他们反映问题的处理，等待党和政府机关给予相应的回应和反馈，他们对“微腐败”问题的处理过程一知半解。公众在参与腐败治理中，并没有真正体现和发挥人民群众对权力运行的全面监督作用，不仅导致公众参与腐败治理的效果大打折扣，而且与我们党和国家倡导推行的人民群众参与“微腐败”治理的初衷存在差距。这种公众政治参与机制与工作体制的缺乏，既不利于基层洁净的政治生态的建构，也不利于提升我国民主政治建设的质量和进程，甚至不利于彰显社会主义制度的优越性。

三、公众参与“微腐败”治理现状的成因探讨

“微腐败”是我国基层治理和腐败治理中一个较为棘手的问题，它既与我国当前公众参与在制度上和机制上的不完善、不健全密切相关，也与基层公务人员和公众的现代政治素养和能力难以适应相关要求密不可分，同时，也离不开传统政治思想文化中消极因素的影响。

（一）基层社会中传统政治文化中消极因素的影响

改革开放40余年来，人民当家作主的观念深入人心，国家权力运行和社会治理的人民主体性得以贯彻和体现，但是传统社会中的“官本位”政治文化和人情社会依然深刻影响着基层政治和群众的日常生活，这种“官本位”“权力为本”和对权力的崇拜与盲从的政治文化与社会心理，很大程度上导致了公众参与“微腐败”治理的困境。

我国传统政治文化中的“以官为本”思想，主要体现在以“官”的意志为转移的利益特权、“唯上是从”的制度安排、以官为本的价值取向和社会标准。这种错误的“官本位”思想驱使官员特权思想的滋生，促使公务人员凭借手中的权力侵占国家和公众利益、攫取私利。这种“官本位”的政治文化和社会氛围的长期存在，在无形中加剧了公众的依附感，使消极参与成为公众的一种政治行为选择，不仅仅降低了公众参与“微腐败”治理的主动性和积极性，而且弱化了党和政府倡导的公

众参与“微腐败”治理的目标价值。

另外，人情社会传统的社会交往方式在基层社会治理中仍在一定程度发生作用。在传统熟人社会中，中国人的观念和行为深受一套由“人情”“面子”“关系”和“回报”所构成的社会文化机制的影响，正是这种过度讲人情、讲关系的社会网络为“微腐败”的滋生提供了可能，也在客观上增加了公众参与腐败治理的难度。“人情”既是一种社会交易资源，也是一种人与人之间维持和谐相处的社会规范。[10]当个人需要某些特殊资源时，“人情”可以转化成为个人争取资源的工具，采用“搞关系”“走后门”等手段，向身边熟悉的公务人员“送礼”以得到“回报”，这就造成了部分基层公务人员利用手中“小微权力”在救济、补助等方面优亲厚友，对于有求于人的非亲非友则采取所谓“公事公办”的“原则”，甚至故意设置障碍，以图吃拿卡要。当“人情”是一种约定俗成的社会规范时，人们习惯性地通过馈赠礼物、拜访问候等方式来维持长期良好的社会关系[11]，从而间接促使“微腐败”民俗化倾向的存在，给大众形成一种“求人办事送礼”等行为是理所应当的心理定式。上述消极传统政治文化和社会心理，不仅助长了公众对“微腐败”的容忍度，而且也降低了公众参与“微腐败”治理的积极性。

（二）公众参与基层社会治理的体制与机制的不完善

公众参与无论是作为一种民主机制，还是作为一种社会协调治理的方式，关键在于其运作的制度化和程序化。[12]目前公众参与“微腐败”治理的制度供给针对性不足是导致公众参与基层社会治理困境的主要原因之一，具体来说：

一是信息公开和回应机制不完善。首先，公众是否积极参与“微腐败”治理与基层政府信息公开程度和回应质量有关。2008 年 5 月 1 日，我国开始正式实施《中华人民共和国政府信息公开条例》（行政法规），为公众获取信息、表达意见、参与政治生活、约束国家权力提供了法律保障，但在政府信息公开的实际执行中，存在着地域和层级上的不平衡、信息供需不对等、信息回应质量低等问题。[13]不仅如此，我国信息公开的实施效果和力度总体呈现出自上而下递减的情况，[14]而基层的信息公开更多是一项“形象工程”，政府对社会公众基本信息需求供给缺失，严重影响了公众参与中掌握信息的准确性，公众知情权遭受到了挑战，损害了公众举报或监督等政治行为的信息基础。其次，各级政府虽然通过建立网络监督平台、开通“政风行风”监督热线等形式构建了信息回应机制，增强了政府与公众之间的回应和互动，但基层政府现有的回应机制仍存在一些困境：① 一些公众参与平台没有充分发挥应有作用，流于形式，在涉及群众某些重大利益问题方面无具体回应。如一些基层政府，政务平台中的公务人员的信息发布过于简单，网站内容长期没有更新。② 信息回应和公开的低效，被动应付或敷衍塞责。一些基层政府在公众要求采取“阳光问廉”或诘问时，考虑的却是如何应对上级部门和政府的考核与检查，而对公众的回应却应付了事。如在公众采取各种途径询问腐败事件处理情况时，一些部门往往在事隔几天后才用“正在调查”等言语予以简单回应，更不要说主动及时公开处理过程和细节。③ 缺乏联动机制，回应渠道不畅通。[15] 由于基层政府各部门相对部门化和条块分割，且各部门之间缺少协同联动机制，对公众诉求的信息回应和反馈方面，常常相互推诿，甚至扯皮，从而反馈信息迟钝与低效。

二是信访举报制度不健全。上访和举报在一定程度上能更好发挥社会公众自下而上地对政府官员和党员干部的监督作用，“信访举报渠道的便利性、结果的有效性和行为的安全性均能显著提高公众反腐败意愿”。[16] 党的十九大以来，我国从党中央和国务院到地方各级党组织和政府部门都设立相应的国家监察机构，建设了各级纪律监察网站，并设置了监督举报身边腐败问题的专栏，实行巡视制度和典型案例曝光制度，做到“线上线下”两手抓。但是，在具体实施的力度和效果上还需进一步改进和提升，主要在于这些制度激励不足、保障欠缺和程序不明。首先，公众参与身边腐败问题治理会考虑到利益—成本问题，但目前我国信访、举报制度对于公众上访或是举报的奖励机制未作出详细可操作的明文规定，使得公众因为顾及自身利益而放弃参与的权利。其次，对举报信息公众和举报者的保护措施的不力。由于基层地方小、熟人多、关系网密切，容易使举报者遭受不公平的待遇甚至打击报复，从而降低了公众参与举报的动力和信心。最后，尽管我国《纪检监察机关信访举报工作程序》明确了信访、举报（来信、来访、电话和网络）的渠道和机关调查、审核、申诉等工作程序，但并没有明确公众上访和举报的实施细则，包括上访者的人身和财产等应受保护的详细规定，从而导致了公众在参与微腐败治理中的积极性不足。

三是非正式参与反腐机制不系统。非正式参与腐败治理主要是指公众在除了官方公布的平台和渠道以外，通过其他网络平台，以实名或匿名方式，不针对特定对象而披露或曝光自己知悉的有关国家基层公职人员腐败的事实或线索。[17]这是社会公众自发参与腐败治理的体现，但非正式参与机制和效果还大有改进和提升的空间。首先，与制度化反腐对接不顺畅。网络参与反腐作为一种新型的非正式参与反腐败方式，本身存在内部多元的困境，[18]公众网络言论的分散化和琐碎化，需要专门的社会力量或政府部门递呈至权威部门，再由专门的组织和权力部门及时全面地甄别、筛选与统合，交于相关部门核实处理，而这程序的交接与执行如果不能及时高效地完成，这就为基层腐败官员通过疏通关系以逃避审查和规避处罚留下了时间空隙。其次，非正式参与规范化的缺失。非正式参与是凭借社会舆论引起权力部门的重视和介入官员腐败治理，但网络参与人员素质良莠不齐、恶意参与难以辨别、腐败线索真假混淆等问题的存在，暴露出网络反腐相关制度建设的滞后和规范化的不足，这不仅会导致政府在后续的政策制定和权力运行下限制公众参与的范围，还会使得公众因对自身参与的效能低下而丧失参与的信心。

（三）基层干部与公众的现代民主和法治素养的缺乏

随着政治建设现代化的推进，公众的政治生活经历着由传统向现代的改变，并迂回曲折地进行着。现阶段，公众的政治生活处于一个重要转型期。[19]不可否认，现代化带来了公民权利意识和参与意识的增强，党和政府愈发重视社会公众在建言献策、参与监督、揭露身边腐败等方面发挥的重要作用。但是，随着城镇化进程和乡村社会结构的变迁，基层公众逐渐处于“原子化分散状态”[20]，另外“自上而下”的行政化治理模式却一直主导着我国基层社会的治理，这就间接导致基层公众不愿、不敢参与对“微腐败”监督和治理的现状。究其原因，其一，基层干部和公众现代政治素养不足。“微腐败”之所以多发易发与基层干部的素质密切相关。当今一些基层干部的政治素养和能力在面对国家治理体系和治理能力的现代化的要求方面，仍有很大差距。他们缺乏系统的法律素养、正确的权力观念和民主意识，往往会忽视公众的呼声和诉求，极容易搞灰色交易以牟取私利。[21]就基层公众而言，政治知识匮乏，对自身的权利和义务认识不到位，主体意识和法律意识较为淡薄，缺乏公共精神，着眼眼前利益，不愿承担高额的参与“反腐成本”，导致其对“微腐败”抱着“无所谓”的漠然态度。其二，基层自治的实现程度和实现效果差强人意。[22]在我国乡村，在政治上村民大多处于弱势地位。因为大量人才精英的流失，造成基层治理主体的空心化，留守“老弱病残”弱势群体无力形成良好的社会“自治组织”，并对村干部或村务进行有效的监督；加之传统村规民俗的失灵，村民的内在凝聚力降低，导致自治的驱动力严重不足，影响了公众实际参与乡村治理的效能感。特别是农村基层群众和城镇社区居民没有被充分调动和激发他们有序地参与到基层群众自治制度运行中去，使得有序的政治参与和多元平等的社会治理的实践锻炼机会和平台的缺失，这不仅不利于公众习得政治参与能力和政治表达能力，还容易造成公众习惯性的依赖。

四、优化公众参与“微腐败”治理的可行路径

当前我国基层“微腐败”的治理是以党和政府的查处机制以及惩罚机制为主[23]，公众参与是一个新方向。2019 年 3 月 19 日，召开的中央全面深化改革第七次会议明确指出要建立健全党委领导、政府负责、社会协同、公众参与、法治保障的现代乡村社会治理体制[24]，发挥公众参与的积极作用既是现代乡村治理的内在要求，也是改进和提高基层“微腐败”治理成效的必然要求。扩大和提高群众参与微腐败治理的积极作用，应该坚持系统思维和现代治理的理念，从文化、制度、教育和实践四方面入手。

（一）普及廉政文化，打造良好基层政治生态

构建良好的基层党内政治生态为扩大公众参与、提高“微腐败”治理绩效提供良好的政治环境保障；基层政治生态是我国政治生态的基础和组成部分，构建中国良好的政治生态环境离不开各基层政治生态的治理。党的十九大报告指出：“全面推进党的政治建设、思想建设、组织建设、作风建设、纪律建设，把制度建设贯穿其中，深入推进反腐败斗争，不断提高党的建设质量。”[25]对于基层党组织或领导干部来讲，首先，要坚持以党的政治建设为统领加强基层干部思想理论教育。教育引导广大基层党员和干部坚持人民立场，时刻牢记“为人民服务”的宗旨，深入学

习新时代中国特色社会主义思想，加强对党章党纪党规的理论学习，在理论学习和政治实践锤炼中，增强马克思主义理论水平，提高政治能力与政治站位，进一步坚定中国特色社会主义的理想信念，增强“四个自信”，牢固树立政治纪律和政治规矩意识，勇于做到政治强、纪律严、作风正，为基层构建良好政治生态提供政治保证。其次，加强从严治吏和重视为官之德。严格制定基层官员任用、提拔、绩效考核的标准，完善基层问责机制，推动基层领导干部自觉担当，增加基层干部的政治责任意识和历史使命感；在加强和规范党内政治生活中，让广大党员和干部要做“明大德、守公德、严私德”的典范，培养忠诚、干净和担当的政治品质，为公众积极参与社会治理激发正能量和提供良好的社会氛围。最后，要发挥革命传统和优良作风，力戒官僚主义、形式主义，帮助基层党员干部树立正确的政绩观和权力观。基层各级政府和党委要继续深入落实中央“八项规定”、严厉整治“四风”问题、坚决反对特权思想和特权现象，是打造清正廉洁基层政治生态的重要举措。当前，要以开展的“不忘初心、牢记使命”主题教育为契机，以中央纪委印发的《关于贯彻落实习近平总书记重要指示精神 集中整治形式主义、官僚主义的工作意见》[26]为基础，明确基层整治重点问题，与专项治理群众身边的腐败问题和扫黑除恶专项斗争相结合，精准运用监督执纪“四种形态”，发挥巡视巡察监督作用，畅通监督举报渠道，提高基层党员和领导干部的政治能力，牢固树立“四个意识”、坚决做到“两个维护”，打造清正廉洁的干部队伍，着力构建廉洁高效的基层治理体系。特别是要发挥好基层领导干部中“关键少数”的核心作用，让他们信念坚定、为民服务、勤政务实、敢于担当、清正廉洁，为构建基层洁净的政治生态发挥引领作用，从而更好保障和促进基层公众参与“微腐败”治理的积极性和主动性。

（二）建立健全公众参与“微腐败”治理的体制和机制

首先，贯彻落实信息公开和回应制度是保证公众参与公共事务的前提，尤其在基层，更要加大力度提升政务党务信息的公开度、透明度和回应度。基层党政部门应始终坚持以“公开为原则，不公开为例外”[27]的便民原则，明确政务党务信息属于公共信息，须在现有条例规定的公开范围和应当主动公开的具体内容下，详细规定对基层公务人员的财产信息、工作动态信息或升迁处罚明细等内容的公开准则，并制定公开负面清单。同时，基层政府要向经验丰富的上级政府多学习，运用专业人才加大信息平台建设力度，完善公众了解信息的正规渠道，利用官方微博、微信等多方新型平台实时更新基层党务政务细节，以公众需求和解决腐败问题为导向增设专门性回应的职能部门，主动加强对公众事物和社会热点事件的回应，确保信息公开和回应的动态化建设。其次，公众要积极反映身边公务人员腐败问题，深刻认识并运用知情权和参与权督促信息公开和回应的力度，并主动提出要求和范围。社会媒体要理性参与政务报道，以弥补官方媒体在信息公开和回应中可能存在的不及时、不全面的缺陷，为公众参与身边公共事务提供信息支撑。社会组织应建立多元主体参与的信息评估机制，通过网络评议、问卷调查等手段对基层政府信息公开和回应的效果和满意度进行评估，[28]若评估不合格，则可视情况依法依规追究责任。

信访举报是公众直接参与反腐败斗争的最基本的渠道，完善信访、举报制度不仅能够解决公众“知情不报”问题，还能增强公众对于反腐工作的认可度，为“微腐败”治理扩大信息源。首先，要从宏观层面制定公众参与信访举报的程序、步骤，明确规定各级政府认真对待和处置每一份举报线索的具体职能部门和具体任务，以公众能够看得见的方式处理公众反映的问题，并详细规定举报受理、查处、答复等过程以及时间限制。[29]其次，要落实举报信息保护机制，加强打击报复惩治机制。在腐败案件未被查清处理之前，相关单位及其工作人员不能随意公开甚至泄露举报公众的基本信息，以防止被举报人的打击报复或是销毁线索证据，让公众参与举报身边腐败问题有可靠“后台”作保障，没有后顾之忧。与此同时，还需“因事制宜”实行举报奖励规定，根据公众参与举报具体境况、线索真实程度、公众后续支持力度等方面设定具体的奖励标准，从物质和精神上为激发公众积极参与各种微腐败治理提供动力。通过制度完善将公众参与信访、举报身边腐败行为法治化、规范化、细致化、科学化，为其提供相应的经济保障、政治保障、法律保障和社会保障。[30]

建立健全网络参与反腐机制是对现有参与制度的一种有效补充。公众网络参与反腐蓬勃发展与网络舆论监督、信息披露、信息反馈及责任分配等法律制度建设相对滞后的现实，迫切需要网络反腐制度化与规范化。[31]一是需要根据具体实践经验建立《公众网络参与规范细则》，用法律的形式明确网络参与可为和不可为的具体范围，使得公众清楚如何利用网络资源进行合法的反腐败。二是需要基层政府依据实际情况支持专业非正式参与腐败治理小组的建立，负责非正式参与信息的收集和评估，并在此过程中引导公众理性参与。三是要保证非制度参与渠道的畅通，完善官方和非官方网络参与平台，鼓励公众“随手”举报公款吃喝，违规吃请，公车出入高档饭店、会所、娱乐场所等，并开通网络反腐“直通车”，使相关证据快速传达各级纪委监委及中央纪委国家监委，让“微腐败”官员曝光，或得到及时有效的制止和惩处，及时遏制各种“微腐败”，防止它们演变为巨腐和大贪。

（三）加强基层宣传教育，增强公众对党和国家的认同

加强对基层公众的宣传教育，宣传国家反腐理论和政策有助于提升公众的参与意愿，增强其对反腐倡廉建设的认同和参与。“微腐败”治理具有多元主体性，除了要鼓励基层党政干部在党风廉政建设过程中结合各地基层“微腐败”治理的实际经验，针对新时期基层“微腐败”协同治理当中的新形势进行深入探讨，提高对“微腐败”危害的警觉性，增强对“微腐败”治理各项工作的应对能力之外，还应该加强对基层公众的宣传教育工作。一方面，党中央及基层政府广泛宣传我国基层发展方针、政策或理论，使公众深入了解一些乡村振兴、惠农惠民、赋权增能等相关发展措施或内容，认识到党和政府对基层和公众本身发展的重视和投入，增强公众对党的领导地位、党和国家方针政策的认同。与此同时，要广泛开展面向公众的反腐理论教育宣传活动和党内外基层“微腐败”治理经验学习活动，积极组织基层社会治理各主体学习习近平总书记关于加强反腐败体制机制创新和制度保障、改革党的纪律检查体制等重要战略部署，正确引导公众自觉学习和遵守国家反腐败法律法规，识别“微腐败”的各种表现形式及危害，提升对“微腐败”的警觉性和敏感性。另一方面，各级纪检监察机关要根据党章规定和中央要求，将各级“微腐败”治理中监督、执纪、追责中的典型案例向基层党员干部及群众广泛宣传，通过宣传正面参与反腐典型，宣传党员干部或群众身边可信可学的先进人物，推广一批可复制可普及的好经验，营造政治参与的社会氛围；或深刻剖析反面典型，以案例明法纪、促整改，发挥警示教育作用。此外，要加强“微腐败”治理参与途

径或渠道的宣传，根据实际情况落实各级党风廉政信息公开平台建设，并告知公众如何充分利用新旧媒体等平台参与“微腐败”治理。例如，建立微信反“微腐败”小程序，通过基层组织相关推送让大众了解反腐倡廉制度建设，并每日浏览小程序上相关“微腐败”治理的最新报道，以便社会公众熟知“微腐败”，营造公众对反腐败建设的认同，从而在强认同下让公众参与的积极性、主动性得以显现和发挥。

（四）以加强基层自治为切入点，锻炼公众的现代政治素养和能力

基层自治的贯彻落实和创新，是增强政治实践、提升政治素养、培养政治能力的有效途径之一。2017 年，中共中央和国务院颁布的《中共中央国务院关于加强和完善城乡社区治理的意见》表明，城乡治理格局应以党的领导为核心，以基层政府为主导，注重发挥基层群众性自治组织基础作用，统筹发挥社会力量协同作用。[32]党的十九大报告强调：“加强农村基层基础工作，健全自治、法治、德治相结合的乡村治理体系。”面对新形势新任务，应加大基层自治创新的力度和步伐，为公众能积极且有效参与“微腐败”治理提供机会。首先，要以村民自治和社区自治为突破口，充分发挥各类自治主体特别是村（居）委会在基层治理中的作用，[33]依法有序组织居民村民群众参与基层治理、因地制宜建立健全居委村委监督委员会、推进居务村务公开和民主管理等工作，是基层“微腐败”治理体系建设和提升公民参与“微腐败”治理政治素养的有效路径。公众在参与式治理中拥有广泛、持续、深入参与的权利，确保了近距离对村规民约落实和基层干部作风进行监督，也使“微腐败”治理进程中的党纪国法延伸为居民村民自觉遵守的行为准则，形成各治理主体互相监督、共同遵守的良好氛围。其次，大力加强基层文化建设，充分发挥德治在乡村治理中的重要作用。通过充分挖掘乡村精英、能人贤士的潜能和组织号召作用，多渠道培养和引入专业青年人才，发挥乡村伦理、村规民约、风俗习俗汇聚民意民智、维护民利的独特作用，调动基层公众参与基层“微腐败”治理的积极性和主动性。最后，要鼓励发展基层各类社会组织。这些组织能够组织化、集中化，为分散的个体提供参与、表达、维权的平台和途径，为公众最实际的诉求发声。例如，农业合作社、村办企业等。基层公众通过加入社会组织，以社会组织为中介，参与到具体基层治理实践的各个方面，充分发挥自身能动性和创造性，以提升综合

政治素养与能力，以实现“微腐败”治理的“党委领导、政府负责、社会协同、公众参与、法治保障”的协同共治格局。

参考文献

［1］习近平谈治国理政：第二卷［M］. 北京：外文出版社，2017：167.

［2］习近平 . 决胜全面建成小康社会　夺取新时代中国特色社会主义伟大胜利：在中国共产党第十九次全国代表大会上的报告［N］. 人民日报 2017-10-19（4）.

［3］江苏省扬州市纪委监委课题组 . 关于基层“微腐败”治理的调研［N］. 中国纪检监察报，2018-05-17（7）.

［4］纠治“四风”一刻不停寸步不让——解读 2018 年全国查处违反中央八项规定精神问题月报数据［EB/OL］.（2019-01-20）［2019-08-03］.http://www.ccdi.gov.cn/yaowen/201901/t20190120_187406.html.

［5］杨晓东 . 公众参与在廉政建设中的作用［J］. 行政论坛，2012，19（5）：14—18；郭道久 . 以社会制约权力——民主的一种解析视角［M］. 天津：天津人民出版社，2005：8—9.

［6］章勇 . 利益规制：新时代基层腐败治理的制度逻辑［J］. 重庆大学学报（社会科学版），2019，25（3）：192—202；李靖，李春生 . 我国基层官员“微腐败”的生成机理、发展逻辑及其多中心治理［J］. 学习论坛，2018（7）：58—64.

［7］李景平，雷艳 . 善治视域下我国反腐败中公众参与的路径选择［J］. 理论月刊，2012（1）：159—162.

［8］郭小安 . 网络政治参与和政治稳定［J］. 理论探索，2008（3）：127—129.

［9］李营 . 公众参与制度化：社会治理创新的突破口［J］. 领导科学，2018（35）：47—49.

［10］文崇以，萧新煌 . 中国人：观念与行为［M］. 北京：中国人民大学出版社，

2013：35—37.

［11］杨国枢 . 中国人的心理［M］. 北京：中国人民大学出版社，2012：234—235.

［12］钟莉 . 公民参与反腐败的路径分析［J］. 中共山西省直机关党校学报，2009（4）：33—35.

［13］王锡锌 . 政府信息公开制度十年：迈向治理导向的公开［J］. 中国行政管理，2018（5）：17—22.

［14］北京大学公众参与研究与支持中心 . 国家治理透明度报告［R］. 北京：法律出版社，2016.

［15］刘影 . 回应型政府与公众"微"问政长效互动机制构建［J］. 人民论坛，2015（20）：55—57.

［16］倪星，张军 . 文化环境、反腐绩效、制度安排与公众反腐败意愿——基于2016年度全国廉情调查数据的分析［J］. 河南社会科学，2017，25（5）：8-15+29.

［17］叶慧娟 . 网络反腐过程中网络举报的规范化研究［J］. 新疆大学学报（哲学·人文社会科学版），2013，41（4）：45—51.

［18］梁华平 . 网络反腐发展进程及制度建构审视［J］. 领导科学，2016（2）：63—64.

［19］文崇以，萧新煌 . 中国人：观念与行为［M］. 北京：中国人民大学出版社，2013：75—76.

［20］周少来 . 中国乡村治理结构转型研究——以基层腐败为切入点［J］. 理论学刊，2018（2）：114—121.

［21］王玉萍 . 农村基层民主建设中村干部的政治素质现状分析——基于豫北五县十村的调查［J］. 领导科学，2015（32）：58—60.

［22］施锋矫 . 我国农村基层自治的现实困境与思考［J］. 烟台大学学报（哲学社会科学版），2019，32（2）：113—117.

［23］李靖，李春生 . 我国基层官员"微腐败"的生成机理、发展逻辑及其多中心治理［J］. 学习论坛，2018（7）：58—64.

［24］习近平．把稳方向突出实效全力攻坚　坚定不移推动落实重大改革举措［N］．人民日报 2019-03-20（1）．

［25］习近平．决胜全面建成小康社会　夺取新时代中国特色社会主义伟大胜利：在中国共产党第十九次全国代表大会上的报告［N］．人民日报 2017-10-19（4）．

［26］中央纪委办公厅印发工作意见集中整治形式主义官僚主义重点整治四个方面 12 类突出问题［N］．中国纪检监察报，2018-09-25（8）．

［27］吴光芸，吴金鑫，赵改霞．政府信息公开中的公众参与困境及对策探究民主与法治［J］．理论视野，2013（7）：33—37.

［28］刘影．回应型政府与公众“微”问政长效互动机制构建［J］．人民论坛，2015（20）：55—57.

［29］吉林大学行政学院课题组．公众参与反腐败的有效途径与制度保障［J］．中共天津市委党校学报，2012（2）：70—73.

［30］王瑞娟．完善我国举报制度的思路探讨［J］．理论探索，2005（4）：59—61.

［31］叶慧娟．网络反腐过程中网络举报的规范化研究［J］．新疆大学学报（哲学·人文社会科学版），2013，41（4）：45—51.

［32］中共中央　国务院关于加强和完善城乡社区治理的意见［G］．中华人民共和国国务院公报，2017（18）：6—11.

［33］袁金辉，乔彦斌．自治到共治：中国乡村治理改革 40 年回顾与展望［J］．行政论坛，2018，25（6）：19—25.

双重约束视角下村民自治单元有效性：经验与反思

李松有[*]

摘　要：村民自治需要有效自治单元，有效自治单元关键依靠自治主体的作用。在此引入约束理论分析视角，自治单元作为行动单元，其主体性囿于能力和身份两方面约束。行动能力是衡量行为主体的作用指标，与自治单元集中资源和组织程度相互关联，体现为中势行动、弱势行动和强势行动。身份约束是凸显行为主体的自我认同标志，与自治单元场域边界和关系联结密切相关，体现为中性认同、消极认同和积极认同。研究发现，在空间或者范围内，行动能力越强，身份认同感越高，行为主体作用越大，越便于形塑有效自治单元。从历史变迁视角来看，基于行动能力和身份认同双重维度进行考量，自治单元演变形态为传统时期村落单元自治，过渡到集体时期的社队自治，到改革开放时期行政村单元自治，再发展为探索时期自然村屯和村民小组单元自治。新时代要想破解村民自治空转的难题，需要探索行动能力强的基本单元开展自治，选择身份认同高的基本单元实行自治和坚持多元化基本单元扩展自治。

关键词：主体性；双重约束；自治单元；行为主体；有效自治

* 李松有，广西民族大学政治与公共管理学院讲师，政治学博士；主要研究基层民主与村民自治。本文荣获国家民委 2019 年度全国民族工作优秀调研报告三等奖（编号：2020－DY－C－030）。系国家社会科学基金青年项目“瑶老制：传统治理资源的利用与创新研究”（项目编号：17CMZ047）；广西民族大学科研基金资助项目“替代性介入：基层自主治水与国家治理逻辑研究”（项目编号：2018SKQD04）。

一、问题的提出

村民自治改革的历程是不断地解决村民自治运作机制问题的历程。2018 年中共中央、国务院发布的《乡村振兴战略规划（2018—2022）》要求围绕“村民自治基本单元”主题开展深入研讨。2019 年中央一号文件指出加强群众性自治组织建设，发挥群众自治的主体作用，在实践中逐步实现有效自治。在政策导向下，学界和政界纷纷开展单元与有效自治有效关联相关研究，推动村民自治研究范式的创新。

关于单元与有效自治之间的关系，已经形成一定研究成果。一是自治单元不变，深化村民自治。在基层治理领域，行政单元、自治单元合为一体，既有国家加强基层治理行政功能，便于政府部门服务群众，提高服务效率，又兼有基于村委会实施群众自治功能。[1] 尤其在经济发达的地区，不少村庄将行政单元与自治单元合二为一，以行政自治代替社会自治。[2] 虽然行政单元与建制单元复合便于国家权力支配资源进行基层治理，但是，易造成自治单元行政化。二是自治单元下移，实现村组自治。政府无法全部解决村民所需的公共服务，通过自治单元供给私人或国家无法提供的小规模公共物品或者公共服务。[3] 同样，在经济不发达地区，围绕公共问题开展自治单元进行自治和自主管理，[4] 这样有利于重拾村组作为治理单元的特有价值，提升基层群众的民主治理能力。但是，不少学者认为，以村组为基本单元开展村民自治并非有效，其试点的理由、依据并非充分，[5] 并不具有普遍性和可行性。[6] 三是自治单元上移，开展乡镇自治。现代社会权力组织作用是政策决策和资源分配、调拨。其存在等级、自上而下的资源分配，等级越高的组织具有资源分配权愈大。[7] 因此，“单元下移”并不能解决村民自治的治理困境，未来中国农村的治理方向应该是“单元上移”，[8] 采取“镇管社区”的治理模式。因为镇管社区具备一级政府财政独立的优势。它作为社区管理的主体，大力推进社区公益建设，满足居民在文化精神生活上的各种公共需求。但是，截至目前，在中国乡镇自治并未进入实践，仍然停留于应然的想象与推演。[9]

经过对大量文献进行梳理，目前研究对于开展自治单元有效性研究提供了理论支撑，同时也对国家实施基层治理政策的调整具有很强的现实意义。但在已有的研究中，主要侧重于对策视角下有效自治单元的理论探讨，罕有文献将约束理论嵌入有效自治单元的研究领域；尽管各界已经认识到在自治场域中能力缺失所产生的影响，但却忽视了身份约束的维度。基于此，本文在约束理论的视角下，从行动能力与身份认同的双重维度，在反思当前村民自治单元建构弊端的基础上，找到有效自治单元。

二、双重约束视域下自治单元有效性探讨

有效的自治单元便于产生有效自治。自治单元是指对一定空间或范围内行为主体进行自我管理和自我服务的单位。有效自治单元依靠自治单元主体性来实现，即自治主体性在实践中体现出来的能力、作用和地位，是人作为主体对客体呈现出的能动性、自主性和创造性。自主性是指在主客体的相互作用中，主体按自我意愿行动所具有的态度、能力、基本权利或特有属性。能动性是指主体是群体性个体，能够对自我的情感意识和实践行为自觉地实施调控，并非完全受制于外界或他人的影响。创造性是指主体开展自我管理和自我服务而体现出来的创新精神、创造能力以及所取得的创造性成果。因此，要实现自治有效就是指行动者认识制约因素、改进手段和消除约束，从而找到合理自治单元实现有效自治目标。

（一）能力约束与自治单元有效性

事实上，村民主体性地位的实现与赋予自治权利的制度安排以及村民行使其权利所需的能力与资源密切相关。从根本上讲，村民自治实践困境是农民自治权利与能力状况的直接后果。一是行动能力弱，导致自治主体自主性不足。主体自主性对他们的共同生产能力及个人发展全面性的建立的促进，是以其可支配资源来源为基础的。行为主体自主性地位，不仅要关注个体所享有的自主权利，同时要关注其行使和实现权利的能力。[10]研究发现，资源是村民自治的基础，[11]资源集中的多少又决定行动者的能力水平，单元资源越集中，自治有效程度越高。[12]而

且资源使用者规模越小，同质化越强，越容易形成有效的自主治理。[13]可见自主性表现在主体实现目标的能力。当行动单元公共行动能力弱，意味着自治行动单元难以有效支配资源，自主管理和自我服务程度低，缺乏较强自主性，不是有效自治单元。

二是行动能力弱，导致自治主体能动性不足。在空间范围内，行动者既从依赖走向自立、自主，又是从身份生存走向能力生存。[14]可见能动性体现群体自为、独立实现目标行为能力。当缺少合适的组织形式，单个的意志难以表达并发展成社会目标，也缺少足够力量确保该目标的实现。而且，一个行为群体能力的强弱，并不由该群体数量决定，而在于该群体自我组织程度。自组织程度越高，能力越强；自组织程度越低，能力越弱。如果自治单元行动能力弱，组织再造中难以有效合作，因集体行动困境导致自治主体能动性缺失，也不是有效自治单元。

三是行动能力弱，导致自治主体创造性不足。帕森斯认为，拥有足够数量的行动主体作为组织的构成部分，是组织内部整合及组织有效运转条件。组织有效运作依赖于一定数量行动者在其中交互作用，当没有足够的行动者，组织无法运作。所以行动单元规模决定着集体行动能力。研究发现，人口数量较少、地域面积较小的地方，行为主体利益关联密切，运用自我能力生产出满足需求的创造性越强，集体行动能力较强，易于形成有效的集体行动单元。[15]如果空间主体过度离散，导致行动主体缺席，自我满足创造性不足，公共合作能力弱化，[16]也不属于有效自治单元。因此，行动者能力是支持村民自治的重要力量，有必要将村民自治实现和自治主体能力进行综合考察。研究发现，有效自治单元与行动能力弱化相关联，体现在自治单元组织程度高低和集中资源的多寡。根据组织程度和集中资源数量不同，可以把自治分为强势行动单元、中势行动单元和弱势行动单元。①不论是强势单元、中势单元还是弱势单元，都有自我管理权利。但是，由于强势单元中群体占有的资源比较多，组织程度较高，自治主体性更强，自治更为有效。

（二）身份约束与自治单元有效性

从行动者的能动性、自主性和创造性入手有助于我们更好地在微观场域内理解单元结构在功能性上的联结，选择自治单元考察村民自治实践，需要关注到该自治成员身份认同程度。一是身份认同感高，便于激活自治主体自主性。人正是在与他人的社会交往中形成其作为具有排他性与专断性的独特主体。而且基于生存理性，任何生物在其生存竞争中都会划定自我的势力范围，从而将整个自然界进行分割，使之碎片化。[17]正如阿·德芒戎指出，村庄内部靠近、接触，使思想感情一致；散居意味着一切都象征着分离。如果跨域，行为体之间难以建立联系和信任，本能划清自我与他我，超出自我认同范围，再由于个体功利化和个体化加剧，行为体能够有所作为的领域太少，造成合作程度不高，因为地域范围大所产生的公平和效率损失，长期内可能会消减行为体管理的主体性。[18]反之，由于身份具有血缘、地缘、文化、情感的边界和排他性，有限范围某一群体同一身份，便于产生认同与联系，易于合作，充分发挥自主性。正如罗伯特·达尔强调的，同种地域的行为体，通过建立配偶、邻居和同伴等各种联系，将“我们”和“他们”截然分开，便于公共行动，有助于实现自治。[19]

二是身份认同感高，便于激活自治主体能动性。任何个体行为都离不开一定空间。人通过追求他自己的、自觉期望的目的而创造人类自己的历史，[20]能够按照自己的思想意识来理解、判断和参与他所遇到的一切公共事务。如果身份认同高，意味着群体会形成一种共同价值，在此基础上形成一种对群体的认同状态，[21]在地域有限情况下，承认异于自我的其他人所具有的主体身份，并愿意与其平等对话和交往。柏拉图认为，适当的群体规模便于让所有的公民都相互认识和彼此了解。[22]在地域分散情况下，相互交往和交流较少，彼此疏远，进行公共决策困难。卢梭指出，一个自治单元拥有的人口越多，公民参与公共决策的机会越少。平等、参与、对政府的有效控制、政治理性、友善和公民同质性都会随着国家人数数量增加和地域面积的增加而大打折扣。[23]可见自治亦即社会成员集体参与决定一切有关自身的政策。[24]事实上，规模在150人以下的单元，并非需要建立正式的权威机构来维持秩序，公民通过自主协商实现自治。[25]

三是身份认同感高，便于激活自治主体创造性。创造是属于主体本性的行为，是在空间中自觉的、有意识的活动，不仅需要身体在场，也需要精神在场。[26]研究发现，地域中的个体存在与地域的人数、范围大小密切相关。[27]地域范围小，自我认同强，集体凝聚力较强，自治过程中意见表达通常和直接，促使每个人都追求自己的价值，每个主体都愿意自由地发展和发挥自己的才能，通过创造性参与影响决策动机强烈，既有心动又有行动。而且自觉尊崇，意味着内心认同。只有发自内心的认同，自治才能内化为精神追求、外化为行为习惯。反之，地域范围大，行为主体不在场，尤其在公共决策中，行为主体沦为沉默的大多数，促成表演性自治。正如涂尔干强调的，地域空间扩大难以形成“有机团结”，阻碍集体行动和自治活动实现。[28]因此，在有限范围，每个人直接受益会便于激发其自治动力，有充分自主表达权，强化自治意愿，认为自治是自己分内的事情。否则，对于超出身份边界，作为忽视个体权利的他我，往往被代表和被选择，造成集体的失语，就会自觉不自觉地成为“置身事外”的乌合之众，难以有所作为。正如亚里士多德提出的，一个城邦最适当的人口限度：应该是足以达成自给生活所需要而又是观察所能遍及的最大数额。[29]

因此，有效自治关键是建构有效自治单元，发挥自治主体的自主性、能动性和创造性，研究发现，自治单元是否有效与主体行动能力和身份认同相关联。②在有限地域范围内，行动能力越强，身份认同越强，行为体作用越强，产生自治单元越有效；反之，随着地域范围扩大，行动能力越弱，身份认同越低，难以发挥行为体作用，难以产生有限自治单元。③根据不同单元差异，这里划分为低效自治单元、中效自治单元和高效自治单元。低效自治单元是指行为体身份认同低，行动能力弱的自治单元；中效自治单元是指行为体身份认同较高，行为能力有限的自治单元；而高效自治单元是指行为主体身份认同较高，行为能力强的自治单元。

三、双重约束视域下村民自治单元的历史形态

村民自治问题并不是凭空产生的，都必须处在一定的时空中发生、发展与变化，研究有效自治单元应将其置身于特定的历史进程中探究。正如马克思所说：“人民自己创造自己的历史，但是他们并不是随心所欲地创造，并不是在他们自己所选定的条件下创造，而是在直接碰到的、既定的、从过去继承下来的条件下创造。”[30]因此，要破解有效自治单元问题，有必要梳理村民自治的历史脉络，反思其现实与传统。

（一）传统农业时期：村落单元自治

在生产力水平低下的古代社会里，人对自然资源的支配能力是有限的，这时人类的生产和生活方式必须是群体的方式，这样才能聚集更大的力量去占有生存资源。可见村落就是为了要维持自给生活而具有足够人数的社会群体。人类是以血缘关系为纽带的氏族、部落集合在一起的共同体，个体的生存必须依靠群体，构成多户组成宗族社会。同时，土地私有相关联的村落村民或者宗族成员身份自治，组织程度高，构成一个封闭和固化的共同体，事实上由个体独立的自由人到自由人联合。可见，村落作为人们交往活动的产物，往往“以群体的联合力量”解决个人能力不足问题，并在互利的交互合作中，增强村民的主体意识，而且由于村落主体直接受益，便于集中资源进行自我服务和自我管理。

另外，传统时期，村落是一个生于斯、长于斯的熟人社会，以血缘为纽带，地域上同族聚居，对外来人事物产生排他性；同时，以血缘关系为前提的亲戚、地缘关系为基础的邻居、情缘关系为纽带的朋友，共同对外、相互帮助，使得村民自发对村庄产生认同感。而且，因其规模小、交流成本低、成员之间相互熟悉，遇到公共事务时，自治组织程度高，便于促成公共行动。因此，村落是一个同质化了的互识的自治整体。村民生于斯、长于斯和老于斯，对村落最有感情，主动参与公共事务管理，自觉进行理性分析和提出创造性建议，实现公共决策，充分发挥主体作用。

（二）集体人民公社时期：社队单元自治

自古以来，中国社会就是大国小农社会，激发农民主体性也就变成解决农民问题的关键。新中国成立以后，毛泽东要求变革农村生产关系以适应农村生产力，通过集体化方式调动农民向社会主义过渡的积极性。[31]可见组织化是激发农民主体性的有效方法，提高村民的组织化程度为复苏经济和巩固政权建立提供了主体性力量。例如1952年开展互助组，以地域相近原则，10—20户村民自愿组建互助组，仍然局限于村落范围，便于熟人社会的互帮互助，自我生产和自我管理效果明显。1953年推进初级合作社建设。1955年开始将初级社合并为高级社，较大规模的自然村或是几个小自然村合并而来。1958年，按照“以一乡为一社，两千户左右为原则”，实行高度集中的政治经济管理体制。这时人民公社是基本的生产经营单位、核算单位、分配单位、政权单位和社会单元。不过，虽然建立人民公社，并没有激发农民主体性。但是，这并不是源于组织化本身，而是来自特定历史条件下的政策约束。

人民公社时期，政社合一体制，形成身份稳固的行政共同体。旨在解决个体力量弱小的问题，国家在微观方面规定了村庄建设的选择、资源配置方式，固化的体制性身份以及体制赋予的分配资源的权力，影响着村民组织能力和村民自主权等，村民长期处于被动地位，其能动性受到极大抑制。同时，在政府主导下的基层建设中，政府几乎自上而下地包办了一切，村民只是简单地“被改造”，交往空间被阻隔，行动领域被合并，集体自主权很低，引发村民的抵制与不满。[32] 而且依托于公社大张旗鼓的宣传、号召与动员，但不顾村民内心真实的想法，决策不尊重村民的意愿，村民的知情权、参与权、表达权、监督权被忽视，政府的行政指令代替了村民的民主协商，久而久之农民集体失语，其主体性身份被淹没。为此，1960 年，中共中央发出《关于农村人民公社当前政策问题的紧急指示信》，要求划小自治基本单元，实施“人民公社—生产大队—生产小队”的自治架构。

（三）改革开放时期：行政村单元自治

改革开放以后，为了让村民找回主体性，亟须基层进行自主管理，国家推行村民自治，在基层建构行政村开展自治。后来，为了节省基层治理成本，国家开始实施“合村并组”，要求将地域相近的行政村或者村民小组分别合并。该举措促使合并后几个村的干部要面对分散在数十平方公里的数十个村民小组的数百家农户。但是，自治单元扩大以后，以血缘、地缘、情缘为基础的熟人社会出现缝隙，面对面不得不互相提供和利用资源的情况不复存在。而且集体产权的虚置和空壳造成难以提供超出家户以外资源，各村无力筹办公共事务，导致村之无治的困局。加之，国家对乡村采取税费政策由“提取转向补贴”，行政村也不再具备像以前那样强大的号召力和凝聚力，村两委承接国家资源的功能不断减弱。由此，在行政村这一自治单元开展自治，由于地域范围大，增加村两委与村民的交流成本和管理成本，并扩大了村两委承接国家资源的难度。在国家资源注入农村的情况下，很多进村干部很难取得工作实效问题很大程度上在于他们非村庄土生土长的成员，缺乏乡民共情性，导致治理工作难以开展。

另外，在非传统熟人社会的行政村，由于规模的扩大和血缘地缘淡化导致村庄疏离化加剧，村民之间联系减弱，人际关系冷漠，如果缺乏应有的自主性和自觉性，民众意见得不到重视，需求也难以得到满足与回应，村民集体缺位，就会对村庄公共事务表现出无所谓、冷漠的态度，导致他们主体性权利虚化，而且对于自身角色及主体性认知不够，在该场域下村民主体性显现为“赋权不足与身份缺损”的格局。同时，地域范围扩大，村民协商渠道延长，造成村民在场旁观，难以积极地参与协商，直接导致较少村民参与公共事务的可能性与积极性，因此农民自治参与的能力不强，村民在决策上也就没有多少发言权，村民主体地位和权益难以得到有效的保障。因此，在乡村社会转型及村民功利化、个体化趋势的影响下，作为主体的村民不在场，也使得农村公共设施、公共事业建设陷入无人参与的窘境，导致乡村社会“无公德个人”的产生。

（四）探索新时期：多元单元自治

国家是由不同区域单元构成的，不同区域单元农村存在显著差异，导致村民自治有效实现程度不同。2018 年中央一号文件反复强调：探索开展以村民小组或自然村为自治单元。各地围绕这一命题，积极探索村民自治有效实现形式，现就近几年农村深度调查结合个案进行阐释。

第一，以村落单元开展自治。地处三峡库首的湖北秭归是集老、少、边、穷、库、坝区于一身的山区农业大县，山高人稀、村落分散、组织薄弱，自治难题多。为了破解自治难题，在本县范围推行“幸福村落”创建活动，在保留村民委员会自治框架的前提下，按照“地域相近、产业趋同、利益相通、群众自愿、规模适度”等原则，将全县 186 个建制村 1 511 个村民小组，重新划分为 2 055 个村落。每个村落规模在 30—50 户、1—2 平方公里范围。该村落规模适度，方便组织，行动能力强，又地域范围近，便于产生联系，认同感高，此单元开展自治，自治成效显著。另外，广西河池遍布喀斯特地貌，群众随山分散居住，在行政村这一级，较大的地域面积间隔使村民交往不便，增加了村民自治参与难度。该地划小村民自治单位，缩小村民自治范围，在现有的行政村架构下，将自治重心下移至自然屯，成立屯级理事会开展自治，提升了村民参与村庄事务决策的自主性与能动性。

第二，以村民小组单元开展自治。地处粤中部的清远市，一个村委会下辖十多个村，村民被动参与决策，体现不出村民自治的含义。该地通过下移村民自治重心，探索以村民小组单元开展自治。将现有的“镇—村（建制村）—村民小组”改造为“镇—片区—村（原村民小组）”，下沉后的村委会不负责行政化事务，回归自治轨道，在原建制村（改革后称片区）建立村级社会综合服务站，主要负责治安、环境、卫生、生育和管理等问题。因此，实施自治下沉村民小组之后，实现了村事共商，遇到大小事，每户代表主动为村建言献策，实现直接民主，充分相信群众、尊重群众，发挥群众主体作用和主观能动性，使群众对本村发展和治理有了更大的自主权和参与积极性，自治能力得到了显著提升。

第三，以院落单元开展自治。四川都江堰市城乡社区自治面临着不少矛盾：村庄规模大，民主议事难；服务半径大，公共服务难；利益联络少，居民参与难。为了破解散居农村带来的自治空转难题，自然院子太小，无法集约财力、实现规模效益。在自然散居院子的基础上，按照 50—100 户的规模，依循群众自愿、地域相近、规模适度的原则，将院子整合成院落。全市 3 020 个自然院子整合为 1 032 个院落。同时，为了实现集居区的自治，都江堰探索出楼栋—小区—社区三级自治体系。以楼栋为基础，推选楼栋长和单元长。可见探索社区以楼栋为单元自治模式，让每一位居民成为社区自治的主体，增强了居民的归属感和认同感，形成了“社区是我家，自治靠大家”的氛围，而且强化了居民自治组织建设，提高了社区自我管理和服务能力。

综上所述，诺曼・龙主张采用从微观切口的研究范式，要求从行动单元分析研究和解释宏观的社会结构与其变迁。在传统农业时期，村民作为村庄成员的身份资源，强化自我认同感。同时，在村落范围，在场的村民是实践者和建设者，集中资源多，强化行动能力。但是，当时生产力水平低和技术发展落后等因素，极大地制约了自治效果。集体社队时期，国家权力延伸到基层，村民卷入人民公社这一国家机器当中，国家对基层各种资源汲取，以支持国家工业化和城市发展。同时，国家通过权力支配村民进行生产、生活和政治动员，对行政权力的依赖，导致村民自治意识的消亡，事实上也致使村民主体意识与其责任担当式微，自治主体无从谈起。改革开放时期，农民之间也并非铁板一块，由于在行政村进行自治，超出村落范围对象成为排斥“目标群体”，导致村民自治认同弱，难以获得平等参与村庄事务的权利。同时，村庄空心化和空壳化带来村民组织程度低，缺乏可动用的公共资源和集体力量，加上行政村的行政化趋向，导致凭借权力进行资源分配，村民自治出现悬浮。为了克服村民“身不在村治”或“心不在村”的状态，村民在自治讨论中集体失语，此为村民主体性在实践中的缺场。以自然村落、村民小组和院落楼栋为单元开展自治，利用地域相近促使自我认同感增强，同时，适度规模便于有效组织，激活内生动力，通过高效自治参与，锻炼村民有机团结合作能力（如表 1）。

表 1 不同历史时期有效自治单元比较

类 型	行动能力	身份认同	自 治 单 元	自治单元有效	自治有效程度
传统时期	中势	中性	村落	中效自治单元	中
集体时期	弱势	消极	人民公社	低效自治单元	低
改革开放时期	弱势	消极	行政村	低效自治单元	低
探索新时期	强势	积极	自然村屯或者村民小组	有效自治单元	高

四、结论与探讨

现实中村民自治已经在中国广大农村普遍建立，但民主治理的机器却始终没能在乡村地区有效地运转起来。为此，中共中央颁布《乡村振兴战略规划（2018—2022）》强调，继续开展以社区、村民小组或自然村为基本单元的村民自治试点工作。可见，要实现有效自治，关键在于找到有效自治单元，识别和消除在实现自治目标过程中存在的消极约束因素，从而更有效实现善治目标。

（一）探索行动能力强的基本单元实施自治

有效自治关键是依靠村民自治活动中能够将其对象化、物化聚集在相应的单元中，所以要选择行动能力强的自治单元。由于行政村村民居住分散，公共行动困难，村庄的公共性逐渐丧失，凝聚力日益减弱，农民的功利化和原子化，加剧村民自主性弱化。同时，人自来具有追求自我完善和自我发展的动力。如果无法从该单元满足自我完善与发展的需求，村民在乡村建设中的创造性无法体现，乡村无法进行公共物品有效供给，村庄就难以维持，村民自治制度因无资源办事而空转。同时，村民作为村民自治主体，必须是组织化的村民，而不是分散的村民，分散的村民难以担当村民自治的主体责任。比如，相对于乡村的分散而言，自治运转需要更为集中能量流和信息流，所以，在一定的空间单位标准下，农村基础设施投资建设地域范围越大，其利用系数也相对越低，投资回收少，会降低决策的效率，难以有效组织。而对于较小范围的投资，村民投资将会取得更高的回报率和综合效益，便于有效组织和调动资源。因此，村庄是否有效运转，需要对自治单元有效性进行考量，在村民小组实现有效集体行动。比如，与集体土地产权相关联的村民小组村民的“成员身份”自治，便于发挥经济共同体开展自治的优势，推动村民自主和自为，可以很好地锻炼村民自治能力，而且在自治实践中，激发村民自主性、创造性和能动性。因此，适度规模单元促发村民自治组织或者组织程度高，便于动员集体力量和公共资源形成集体行动，自治能力较强。

（二）选择身份认同高的基本单元开展自治

人作为具有主观能动性的主体，往往通过自我支配下的现实活动展现自我。因此，是否能成为村庄的主体，村民会对自己在乡村里的角色、地位、作用、能力自发地体认与感受。在自治实践中，村民能够明确地区分“我们村”与“他们村”，在公共建设时会更积极地贡献力量，而不是缺乏责任感，搭他人便车。但是，在超越村庄范围时，村民就会出现“主体”不在场的状况，导致村庄运转困难，难以发挥抵制公共参与中投机的集群效应。而且村民由于交往的非密集性、非高频度性而导致相识却不熟悉的状态，难以相互认同。但是，村落自治是村民参与传统的、常态化的组织路径，因为村民对村落存在认同感，在村落范围自主合作频繁。由于地域范围有限，越来越多的村民参与到村庄公共活动中来并且村民公共参与的途径更加顺畅，在广大农村地区，村民不断增强自主意识，提高自治能力。而且在村落，村民独立自主地选择，而不唯命是从，积极参与村庄公共管理，努力实现自我主体地位和主体价值。正是在独立自主意识主导下，主体自觉选择自己的公共生活，选择参与国家和社会事务的管理的途径和方式，激发了村民自我管理和自我服务的积极性、主动性。在村落开展自治优势在于，其本身赋有村庄成员身份，处在血缘和地缘关系网络之中，便于村民利用主体身份，通过自治实践支配村级公共事务，按照自己的意愿谋划村庄发展，由此确立了村民的主体地位，村民的主体意识得到提升，可以克服村民在公共语境中的失落。

（三）坚持多元化的基本单元扩展自治

现实自治调查说明村民自治以新的方式、新的内容、新的载体在发展，从其发展来看，村民自治还刚刚开始，具有广阔的发展空间。调查发现，村民自治在某些地方，不仅没有被取代，而且获得了新生，各种自治创新层出不穷。一，在城镇化水平高的社区，选择楼栋开展自治。社区组织是基层群众自治组织。该单元独立自主，体现民意，居民们是行动的主体，一切行动由各社区自己掌握。而且在楼栋范围，成立以楼长、单元长为基础，以楼道长为组织保障的社区居民自治体系，存在认同度高的熟人社会，便于发挥组织的优势，扩展自治内容。二，在城镇化低和经济落后的偏远乡村，缺乏发达的集体经济。但是，在项目资金嵌入乡村过程中，对于生产和生活等公共事务，村民围绕项目申请、落地和监督等环节，进行民主协商与民主决策，通过调动村民自治意愿，可以切实保障他们自治过程中的知情权、参与权、表达权、监督权，增强村民的积极性、主动性和创造性。正如习近平总书记指出的，要坚持和完善基层群众自治制度，发展基层民主，保障人民依法直接行使民主权利，切实防止出现人民形式上有权，实际无权的现象。[33]三，在经济发达地区，村庄集体经济发达，行政村通过成立合作社进行运营，如何对丰厚的集体收益进行分配，成为自治主要内容。这时，可以基于利益相关密切的行政村开展自治，尊重和保障村民自治权利。因此，不同地域和经济条件，需要多元化自治单元开展自治，通过多元载体扩展自治内容，最大限度调动自治参与的自主性、能动性、创造性。

要自治有效需要找到有效自治基本单元，关键是发挥村民作为自治主体作用，通过行动能力和身份认同两个维度进行设想和规划。一方面，探寻行动能力强的自治单元。有效动员和组织内外部人力和物力，集中足够资源开展自治，从而增强基层群众的自治能力和自我发展能力。同时，要充分发挥村民的主体作用，调动每一位村民的主动性、积极性和创造性，提高农民群众的自我组织能力才能更好地体现农民的主体地位。另一方面，选择身份认同感的自治单元。基于熟人边界，关系纽带紧密，公共合作意愿强烈，发挥村民心理在场和行为在场功能，找回自治主体性。当然，制约村民自治因素很多，包括地理环境、经济发展、历史文化和国家政策等等，新时期发展村民自治，需要对这些因素进行深度调查与研究，开展多元有效自治，不断扩展自治内容和形式。

注　释

① A 自治单元规模过小，因难以集中足够资源开展自治，自治过程平摊成本过高，导致制约行动者 A1 自治能力较弱，属于中势行动单元；A 发展到 B 自治单元，具备规模优势，但规模不过大，便于集中资源发展公益事业，B1 行动能力强，属于强势行动单元；最后，从 B 扩大到 C 自治单元规模，由于规模太大，资源最分散，C1 行动者自治能力很弱，属于弱势行动单元。

② A 单元没有超出血缘边界，认同感高，身份约束强；当 A 扩大到 B 单元，超出血缘边界，发展到地缘边界，由于血缘和地缘关系，认同感较强，身份约束较强；最后，由 B 单元扩大至 C 单元，超出血缘和地缘关系，摆脱熟人关系束缚，认同感很弱，身份约束很弱。

③ 中性认同是指维持生命所必需的认同特性，如感受性、意向性、能动性等；消极认同是指那些为生命体所具有但并非维持生命所必需，实际上有悖于更好的生存和发展的特性，如排他性、局限性、自私性等；积极认同是指那些有利于生存和发展的特性，如创造性、自由性、超越性等。

参考文献

［1］李华胤．走向治理有效：农村基层建制单元的重组逻辑及取向——基于当前农村“重组浪潮”的比较分析［J］．东南学术，2019（4）：89—91.

［2］肖盼晴．日本的村落共同体与入会权之兴衰［J］．日本法研究，2015（1）：33—35.

［3］侣传振．国家治理下的农村自治基本单元属性［J］．华南农业大学学报（社

会科学版)，2018(5)：33—35.

[4] 邓大才.均衡行政与自治：农村基本建制单位选择逻辑[J].中共中央党校(国家行政学院)学报，2019(1)：35—37.

[5] 唐鸣，陈荣卓.论探索不同情况下村民自治的有效实现形式[J].当代世界社会主义问题，2014(2)：35—37.

[6] 项继权，王明为.村民小组自治的实践及其限度——对广东清远村民自治下沉的调查与思考[J].江汉论坛，2019(3)：41—44.

[7] 赵永琪，陶伟.权力空间的研究进展理论视角与研究主题[J]，世界地理研究，2017(4)：1—5.

[8] 陈明.村民自洽“单元下沉”抑或“单元上移”[J].探索与争鸣，2014(12)：107—110.

[9] 贺海波：村民自治的社会动力机制与自治单元——以湖北秭归双层村民自治为例[J].华中农业大学学报(社会科学版)，2018(6)：105—107.

[10] 陈晓莉，吴海燕.增权赋能：乡村振兴战略中的农民主体性重塑[J].西安财经学院学报，2019(6)：79—82.

[11] 李松有.乡村振兴背景下村民自治分化的发展困境与突破——基于权力—资源关系的分析视角[J].求实，2019(1)：96—108.

[12] 李松有.资源集中：探索村民自治基本单元的功能基础[J].山东社会科学，2016(7)：48—50.

[13] Fearon, J D and Laitin, D D. Explaining Interethnic Cooperation [J]. American Political Science Review, 1996, 90(4): 715-735.

[14] 徐贵权.当代中国人生存方式嬗变的主体性向度[J].毛泽东邓小平理论研究，2010(9)：19—23.

[15] 侣传振，李华胤.集体行动：探索村民自治基本单元的主体因素[J].内蒙古社会科学(汉文版)，2016(6)：8—10.

[16] 贺雪峰.乡村秩序与县乡村体制——兼论农民的合作能力问题[J].江苏行政学院学报，2003(4)：94—100.

[17] 刘祖云，曲福田.由“碎片化”走向“组织化”——中国新农村建设的战略

构想［J］. 社会科学，2007（6）：54—63.

［18］温锐，陈胜祥. 政府主导与农民主体的互动——以江西新农村建设调查分析为例［J］. 中国农村经济，2007（1）：4—7.

［19］罗伯特·达尔. 论民主［M］. 李伯光，林猛，译. 北京：商务印书馆，1999：158.

［20］马克思恩格斯全集：第21卷［M］. 北京：人民出版社，1995：342.

［21］刘摇碧，王国敏. 新时代乡村振兴中的农民主体性研究［J］. 探索，2019（5）：116—119.

［22］柏拉图. 法律篇［M］. 上海：上海人民出版社，2001：148.

［23］罗伯特·达尔. 规模与民主［M］. 唐皇凤，译. 上海：上海人民出版社，2013：6.

［24］卡尔·科恩. 论民主［M］. 聂崇信，朱秀贤，译. 北京：商务印书馆，1988：10.

［25］Robin I. M. Dunbar, Richard Sosis. Optimising human community sizes［J］. Evolution and Human Behavior, 2018, 39(1): 106-111.

［26］杨华. “无主体熟人社会”与乡村巨变［J］. 读书，2015（4）：31—40.

［27］沃尔特·克里斯塔勒. 德国南部中心地原理［M］. 常正文，王兴中，等，译. 北京：商务印书馆，1998：5.

［28］埃米尔·涂尔干. 社会分工论［M］. 渠东，译. 北京：生活·读书·新知三联书店，2000：183.

［29］亚里士多德. 政治学［M］. 北京：商务印书馆，1965：361.

［30］马克思恩格斯选集：第1卷［M］. 北京：人民出版社，1995：585.

［31］毛泽东选集：第3卷［M］. 北京：人民出版社，1991：931.

［32］中国社会科学院. 中国社会科学院《农村绿皮书（2018—2019）》发布会［EB/OL］. 中国网（2019-04-28）［2019-04-30］.http://www.china.com.cn/zhibo/content74707877.htm.

［33］习近平. 习近平谈治国理政：第2卷［M］. 北京：外文出版社，2017：290.

国家治理现代化的路径与机制

阶层认同、职业类型对二孩生育意愿的影响研究——基于CGSS2015数据的实证分析

张心怡*

摘　要： 本文利用CGSS2015的数据研究了社会阶层和二孩生育意愿的关系。统计结果显示，主观阶层认同越高的人，二孩生育意愿更强。职业阶层结构中，相比工农阶层，一般非体力阶层、专业技术阶层和管理者阶层二孩生育意愿更高；其中专业技术阶层二孩生育意愿最高。此外，受教育程度和个人收入水平对二孩生育意愿均产生负向影响；城市居民相比农村居民二孩生育意愿更低；年龄与二孩生育意愿呈正相关关系。由此可见，鼓励居民生育二孩，要以推动生产力和经济发展、促进社会阶层有序流动、提高居民的自我阶层认同感、完善全面二孩配套政策等为抓手，以消除人们想生不敢生的顾虑。

关键词： 社会阶层；二孩生育意愿；理想子女数量

一、问题的提出

近年来，社会转型中育龄女性生育意愿的影响因素，以及中国低水平生育率下

* 张心怡，中共上海市委党校研究生。

的人口政策，一直是学术研究的热点和媒体关注的焦点。在经历了鼓励生育、提倡计划生育、执行计划生育、双独二孩、单独二孩的政策变化后，为缓解人口老龄化趋势，促进人口长期均衡发展和社会经济发展，党的十八届五中全会作出“全面实施一对夫妇可生育两个孩子政策”的决策部署。2015 年 12 月 27 日，第十二届全国人大常委会第十八次会议表决通过《关于修改〈中华人民共和国人口与计划生育法〉的决定》，决定自 2016 年 1 月 1 日起在全国统一实施全面两孩政策。2015 年 12 月 31 日，中共中央、国务院发布《关于实施全面两孩政策　改革完善计划生育服务管理的决定》，对实施全面两孩政策、改革完善计划生育服务管理作出全面部署。各地条例为确保全面二孩政策依法有序平稳实施，也都进行了差异化的修改完善。然而在长达 30 多年的计划生育政策影响下，居民传统的生育观念和养老观念都有所转变，由原先的“多子多福”“养儿防老”转变为较为现代的“优生优育”等观念。由此，居民平均理想子女数减少，生育意愿往往不高。“全面二孩”实施以来，人口出生率并没有出现预期的上升，反而在 2019 年底，迎来了有史以来的最低值。除了生育意愿，社会经济发展也决定了生育的成本和收益，影响了生育行为。当今中国，生育行为是考虑自身经济状况后作出的理性行为。[1] 在此背景下，研究社会经济地位与生育意愿的关系，换言之，研究二孩生育意愿的阶层差异是十分必要的。

二、文献综述与假设

（一）生育意愿的概念界定

生育意愿是指对于生育的态度和看法。生育意愿分为三个维度，包括理想生育数量、理想生育时间、生育性别偏好。[2] 理想子女数量是指在不考虑其他因素的前提下，育龄父母对子女数量的期待。生育意愿不等同实际生育行为，但研究生育意愿影响因素对于新的政策制定和学界具有重要价值。学界一直以生育数量的意愿为研究重点，因此本文中的生育意愿主要表现为生育数量的意愿，以理想子女数为指标体现。

（二）社会阶层

社会阶层的划分分为两种学理系统：马克思主义的阶级理论与以韦伯为代表西方社会学的多元分层理论。马克思将社会分化为有产阶级和无产阶级。财富与权力的不平等，为某些人提供了相对于另一些人大得多的优势和特权，因此社会阶级之间的冲突难以避免。韦伯认为经济不平等当然是重要的，但经济不平等决定的只是人们的阶级位置，社会阶级是一个从高到低的连续体。他还引入了地位或社会声望概念，作为社会分层的第二个维度；引入了权力概念，作为社会分层的第三个维度。后来一些社会学家依据韦伯的思想，提出了社会经济地位的概念，是基于各种维度的社会不平等的一种综合排序。

目前学界对于社会经济地位区分为客观社会经济地位和主观社会经济地位两部分：客观社会经济地位一般包含教育、职业和收入三个维度；主观社会经济地位包括处于一定社会阶层的人对自身所处阶层的认同和主观意识。由于国情的不同，户籍制度和单位体制在中国成为影响社会阶层等级地位的独特因素。[3]

（三）社会阶层对生育意愿的影响

东亚国家普遍重视教育，认为教育是实现社会阶层流动的关键，孩子进入名校能够获得更高的社会声望和经济回报，会促使父母加大对教育的投资，一定程度上加大了父母的教育投资负担，抑制了生育率增长。[4]学者方长春面对生育政策的调整，结合相关研究，预测未来一段时间内生育率会表现出“U”形或“J”形的特征，即社会阶层结构两端会出现相对较高的生育率，下层最高，高层次之，社会中间阶层生育率最低。中间阶层由于受到养育多孩成本的约束，更可能追求子女质量而非数量，少子化有利于中产阶级集中家庭各项资源对子女投资人力资本，进而有利于子代维持阶层不变或实现向上阶层流动，而社会下层则受到挤压，被限制向上流动；但中产阶级的生育率最低会造成人口规模被挤压，最终表现出“M”形的社会结构。[5]社会阶层的向上流动有利于增加流动人口的生育意愿。流动人口在城市流动期间生活成本的上升会影响其推迟生育时间，暂时降低生育意愿。[6]一些研究显示社会经济地位、主观社会经济地位流动感知与二孩生育意愿呈正相关，认为自己过去十年实现阶层向上流动者和预期自己未来十年会实现阶层向上流动者，向上流动程度越高，其两胎生育意愿越高。[7]而历史上，富人可能会通过抚育多孩来彰显自己的地位。[8]

1. 收入水平、受教育程度与生育意愿

一些研究显示收入和受教育程度是影响生育意愿的主要因素。相比生育二胎这一抉择，文化程度越高的群体更倾向于不生或只生一个孩子。[9][10]年收入水平和受教育程度越高的女性生育意愿越低，原因在于她们一旦选择生育孩子，付出的时间成本和事业代价会比收入低受教育程度低的女性偏高。[11]此外，她们和传统女性相比，更看重自己的职业发展和工作机会，不愿受困于家庭中，生育观念也从传宗接代向看重优生优育转变。

关于多孩生育意愿也有其他的不同的结论，职业劳动收入对二胎生育意愿有正向影响，职业劳动收入每提高一个等级，二孩生育意愿提高的概率为 9.47%。[12]在以上海为代表的中国大都市地区，高收入、大专学历以上、体制外群体有更高的多孩生育意愿。[13]上海期望拥有更多孩子的较高收入群体，其收入远远高于社会平均水平。原因在于这一部分群体拥有更好的社会资源、更高的社会经济地位来负担多孩的高质量养育经济成本；上层阶层也有经济实力聘请帮手来代替母亲承担“母职惩罚”，使女性免于落入因生育子女职业发展受阻的困境。向栩以幸福感为切入点，探讨幸福感对生育数量意愿的影响，研究发现收入水平和受教育程度对于通过生育子女提高父母幸福感呈负相关，原因在于低收入受教育水平较低的群体希望通过生育孩子获得更多的家庭劳动力，进一步改善生活状况，而高收入、受教育水平较高的群体具有现代的性别角色观念，希望为子女提供更好的教育，更关注孩子质量而非数量。[14]

2. 职业分层与生育意愿

已有研究从代际和代内职业流动的视角探寻是否作用以及如何影响生育意愿。数据显示职业流动对生育意愿有显著性影响，发生向上代际和代内职业流动的均比未发生代际和代内职业流动的理想子女数要低。[15]

社会经济因素是目前影响国内外人口生育意愿的关键因素。国内外一些研究对职业类型进行划分，探寻职业类型是否对生育意愿有影响，如果有又有何影响。在漳州市随机抽样体制内和体制外人员作为等额调查对象，调查分析二胎的生育意愿，结果发现体制内和体制外人员对于子女性别偏好无显著性差异，两者人群的理想子女个数均少于两个。[16] 在县级市，以樟树市为例，职业类型无论是企事业单位还是个体工商户，理想子女数量大多都是两个。处于工薪阶层的体制内人员认为生育两个孩子最为理想，生育三个孩子会承担过大的经济压力。[17]

关于日韩两国女性职业发展与照料子女高度冲突的研究显示，不论妻子是兼职或者全职工作，丈夫家务分担比重与陪伴子女时间与家庭有二孩呈正相关。由于日本和韩国的文化影响，日韩女性基本上都是女性选择退出职场或者选择兼职工作来适应夫妇的生育意愿。[18] 职业类别的差异对生育意愿有不同程度的影响。从事高危行业的人员的生育意愿要低于其他行业人员，具有稳定职业的体制内人员生育意愿总体相对较高。[19] 根据 2017 年全国生育状况抽样调查北方七省市的数据，在未生育孩子的情况下，个人年收入对生育意愿、生育行为有显著性影响。在已生育一个孩子的情况下，个人年收入、家庭总收入、就业单位性质与是否生育多孩存在显著性关联；收入越高的群体越倾向于少生孩子，有固定就业单位或从事个体工商户的育龄女性更倾向于生一个孩子，而没有工作单位的育龄女性更倾向于生育多孩。[20] 尽管从有限样本很难推断女性选择体制内的工作是因为更方便照顾家庭，但在每个国家的样本中，体制内工作的一些女性的确承认在公共部门工作的工作时间比其他私人部门更短，体制内的工作方便自己兼顾工作和家庭。

3. 主观阶层认同与生育意愿

主观阶层认同是个人对自己在社会阶层所占据位置的感知，这种感知会影响生育意愿。主观阶层认同能反映客观社会经济地位，但许多研究显示，两者存在差异，主观阶层认同会低于客观社会地位。尽管社会经济不断发展，人民收入不断提高，但随着不断扩大的贫富差距，社会阶层之间的差距也在不断扩大，这在一定程度上导致了社会中层主观阶层地位发生下移。[21][22] 关于分析社会流动与生育意愿的理论学说，法国人口学家杜蒙特（Ar-sene Dumont）的社会毛细管人口论指出，人们生育意愿的降低源于对向上社会流动的需求，即人们为了提升个体或家庭的社会阶层地位，实现向上的阶层流动、获得更好的职业发展而选择延迟生育以及控制生育数量，因为养育子女会加大向上流动的成本。在杜蒙特看来，个体的发展、自我价值的实现与生育意愿负相关。

哈佛大学教授莱宾斯坦（Harveg Leibenstein）在 1957 年提出的孩子成本—效

用理论，是开创性地用经济学来研究家庭生育决策的一种理论。孩子的成本是指从母亲怀孕起，到把孩子抚养成为生活自立为止的抚养费用、教育费用、医疗费用和其他支出以及父母为抚育子女付出的机会成本和时间成本。孩子的消费效用指把孩子当作“消费品”还是“耐用消费品”，劳动—经济效用是指孩子未来作为劳动力为家庭带来的经济效益，保险效用是指父母年老时孩子为他们提供生活来源，也就是说孩子的不同效用代表了父母的生育观念。他认为，对于极富有家庭而言，维持地位和抚养孩子的成本占收入比重小，因此他们会比中等阶层有更多的孩子。对于贫困家庭来说，当收入能够维持温饱后，家庭想要孩子的可能性增加；当收入进一步提高，对耐用消费品需求增加后，可能会使家庭理想子女数下降。这些理论为当前个人社会阶层的感知和生育意愿之间的关系，提供了解释。

（四）述评

综上所述，大量学者从多学科视角研究影响个体生育意愿的内在动力和外在因素取得了丰硕的研究成果，然而学界对于目前工作单位性质对生育意愿的影响存在争议，一些学者认为体制内群体受到政策限制更严苛，其多孩生育意愿低于体制外群体；也有一些学者认为体制内外群体福利待遇存在很大差异，体制内群体工作更稳定，收入和福利更有保障，其多孩生育意愿高于体制外群体。本文认为由于主客观社会经济地位的不同，都会对生育意愿存在差异。本文将职业阶层、收入、受教育程度、主观阶层认同作为社会经济地位的多重维度进一步研究对生育二孩或多孩意愿的作用、影响的程度如何？通过变量与模型的构建来尝试挖掘和验证社会不同阶层对于二孩生育意愿的解释效力，这就是此项研究想解决的问题。

（五）假设

基于以上文献，本文提出以下研究假设。

假设 1：二孩生育意愿因社会阶层地位而存在差异。

1.1 收入越高，二孩生育意愿越低。

1.2 收入越高，二孩生育意愿越高。

1.3 受教育程度越高，二孩生育意愿越低。

1.4 受教育程度越高，二孩生育意愿越高。

假设 2：二孩生育意愿因职业阶层而存在差异。

2.1　职业阶层中，工农阶层二孩生育意愿最高。

2.2　职业阶层中，相比工农阶层，专业技术阶层和管理者阶层二孩生育意愿更高。

假设 3：主观阶层认同认为自己所处社会阶层越高的群体，其生育意愿越高。

三、数据、变量与方法

（一）数据来源

本研究使用中国综合社会调查（Chinese General Social Survey，简称 CGSS）2015 年数据进行实证分析，该项目是由中国人民大学中国调查与数据中心执行，具有全国代表性的大型调查项目。2015 年 CGSS 项目调查覆盖全国 28 个省区市的 478 个村居，有效问卷 10 968 个，经过筛选，在剔除关键变量缺失和无效回答以后，共得到有效样本 9 732 个。

（二）因变量

本研究的因变量为理想子女数量，理想子女数量数值来源于原问卷题 a371 “如果没有政策限制的话，您希望有几个孩子？” 本研究将该变量划分为 “一个孩子” 和 “两个孩子及以上”，分别赋值为 0 和 1。

（三）自变量

本文的自变量分为主客观经济地位。（1）主观阶层认同。本文采用问卷 a431 “您认为自己目前处于哪个等级上？”，选项包括 1（最底层）到 10（最高层），一共十个选项，赋值从 1 到 10。（2）职业阶层。采用问卷 a58 目前工作状况和 a59 其中一题被访者目前从事非农工作情况将数据整合成新变量职业阶层，作为定类变量。本研究参照朱斌（2018）对于职业阶层的划分将职业阶层分为四类，[23] 即工农阶层（赋值为 1），包括产业工人、务农人员和无业人员；一般非体力阶层（赋值为 2），包括办事人员与有关人员、服务人员等；专业技术阶层（赋值为 3），包括专业人员和技术人员；管理者阶层（赋值为 4），包括企事业管理人员、机关干部和私营企业主。（3）收入。本研究将 2014 年个人全年总收入作为收入水平的参考，由于收入纳入回归模型中的偏态问题，因此个人年收入取自然对数作为连续变量。[①]（4）受教育程度。根据被访者的最高教育年限，对原始数据进行处理，重新赋值，未受过教育赋值为 0；私塾、扫盲班赋值为 3；小学赋值为 6；初中赋值为 9；普通高中赋值为 12；职业高中、中专、技校赋值为 13；大学专科赋值为 15；大学本科赋值为 16；研究生及以上赋值为 19；本研究将教育程度作为连续变量。

（四）控制变量

本研究将性别、年龄、户口、政治面貌等个人特征作为控制变量纳入模型。其中，年龄为连续变量，其他控制变量为定类变量。在年龄方面，考虑到其可能对结果产生非线性作用，将“年龄平方 /100”这一变量作为控制变量加以考察。在性别变量中，女性赋值为 0，男性赋值为 1；在户口变量中，农业户口赋值为 0，城市户口赋值为 1；在政治面貌变量中，非党员赋值为 0，党员赋值为 1。表 1 为所有变量的描述性统计。

表 1　变量的描述性统计

变　　量	样本量	平均值	标准差	性质	说　　　明
因变量					
理想子女数	9 732	0.84	0.37	定类	一个 =0，两个及以上 =1
自变量					
主观阶层认同	9 732	4.32	1.63	连续	最小值 =1，最大值 =10
职业阶层	9 732	1.35	0.73	定类	工农 =1，非体力 =2，技术 =3，管理 =4
个人全年总收入	9 732	28 425.49	59 673.68	连续	最小值 =1，最大值 =1 000 000
个人总收入对数	9 732	8.21	3.74	连续	最小值 =0，最大值 =13.82
受教育程度	9 732	8.66	4.73	连续	最小值 =0，最大值 =19
控制变量					
性别	9 732	0.53	0.499	定类	女性 =0，男性 =1
年龄平方 /100	9 732	28.53	17.23	连续	最小值 =3.24，最大值 =90.25
户口	9 732	0.43	0.495	定类	农村 =0，城市 =1
政治面貌	9 732	0.11	0.31	定类	非党员 =0，党员 =1

（五）模型

本研究使用二元逻辑回归模型，因变量为理想子女数，该方法将主观阶层认同和客观社会经济地位作为两个核心自变量纳入模型，首先建立基准模型，不断加入控制变量后，最终建立完全模型。

四、结果分析

为了能够更加清楚地解释各自变量对生育意愿的影响，本文构建了五个模型，模型 1 先加入控制变量，模型 2 加入主观阶层认同，模型 3 加入职业阶层，模型 4 加入个人年收入的自然对数，模型 5 加入受教育年限，为全模型。通过这 5 个模型分析结果的比较可以更加直观准确地看出主客观经济地位对理想子女数的影响。表 2 为各模型的统计结果分析。

表 2　主客观社会经济地位与理想子女数的 logistic 回归分析结果

	模型 1	**模型 2**	**模型 3**	**模型 4**	**模型 5**
性别	0.066 6 （0.056 8）	0.051 0 （0.056 9）	0.051 5 （0.057 1）	0.023 0 （0.058 4）	−0.011 5 （0.058 9）
户口	−0.810*** （0.057 8）	−0.849*** （0.058 5）	−0.884*** （0.060 7）	−0.874*** （0.060 9）	−0.747*** （0.066 9）
年龄平方 /100	0.026 9*** （0.001 84）	0.027 3*** （0.001 85）	0.029 0*** （0.002 02）	0.029 7*** （0.002 06）	0.025 0*** （0.002 28）
政治面貌	0.022 7 （0.091 8）	−0.024 7 （0.092 4）	−0.063 2 （0.094 4）	−0.055 3 （0.094 4）	0.039 1 （0.096 5）
主观阶层认同		0.086 0*** （0.017 6）	0.081 6*** （0.017 7）	0.083 9*** （0.017 8）	0.092 7*** （0.017 9）
职业阶层					
一般非体力阶层			0.096 2 （0.084 5）	0.147* （0.087 4）	0.188** （0.088 0）
专业技术阶层			0.215** （0.103）	0.269** （0.106）	0.389*** （0.109）
管理者阶层			0.165 （0.173）	0.219 （0.175）	0.299* （0.175）
收入自然对数				−0.019 2** （0.008 48）	−0.017 8** （0.008 48）

（续表）

	模型 1	模型 2	模型 3	模型 4	模型 5
受教育年限					−0.040 7*** （0.008 88）
常数项	1.290*** （0.065 9）	0.945*** （0.096 0）	0.904*** （0.098 3）	1.033*** （0.114）	1.416*** （0.141）
N	9,732	9,732	9,732	9,732	9,732

注：*** $p < 0.01$；** $p < 0.05$；* $p < 0.1$

模型 1 主要考察性别、年龄、户口、政治面貌等人口学特征因素对生育意愿的影响。其中户口和年龄在 $p < 0.01$ 上通过了显著性检验。统计表明，不考虑主客观经济地位的因素时，以农村户口为参照群体，拥有城市户口的群体生育二孩的意愿更低，城市居民生育二孩的意愿是农村居民的 44.5%。年龄方面，年龄和生育意愿呈正相关，年龄每增加一岁，理想子女数是两个及以上的概率增加 2.72%。

模型 2 在模型 1 的基础上，加入了主观阶层认同的变量来考察主观社会经济地位对二孩生育意愿的影响。统计结果显示，主观阶层认同认为自己所处社会阶层越高的群体，其二孩生育意愿更高。认为自己所处社会等级每增加一级，希望生育二孩的概率增加 8.99%。假设 3 得到印证。

模型 3 在模型 2 的基础上，加入了职业阶层的变量来考察客观社会经济地位对生育意愿的影响。统计结果显示，以工农阶层为参照，专业技术阶层在 $p < 0.05$ 上通过了显著性检验。专业技术阶层与二孩生育意愿呈正相关，专业技术阶层希望生育二孩是工农阶层的 1.24 倍。

模型 4 在模型 3 的基础上，加入了个人年收入自然对数的变量。统计结果显示，收入在 $p < 0.05$ 上通过了显著性检验。收入与二孩生育意愿呈负相关，个人年收入每增加一个单位，生育二孩的意愿下降 98%。假设 1.1 得到印证，假设 1.2 被推翻。

模型 5 在模型 4 的基础上，加入了受教育年限，构成了全模型。其中除了性别和政治面貌的变量，其余所有变量均通过了显著性检验。全模型 logistic 回归结果显示，城市居民是农村居民二孩生育意愿的 47.37%，生育意愿更低。年龄每增加一岁，生育二孩意愿增加 2.53%。主观阶层认同每增加一级，生育二孩意愿增加 9.71%。职业阶层结果与前文相比有所增加，相比工农阶层，一般非体力阶层生育二孩的意愿增加 20.7%；专业技术阶层生育二孩的意愿增加 47.6%；管理者阶层生育二孩的意愿增加 34.84%，假设 2.2 得到印证，假设 2.1 被推翻。收入每增加一个单位，希望生育二孩或多孩的意愿下降 98%。受教育年限与生育意愿呈负相关，受教育年限每增加一年，生育二孩意愿下降 96%。假设 1.3 得到印证，假设 1.4 被推翻。

五、结论和讨论

根据以上分析，得出如下结论：第一，社会阶层处于中上层相比社会阶层处于下层的群体，二孩及多孩生育意愿更高。第二，基于 logistic 回归结果，主观阶层认同、职业阶层、收入水平和受教育程度对二孩生育意愿均有显著影响。总体而言，主客观社会经济地位对二孩生育的影响存在差异。个人收入水平、受教育程度与二孩生育意愿存在负相关关系，而主观阶层认同、职业阶层与二孩生育意愿存在正相关关系。职业阶层中，其他三类职业阶层相比工农阶层来说对二孩生育意愿的促进作用更显著，一般非体力阶层和工农阶层的二孩意愿概率低可能往往受限于育儿所需的高昂经济成本，无法像社会阶层较高的群体一样能够有更多的资源和物质用于多个后代的抚养上；而受教育程度和收入水平高的群体二孩意愿可能更低的原因在于他们在二孩问题的选项上有着更为现代的生育观念，更倾向尽全力养一个孩子，抑或是女性会因为生育二孩面临更高的时间成本、担忧自己的家务负担会加重、目前托儿服务不足等更多的现实考量。

从政策层面思考，本研究将有利于丰富“全面二孩”政策的研究内容。针对以上结论，提出几点建议。政府可以从多方面着手缓解想不想生、有没有时间养、养不养得起、养不养得好等生二孩的顾虑。第一，在一项关于上海女性不打算生二孩主要原因的调查中，结果显示上海户籍女性中选择没人带孩子的比重占到 39.3%。独生子女家庭本身就要承担照料多位老人的责任，这些夫妇一旦生育二孩在精力上会面临更大的压力。因此，建立完善的托育服务，更多地设立公办托儿所不仅可以促进女性的工作和育儿的平衡，也可减轻家庭的育儿压力。第二，政府可以考虑为不同社会阶层提供多样化的政策，比如为那些有二孩生育意愿但面临家庭经济状况人群提供相关幼儿补贴、减税等。第三，积极营造妇女职业发展的社会环境和家庭环境，在“全面二胎”政策落地以后，雇主担心女性会比男性更容易中断就业，一定程度上加剧了雇主对女性的就业歧视。政府可通过给予企业补贴，鼓励企业承担更多的社会责任，同时鼓励夫妻双方共同分担家务、陪伴子女的责任。

注　释

① 为减少极端离异值对分析结果的影响，本文将年收入大于 10 000 000 元的视为 10 000 000 元。

参考文献

［1］梁宏．从生育意愿到生育行为：“全面两孩”政策背景下二孩生育决策的影响因素分析［J］．南方人口，2018，33（2）：1—14.

［2］周福林．生育意愿及其度量指标研究［J］．统计教育，2005（10）：9—11.

［3］王春光，李炜．当代中国社会阶层的主观性建构和客观实在［J］．江苏社会科学，2002（4）：95—100.

［4］Poh Lin Tan, S. Philip Morgan, Emilio Zagheni. A Case for “Reverse One-Child” Policies in Japan and South Korea? Examining the Link between Education Costs and Lowest-Low Fertility［R］. Singapore: Lee Kuan Yew School of Public Policy, 2016: 14-16

［5］方长春，陈友华．生育率的阶层差异将形塑 M 型社会［J］．探索与争鸣，2016（1）：59—63.

［6］李荣彬 . 子女性别结构、家庭经济约束与流动人口生育意愿研究——兼论代际和社会阶层的影响［J］. 青年研究，2017（4）：23−33+94−95.

［7］张丽娜 . 社会经济地位、主观流动感知与育龄女性的二孩生育意愿——基于CGSS2013 数据的经验研究［J］. 西华大学学报（哲学社会科学版），2018，37（3）：40—48.

［8］S. Philip Morgan, Rosalind Berkowitz King. Why Have Children in the 21st Century? Biological Predisposition, Social Coercion, Rational Choice［J］. European Journal of Population, 2001(17): 3−20.

［9］朱倩文 . 全面二胎政策下生育意愿的实证分析——以成都市龙泉驿区为例［J］. 现代商业，2018（36）：190—191.

［10］李思达 . 全面二孩政策下城市女性生育意愿的影响因素——基于 CGSS 数据的研究［J］. 中北大学学报（社会科学版），2020，36（2）：121—124.

［11］Wilcox Keith, Laran Juliano, Stephen Andrew T, Zubcsek Peter P. How being busy can increase motivation and reduce task completion time［J］. Pubmed, 2016, 110(3).

［12］张樨樨，崔玉倩 . 高人力资本女性更愿意生育二孩吗——基于人力资本的生育意愿转化研究［J］. 清华大学学报（哲学社会科学版），2020，35（2）：182—193.

［13］孙秀林，田祎雯 . 当代中国大都市多孩生育意愿分析［J］. 山西师范大学学报（社会科学版），2020，47（2）：58—64.

［14］向栩，田盈，田晨笑 . 幸福的生育效应——基于 CGSS2015 调查数据的实证检验［J］. 西北人口，2019，40（6）：12—24.

［15］王殿玺，陈富军 . 职业流动会影响居民的生育意愿吗？——基于代际与代内双重视角的分析［J］. 南方人口，2019，34（5）：56—68.

［16］朱雅兰，刘凌霜 . 体制内人群二孩生育意愿调查及影响因素分析研究［J］. 太原城市职业技术学院学报，2019（10）：170—173.

［17］陈秋钰 ."全面二孩"政策下育龄妇女生育意愿研究［D］. 江西财经大学，2019.

［18］Mary C. Brinton, Eunsil Oh. Babies, work or both? Highly educated women's employment and fertility in east Asia.［J］. American Journal of Sociology, 2019, 125(1): 105−140.

［19］杨柠聪．全面二孩背景下人口生育意愿影响因素研究综述［J］．重庆社会科学，2020（1）：94—105.

［20］马志越，王金营．生与不生的抉择：从生育意愿到生育行为——来自2017年全国生育状况抽样调查北方七省市数据的证明［J］．兰州学刊，2020（1）：144—156.

［21］崔岩，黄永亮．中等收入群体客观社会地位与主观阶层认同分析——兼议如何构建主观阶层认同上的橄榄型社会［J］．社会发展研究，2017，4（3）：191−206+245.

［22］冯仕政．中国社会转型期的阶级认同与社会稳定——基于中国综合调查的实证研究［J］．黑龙江社会科学，2011（3）：127—133.

［23］朱斌．文化再生产还是文化流动？——中国大学生的教育成就获得不平等研究［J］．社会学研究，2018，33（1）：142−168+245.

治理能力现代化语境下突发公共卫生事件时期行刑衔接机制的系统性建构

周 全*

摘 要：在疫情防控中的特殊时期，如何依罪质精准认定公共卫生领域不法行为的性质，并做好行政违法行为与犯罪行为之间的衔接，不仅是一个重大的司法实践问题，亦应是探索国家治理能力现代化道路上所须直面之命题。探索疫情防控时期行刑衔接机制回应了将制度优势转化为治理效能的现实需要，亦有利于精准化抵达刑事治理能力现代化。通过对疫情防控时期行刑衔接机制运行的回溯式观察，可见得行刑衔接机制所面临的违法行为与犯罪行为的界分标准模糊、行政机关与司法机关之间的案件移送程序断层、检察机关在行刑衔接机制运行中的监督乏力等短板，为解决这些问题，还须贯彻审慎与精准的理念，从实体和程序两个层面探索衔接机制，并重塑其检察监督制度，进而在应对和处置重大突发事件中推进中国社会治理水平成长与进步。

关键词：刑事治理；实体性衔接；程序性衔接；检察监督

一、问题的提出

自公元前 437 年起，雅典几度遭到瘟疫袭击，城市人口死亡近半，古希腊文明

* 周全，华东政法大学法律学院宪法学与行政法学专业 2018 级硕士研究生，研究方向为宪法学与行政法学。

的黄金时代渐失光泽；公元165年，罗马帝国大瘟疫造成大量罗马公民的死亡，罗马帝国逐渐走向衰败；公元541年，盛行欧洲的“黑死病”夺走了欧洲近三分之一人口的生命。古往今来，类似于这样的突发公共卫生事件时常出现于人类的历史过程中，不仅对人类的生命健康乃至全球的健康安全产生了重大威胁，还导致了疫情严重地区一定程度的经济社会“停摆”、次生伤害发生甚至社会价值观的撕裂，给人类、国家乃至民族都带来了巨大的风险。[1]在现代社会中，这种风险及其加剧变化无疑会对法律秩序的确定性和现代国家治理能力与治理体系提出更高的要求。

历史总是习惯以突发事件连缀时空。早在2003年，SARS疫情的爆发作为一次严重的突发公共卫生事件对我国的公共卫生法制提出了挑战，时隔16年，席卷全国的新冠肺炎疫情再次将突发公共卫生事件法治化这一关键命题提到了法学研究乃至国家治理的最前沿，[2]促使国家思考当公共卫生服务的供需平衡被打破时，如何引导公共卫生治理工作继续在法治轨道上运行。在特殊时期，刑法作为社会治理之重器，在抑制疫情传播、打击疫情期间各类违法犯罪活动等方面均有不可替代之功效，但在当前国家治理能力现代化的语境下，对于刑事法律的治理功效还须秉持审慎的态度。应在准确把握涉案行为情节轻重的基础之上，精确探索行政违法行为与涉嫌犯罪行为之间的边界。2020年2月，中央政法委印发《关于加强统筹协调，妥善做好妨害疫情防控违法犯罪案件依法处理工作的通知》，明确提出要防止执法司法简单随意，相同案情不同处理甚至人为拔高或者降格处理等问题发生。[3]在此背景下，如何依罪质精准认定公共卫生领域不法行为的性质，并做好行政违法行为与犯罪行为之间的衔接，不仅是一个重大的司法实践问题，亦应是探索国家治理能力现代化道路上所需直面之命题。2013年11月，党的十八届三中全会明确将“完善行政执法与刑事司法衔接机制”上升为全面深化改革的战略部署之一。2015年12月，由中共中央、国务院印发的《法治政府建设实施纲要（2015—2020年）》再一次将“行政执法和刑事司法衔接机制”作为法治政府建设的重大议题予以强调。2020年3月，最高人民法院、最高人民检察院、公安部、司法部、海关总署印发《关于进一步加强国境卫生检疫工作 依法惩治妨害国境卫生检疫违法犯罪的意见》（下称《意见》），其中更是对特殊时期下公共卫生领域的行刑衔接工作的开展提出了明确要求，并将其作为维护公共卫生安全、保障依法科学有序防控的重要手段。疫情防控确是现代国家安全保障职能扩张的应有之义，而依法防控则是现代国家治理的基本方式。公共卫生领域的治理活动是一项全面系统的工程，无论是进行常态化的治理活动，抑或是应对突发公共卫生事件，均应以恪守法治理念作为前提，绝不能游离于法治轨道之外。从战略选择来看，降低对疫情防控时期不法行为刑事处罚的门槛，或扩张行政处罚的范围以消弭司法权，皆为不智之举。只有努力实现行政处罚的精准性和恪守刑法谦抑性两者之间的适度均衡，方能有效提升公共卫生领域的治理效能，进而在突发公共卫生事件的应对和处理中推动中国法治规程的进步。[4]在此背景之下，本文以疫情防控时期的行刑衔接机制作为主题，立足于我国现行法律规范，深入把握行刑衔接制度的框架构造与运行原理，并结合公共卫生领域实践研讨其未来发展趋势和制度改进，最终回归至对“公共卫生治理能力现代化”议题的追问与思考。

二、价值与证成：构建突发公共卫生事件时期行刑衔接机制之必要性分析

（一）探索突发公共卫生事件时期行刑衔接机制回应了将制度优势转化为治理效能的现实需要[5]

所有的法治模式均立足于一定的法治逻辑，对逻辑之厘清关乎对其理论基础是否发生变化之判断及变化之后的应对机制。对疫情防控时期行刑衔接机制的探索是国家治理在应对特殊情况的一种表现，这种法治模式往往能体现出一个国家治理的逻辑核心，[6]即持续推动将制度优势转化为治理效能。我国公共卫生领域的立法繁多，从《突发事件应对法》《传染病防治法》《基本医疗卫生与健康促进法》《国境卫生检疫法》等法律到更为精细的应急条例、部门规章和地方立法，均对公共卫生领域尤其是重大突发公共卫生事件的防控原则和应对机制作出了较为详尽的规定，以积极稳妥防范和化解公共卫生法治领域的重大风险挑战。行刑衔接机制作为一种常态化的办案协调机制，同时涵盖实体和程序两个层面的衔接，[7]自2001年

被正式提出后，就广泛适用于多领域多部门。在突发公共卫生事件时期，常态下的某些法律制度可能被局部破坏甚至被悬置，对于某些个案的紧急处置难免会对常态化的法律制度提出例外化的诉求，换言之，突发的公共卫生事件与常态的法律制度之间存在着一定的张力，行刑衔接机制即是如此。在不断推动应对突发公共卫生事件制度化、规范化的背景下，由于特定环境下超出寻常情形的情况突变，行刑衔接作为一种常规性的制度体系已无法适用于特殊情形，[8]如疫情防控期间对于涉疫违法的普通公民的制裁，就存在着刑罚处罚范围扩大化的倾向。①在突发公共卫生事件的特殊时期，维护社会秩序和执法机关的权威确实应为化解重大公共卫生风险的重要路径，但也绝不能让刑事治理在处理具有轻微违法情节的普通公民时出现盲目扩大适用范围的面相。对于特殊时期的法益冲突，行刑衔接机制应如何将各种例外情形纳入自身的法律空间予以规范，这显然是一个难以回避的难题，只是机械地适用平常时期的行刑衔接机制，极易带来行政违法行为与涉嫌犯罪行为之间的边界日趋模糊的后果，在从快从严从重的刑事政策指导下②，也就难免造成原本应当审慎的刑法处置被轻易启动的局面了。这种机械的治理方式，不仅使理论和现实的鸿沟无法弥合，其后果最终也都由具体的个体来背负和承受。特殊时期下，如何在个人权利的克减和保障之间以及在公共卫生法治的实现与维持之间求得可持续的平衡，绝非简单机械套用行刑衔接的一般规则即能得出答案，还须认真探求，审慎研究。当前罪化范围扩大的主要原因应为预防性刑法的滥用和刑罚适用的提前化，这显然有悖于刑法的谦抑性，在合理范围内将行政处罚作为解除刑罚手段的立法模式，则能大大缓解涉疫犯罪扩容的压力和负面影响。[9]对疫情防控时期的行刑衔接机制的研究，应努力展现“普适性与特殊性之联通”的法治逻辑，[10]并与当前社会中民众之共同价值观相符合，这既是常态化法治建设的需要，也是“非常态法治”建设的需要；既应当遵循多领域均可适用的一般规则，又应凸显特殊时期特殊领域的独有特征；既能在不同的特殊情境下提炼出普遍原则，又能在面对具体的问题时得出显具针对性的方案；既要着重于满足疫情防控的现实需求，又须在治理能力现代化的语境下努力探求公共卫生领域的法治化，并最终服务于“制度供给侧结构性改革”的重大命题，以进一步回应国家治理能力和治理体系现代化背景下将制度优势转化为治理效能的现实需求。

（二）探索突发公共卫生事件时期行刑衔接机制有利于精准化抵达刑事治理能力现代化

突发公共卫生事件是一种典型的社会整体性危机，具有极强的社会外溢性风险，极容易构成跨界危机，[11]对法益的侵害也早已超越了人的生命健康权的界限，开始上升到对社会经济秩序的影响和冲击。秩序一词，按照《辞海》的解释：“秩，常也；秩序，常度也，指人或事物所在的位置，含有整齐守规则之意。”在常态下，法的目的价值——自由、平等、秩序——彼此之间是有位阶顺序的，相比较而言秩序并不具有突出的地位，但突发公共卫生事件的发生打破了这样的位阶顺序，并使得秩序的价值位阶上升，当不同价值之间发生冲突时，秩序价值作为更为重要的价值取向应当被优先考量。[12]从根本上说，民主正当性原则和良法善治理念也要求政府须在应对危机的同时维持或重建社会秩序。[13]疫情期间的犯罪行为所侵犯的法益本不包含疫情防控秩序，但因为特殊时期下司法资源有限，犯罪行为的发生不可避免地会分流这些资源，从而造成破坏疫情防控秩序的后果。因此，在对疫情期间犯罪行为的考量上，对实定个罪的保护法益的侵犯自不必说，还须附加考虑对疫情防控秩序的影响，这也正是对疫情期间的不法行为依法从严从重处罚的法理逻辑。[14]值得注意的是，刑事治理从快从严固然有其理论基础，也确实符合公众期待，但如果认同“善待人之基本权利”这一现代文明理念，认同即使是特殊时期刑事治理亦应在法治的轨道上有序前行，那么对问题的解决就绝不能仅从民众期待或是社会效果上考量。在国家治理能力和治理体系现代化进程中，刑事治理应该以人民为中心，与社会转型相适应，凸显个人权利之保障并处理好其与社会秩序保护之间的关系，进一步提高刑事治理能力的现代化水平。[15]不是人为法律而存在，而是法律为人而存在，[16]无论是为维护疫情秩序所采取的制度设计抑或是应对机制，都须遵循一种妥洽的正义逻辑，而正义性的实现往往就以个人权利之保障为核心支撑，行刑衔接机制亦当如此。行刑衔接是一个参与主体多元、彼此分工明确、权力配合且制衡的动态过程，以行政机关的执法行为作为其逻辑起点，以行政处罚与刑事处罚的有效衔接作为其前提，以检察机关的过程监督作为其保障，以司法机关打击犯罪，维护社会秩序作为其旨归，其最终的价值取向是通过实现刑事治理能力的精准化和现代化，以保障人的基本权利和人性尊严。对于疫情期间的行刑衔接机制的探索，也正是在这样的价值取向下展开的[③]，作为最强烈社会谴责机制的刑罚，在任何时候其适用都必须审慎。谨慎把握行政执法与刑事司法的边界，平衡社会治理之目标与刑法谦抑性之原则之间的矛盾，探索科学高效的行刑衔接机制是特殊时期下避免资源浪费、有效推进防控疫情工作顺利有序展开的必经道路，亦是精准化抵达刑事治理能力现代化的重大命题。

三、形态与溯源：突发公共卫生事件时期行刑衔接机制的现状管窥与问题的浮现

（一）突发公共卫生事件时期行刑衔接机制运行的回溯式观察

近些年来，一种中观层次的理论分析视角——在公理和描述之间的一个分析层次——逐渐为越来越多的社会科学研究者所推崇，这个分析层次更强调对“机制”的关注，尤其是分析、解释社会现象背后的“运作机制”。[④]现代社会是一个持续运行且非常复杂的系统，诸多社会现象在系统内不断发生与联结，使得原本清晰的社会现象呈现出愈加复杂的面相，而法治则为这个系统提供了一个相对稳定的“预期”，使这些相互联结并趋向复杂的社会现象在基于稳定“预期”的框架内进行运作。[17]然而，法律并非万能，尤其在发生突发公共卫生事件时期，法律更是顾此失彼，穷于应付，难以妥善处理所有的突发状况。在此次疫情防控过程中，部分地方在处理行刑衔接案件时与法律法规规定存在巨大鸿沟，一味强调刑事治理的从快从严，忽略了行政违法行为与涉嫌犯罪行为之间的边界，使行刑衔接只能游离于社会事实与法律规范之间。尽管突发公共卫生事件终将过去，但它所带来的那些值得观察和反思的现象，却应当被牢牢记住，该时期的刑事政策之面貌、刑事治理之作为以及行刑衔接机制运行之现状便属其中。对学术研究而言，这显然是一个观察疫情特殊时期行刑衔接机制如何应时而动的极佳样本，对这段时间的刑事政策、相关司法文件、对涉疫情违法及犯罪行为的处理等进行回溯式观察，正是进一步了解行刑衔接机制在特殊时期应贯彻的价值取向和运行逻辑的重要契机。

为了弥合法律规范与社会事实之间的间隙，精准处理疫情期间的刑事案件，最

高检发布了一系列几乎涵盖了疫情防控期间所有类型的涉新冠肺炎疫情的典型案例⑤，又制定下发了相关规范文件以指导疫情期间的刑事治理活动，明确提出了要把握好违法行为与刑事犯罪的界限的要求。⑥在具体案件的处理和罪名的认定中，需要结合行为的社会危害程度予以区分，对于其中具有严重社会危害性的违法行为，适用刑罚；对于不具有严重社会危害性的部分，则适用治安管理处罚，这当中就涉及行刑衔接的实体衔接与程序衔接的问题。至于如何明确“严重社会危害性”，则会因为疫情对社会情势的影响而产生不同于常规状态的把握标准，如“计某某招摇撞骗案”一案中就展现出了不同于常态时期的认定标准，为类似案件的处理，特别是对类似案件中行政违法行为与涉嫌犯罪行为之间的边界的把握，提供了一个可供遵循的样本。⑦又以《刑法》第 332 条关于妨害国境卫生检疫罪之规定为例，《意见》明确指出，并非所有妨害国境卫生检疫的行为都会构成犯罪，还须看涉案行为的情节轻重，结合《刑法》分则的具体条款准确把握入罪要件，以期能对相关案件作出审慎、恰当的处理，确保刑罚的审慎适用。在疫情期间，社会常态被打乱，各种利益期待和目的需求交织其中，常态化思维被阻断，各项成本都在上升，司法资源也非常珍贵，故而必须精确掌握行政违法行为与涉嫌犯罪行为之间的边界，坚持“罚当其过”，具体问题具体分析，避免不同原因一律“顶格处罚”的思维和行为倾向。

（二）突发公共卫生事件时期行刑衔接机制之实践偏差

如何在有效保障疫情防控秩序的同时，又不使权力过度僭越权利之合理范畴，妥善厘清行政违法行为与涉嫌犯罪行为之间的边界，实现两者在实体层面和程序层面的有效衔接，无疑是疫情防控期间公共卫生领域法治建设的一大重点。在部分处理不当的刑事案件中，讨论往往集中于刑事政策或量刑问题，但这些案件实际上是由行刑衔接机制运行不畅所引起的，在实体层面和程序层面均呈现出一定的问题。显然，在没有一个体系化、科学化的处理路径下，这些判决的争议仅仅是作为结果出现。[18]对疫情防控期间的刑事政策、相关司法文件以及涉疫情违法及犯罪行为的处理等观察样本进行分析，探求行刑衔接机制所面临的实体层面及程序层面之短板，无疑应当是建构特殊时期下行刑衔接机制的重要前提。

1. 实体衔接之困顿——违法行为与犯罪行为的界分标准模糊

刑罚之发动是针对有社会危害性行为的，但绝非所有具有危害性之行为都需要用刑罚来加以制裁。[19]在开展行刑衔接工作中，首先要对违法行为与犯罪行为的界分标准进行厘清。在行为人已经构成行政不法的情况下，应当基于何种判断标准认定其是否构成犯罪呢？易言之，行政不法行为转化为犯罪行为，应具备哪些前提条件？遍览现有立法，对于这一判断标准只有行政法规层面的零散规定，使得在判断某种行为究竟是行政违法还是犯罪行为时，缺乏统一依据和操作的可行性，这也就直接导致了实践中案件移送标准不明确、证据标准不统一等问题，严重影响了行刑衔接机制的工作效果。直接涉及行刑衔接机制的规范层面的依据多表述为“违法行为构成犯罪（或涉嫌构成犯罪）的，行政机关必须将案件移送司法机关，依法追究刑事责任”⑧，仅靠这样笼统的表述就想架构起行刑衔接的实体性衔接机制显然有些不切实际，更何况这样的条款只是简单规定了主体和内容，对具体的程序、标准、方法等关键环节未着一字，这直接造成了行政执法机关适用法律之困境，既难以在实体层面区分罪与非罪的界限，亦无法在程序层面确定追究刑事责任的具体途径和方式，使得在当前形势下行刑衔接工作的开展更加步履蹒跚。基于功能主义的角度出发，行刑衔接机制显然蕴含着浓厚的应用型气息，技术性质远远大于其理论性，因而在开展工作时必须有一套完整且科学的制度供给和操作流程以供遵照，而这当中最核心的因素就是违法行为与犯罪行为的界分标准。在疫情防控期间，我国的刑事治理存在着犯罪圈扩大的倾向，具体表现为部分侦查机关为了实现维持疫情秩序的社会效果，基于对行政违法与犯罪界限的模糊认识，动辄将那些行政违法案件按照刑事案件进行立案，启动刑事侦查程序。[20]以妨害公务罪为例，在正常的社会秩序下，因为该罪名自身的轻罪属性，其适用往往伴随着极为谦抑的司法面相[21]，但在疫情防控的特殊时期，由于出现了一些因防疫措施的特定事由引发的个人与公权力之间对抗的现象，该罪名被大量适用，截至2020年3月11日，全国检察机关就已经批准逮捕妨害公务罪362件451人，起诉334件404人。[22]这固然出于在特殊时期下维持社会秩序的考量，但更主要的原因还在于妨害公务这一行为罪与非罪界限的模糊给公安侦查机关及司法机关的认定带来了困扰。疫情期间的案件处理固然应当充分考虑社会效果，但案件处理的实体性及程序性标准也绝不能因为社会舆论和程序提速而有所降低。因疫情防控期间情势特殊，就在违法行为与犯罪行为界限尚不明晰之前提下仓促启动刑事司法程序，或将舆论批评直接转化成刑事责任，均将无益于疫情防控秩序之维护。

2. 程序衔接之疑难——行政机关与司法机关之间的案件移送程序断层

行刑衔接的实体性衔接在方法和逻辑上兼顾着行政执法与刑事司法的二元思路，其核心在于理顺行政违法行为与犯罪行为之间的关系，在这个过程中，须融入规范的适用、政策的理解与法理解释的运用等多方面的智慧，其最终的实现还须借助于程序性衔接作为保障。以程序设计为中心而展开的程序性衔接，是一种实践性的、规范性的制度规则，在司法层面追求个案的妥当性解决并确保案件处理之间的协同性，从而在充分保障行刑实体性衔接的基础上推动"看得见的正义"之实现。[23] 尽管行政执法与刑事司法均为国家实现统治的重要职能方式，相互之间存在紧密的联系和内在的一致性，但两者毕竟是不同类型的权力运行的结果，[24] 这就要求两者之间的衔接程序必须能协调理顺行政机关与司法机关的不同权力，弱化部门之间的权力冲突从而实现利益平衡与合力。在实践中，有关行刑衔接的程序性规定多散见于不同位阶的法律规范中⑨，如果仅从数量上而言，关于行刑衔接的程序性规定着实不少，但问题在于这些法律规范仅是作了原则性的规定，多数情况下只是对移送主体和移送对象略有界定，涉及移送程序的很多具体规则都处于缺位状态，实际操作性较弱。这也就造成了在具体的实践中，行政机关与司法机关之间的案件移送存在很大的随意性，缺乏统一的可供遵循的规则指引，如移送的标准和期限、案件材料移送的范围、未依法移送的法律责任、双向移送的具体操作等内容均不甚明确，甚至不同规范之间对于同一程序的规定也存在相互冲突之处，这势必会对行刑衔接机制的有效运行带来一定的滞阻。

探索程序性衔接的一大核心问题就是不同类型证据之间的转化与衔接。德国刑事诉讼法规定了检察机关具有要求行政机关移交其在行政执法过程中收集到的证据材料的权力，且移交的证据材料可以在刑事诉讼中使用。[25] 我国《刑事诉讼法》第 54 条第 2 款规定了行政机关在行政程序中收集的部分证据可以进入刑事诉讼活动⑩，这为行刑衔接机制中的证据转化提供了规范基础，但也必须认识到，该条款对于转化种类以及转化方式的语焉不详也带来了科学性和可操作性的阙如。[26] 在实践中，因该条款未提及行政程序中收集的证据材料应以何种方式转化为适格的刑事诉讼证据，且该条款亦未提及没有列举的行政证据类型是否能进入刑事诉讼阶段，这也就造成了司法机关在证据适用上的进退维谷之局面。[27]同时，又因《刑事诉讼法》第50条规定的证据种类与《行政诉讼法》第33条规定的证据种类存在差异，实践当中还出现了一些证据衔接的梗阻，典型问题之一就是对《行政诉讼法》中规定的“勘验、现场笔录”的认定。勘验、现场笔录是对勘验过程以及勘验过程中所发现的物证情况的固定，具备一定的物质表现形式，[28]但又因其无法排除办案人员对有关实物证据感知、记忆和表述等主观因素，故兼具实物、言词证据之双重属性。对于该证据材料应当作何性质判断实为证据衔接中的一大难题，不同的性质判断也将带来不一样的证据认定结果，将其认定为实物证据则赋予了它进入刑事诉讼活动的正当性基础，反之则会将其剔除出《刑事诉讼法》第54条第2款确定的可以转化为刑事证据的证据范围。[29]除此之外，不同证据之间证明标准的冲突、行政证据的合法性保障机制、对于《刑事诉讼法》第54条第2款中“等证据材料”表述的不同理解等问题，亦是困扰着行刑衔接机制中证据转化的现实阻碍。

3. 监督机制之失灵——检察机关在行刑衔接机制运行中的监督乏力

在行刑衔接的过程中，监督机制的科学与否直接影响着行刑衔接制度运行的顺畅与否，涉及行刑衔接机制的法律规范也均将监督机制作为衔接过程中的关键一环予以规定。检察机关作为我国的法律监督机关，理应由其行使监督权，是最重要的监督主体，在行刑衔接机制中处于中枢枢纽之地位。[30]根据《人民检察院办理行政执法机关移送涉嫌犯罪案件的规定》，检察机关在行刑衔接中的监督职责主要有二，分别是针对行政机关移送涉嫌犯罪的移送监督和针对公安机关对受移送案件的立案监督。对于立案监督，主要存在着立案监督的案源少且渠道不通畅，立案监督压力较大而纠正较难等问题，但因为我国《刑事诉讼法》和其他法律规范已有较为明确的规定⑪，故而在运行效果上仍然较为可观。问题的关键在于针对行政机关移送涉嫌犯罪的移送监督的效果并不尽如人意，这主要体现在检察机关对行政机关应当移送而未予移送，甚至以罚代刑的行为未能及时发现并予以纠正。由于行政处罚在运行程序上具有相对闭合性，其他部门很难接触到案件的信息，[31]在司法实践中，检察机关的移送监督常常呈现出一种被动性，难以及时全面地掌握案件线索、获取执法信息，监督的主动性和有效性大大削弱，这也就造成了检察机关在行政执法领域徒有监督之名，而无监督之实。

从检察机关在行刑衔接中的监督依据出发，对于检察机关而言，针对行政机关执法阶段的监督职责的合法性判断需要落实到其职责依据的合法性与否，由于针对行刑衔接机制尚未制定法律，所以对合法性的拷问必须立足于2001年发布的行政法规，即《行政执法机关移送涉嫌犯罪案件的规定》能否授予检察机关以监督职责。从《立法法》第8条和第9条之规定出发，对于检察机关的监督职权是一种法律保留事项，其职权之设定需要从法律位阶找寻依据，即便《宪法》第129条和《人民检察院组织法》第1条均规定了检察机关是我国的法律监督机关，但从历史发展和现实来看，检察机关的法律监督范围并非如理论上那么宽泛，而主要表现为一种诉讼活动上的监督，而非针对行政机关及其工作人员的一般法律监督。[32]因此，检察机关针对行政机关的移送监督的合法性也就由于法律依据的缺失而呈现出一种悬而未决的模糊状态。[33]除此之外，既有的检察机关行使移送监督权的具体规定亦不明确，只是粗线条地规定了检察机关的监督权，对监督权该如何运行等具体问题未着一字，存在诸多监督盲点，难以妥善覆盖行刑衔接机制运行的宽广领域，这也使得检察机关对行政机关难以形成程序性及制约性的监督机制。针对行政机关不移送涉嫌犯罪的案件，检察机关目前所能采取的措施主要是提出检察建议⑫，然而，检察建议因强制力的缺失而呈现出了威慑力不足的面相，宛如“一把不燃烧的火，一缕不发亮的光”，[34]在这种情况下，对行政机关的监督效果能有几何，显然是让人怀疑的。同时，相比较于立案监督统一由检察机关侦查监督部门受理案件的明确规定，针对行政机关未移送涉嫌犯罪案件的检察建议由哪个部门具体负责却没有相应的规定，这就更加使得检察机关对行政机关案件移送的监督职能处于悬置状态，难以实现预期中的检察机关针对行政机关移送涉嫌犯罪的移送监督之效果。

四、模式与构造：探索突发公共卫生事件时期行刑衔接机制的系统性建构

正义是法律获得正当权威和自愿服从之必要条件和理念基础，唯有社会成员

坚定相信法之正当性，法律的稳定性和有效性方可得到加强，稳固的社会秩序由此而始。[35]因而，当试图构建一项具有正当性的法律制度时，还需从现实背景、社会需求之层面出发，[36]挖掘其积极要素，改革其消极要素，行刑衔接机制亦当如此。

（一）突发公共卫生事件时期行刑衔接机制构建的理念指引——审慎与精准兼顾

从规范形式的视角出发，我国行政法体系中涉及刑罚之规定多以依附分散的样态呈现，即在“法律责任”部分规定违法行为涉嫌构成犯罪时，需根据《刑法》之规定追究刑事责任。这种分散依附型的规定过于笼统和粗糙，其原则性的表述往往因难以在刑法典中找到相对应的罪刑规定而使刑罚之设定形同虚设，其援引性的表述亦因过于牵强而导致刑法典失去规范性、犯罪的构成要件失去统一性。[37]从规范层次的角度出发，除了2012年修改的《刑事诉讼法》第54条第2款对行刑衔接的证据使用作出了规定外，目前针对行刑衔接进行细化规定的最高位阶的立法是国务院的行政法规，其他规定即便由再多部门参与制定亦难以摆脱“立法层次偏低”之标签，其规范性、有效性和强制性都存在着较大的瑕疵。[38]尽管政策制定者们不断针对行刑衔接机制存在的问题进行修补，但面对现有衔接规范体系中存在的缺陷，只靠低位阶规范性文件的小修小补，显然难以彻底根除弊端，但一味呼吁提高立法层次亦未必是有效解决行刑衔接机制诸多问题的良策。对于制度的改良还须回归到对制度目的和理念的探求，从衔接机制的源头进行思考，即研究衔接机制应遵循怎样的理念指引。克服自身规范体系的缺陷与短板是行刑衔接机制发展的应有之义，同时，还须对社会的变迁及其理念进行整合，[39]努力寻求自身的价值取向与发展理念。

《论语·述而篇》载：子谓颜渊曰：“用之则行，舍之则藏，惟我与尔有是夫！”子路曰：“子行三军，则谁与？”子曰：“暴虎冯河，死而无悔者，吾不与也。必也临事而惧，好谋而成者也。”周密思考，审慎行事，这正是非常规状态下国家治理和社会治理应遵循之原则。重大传染病疫情是典型的社会情境性危机，其发生的原因、表现的形式、导致的后果等要素会因为环境、制度、技术条件等影响因素而表现出完全不同的面相。[40]这就要求行刑衔接机制在面对各种不确定风险和未规范之情形时，须有更具针对性和预见性的制度设计，慎易以避难，敬细以远大。[41] 即便出现紧急情况，亦可根据预先设计的“法律方案”缘法而治，进行科学化、规范化、标准化处理，以期做到有条而不紊、处变而不惊、有备而无患。易言之，疫情防控时期的行刑衔接机制需要兼顾审慎与精准之特性。

何为审慎？审慎意味着不走极端、折中调和、妥当持平，在多歧乃至矛盾的选项之间进行协调整合，在对立的事物两极之间找到合适的平衡点。[42] 疫情期间的刑事治理如欲以法治之要义为中心从而服务于国家治理能力现代化的战略需求，首先要践行的就是审慎行事之理念。疫情期间的行政犯罪不同于常态下的行政犯罪，不仅对社会秩序的影响更为强烈，且涉案领域错综复杂、不法行为面貌多样、甄别难度亦高，在此背景下，对违法行为和案件事实的性质判断及处理程序的采用均须建立在充分地调查与审查之基础上。这种对案件性质和事实地反复核查与谨慎分析，可以有效防止刑罚在特殊时期随意突破罪与非罪的法治门槛并保障刑事治理活动的正常进行，正是审慎理念在行刑衔接机制中的重要体现。对于法律规范的准确理解及适用，需要综合考虑当下的法律政策、社会需求及治理效果，这绝不仅是一项简单的操作技术，还须审慎而行，周密思考，理性判断，反复核查，以彰显刑罚启动之慎重。

何谓精准？精准意味着准确裁量、精细操作、反复权衡，在行政不法和刑事不法之间准确把握，部门之间各司其职协调合作以实现精准定性及罚当其责。某一违法行为是否已达犯罪之危害性并且需要移交司法机关，对该行为的定性与处理绝非易事，特别是在专业分工日趋精细明确的现代社会，不同行业之间的差异使得专业问题必须仰仗专业人士方可得到有效处理，这就需要术业有专攻的行政机关和司法机关各司其职、区别情况、具体分析、协调配合、通力合作、精准施策。[43] 对于行刑衔接机制中的协调合作和精准施策之特性予以反复重申，绝不是一种无意义的宣誓行为，而是对疫情期间犯罪行为本质的科学回归，更是实现行政效率和司法公正之必然选择，其最终的旨归终将落实于对个人合法权利之明确保障。[44]

（二）突发公共卫生事件时期行刑衔接机制构建的实体性衔接

诚如上文所述，行刑衔接机制因分散依附型的规范形式和立法位阶偏低的规范层次之瑕疵，进而呈现出了规范性和可操作性匮乏的面相，其中最严重的问题当数违法行为与犯罪行为的界分标准模糊不清，这严重影响了行刑衔接机制的工作效果。在既有法律语焉不详的情况下，理论的演绎价值便越发珍贵。对行刑衔接机制的实体衔接层面的定位与探索将触发与之对应的法教义学评价范式，并对社会治理中的衔接工作产生直接的影响。对违法行为与犯罪行为的界分标准之诘问还须回到原点，即思考行刑衔接机制的规范形式之不足，而后探寻救济之道，并最终落位至对“违法行为与犯罪行为的界分标准”之议题的追问与完善。在规范形式层面，根据目前我国实际，结合体系性解释的相关精神，行刑衔接机制之立法可以分两步：第一步，在《行政处罚法》中单设一章来规定行刑衔接的适用范围、认定标准、处理时限、衔接程序等内容，同时还应明确行政机关的信息公开职责及检察机关的监督职责等；第二步，在国家尚未制定统一完善的行刑衔接法律制度前，各地在遵循法治精神的前提下，以“法律保留原则”作为基本遵循，可尝试制定细化实施方案，促进地方行刑衔接工作的制度化、规范化、法制化，在总结实践经验后，再上升为中央立法。[45]以现有行刑衔接机制之立法作为根据，结合本地区的实际情况，在法定权限内制定明确的且具操作性的细化实施方案，其中应包括衔接程序、移送标准、证据转换规定、信息共享机制等重要问题的细化方案。近年来，不少地方已经尝试探索行刑衔接机制的地方立法模式，并取得了较为丰厚的成果。[13]在时机成熟后，由全国人大常委会制定一部行刑衔接的单行法，明确衔接主体和职责分工、案件移送范围及标准、具体操作程序、法律责任等内容，其后相关的地方立法自行修改或者废止。

如欲妥当解决行刑衔接机制之难题，除了完善相关立法之外，还须厘清违法行为与犯罪行为的界分标准，换言之，必须直面行政违法性与刑事违法性关系问题，而对违法性的判断亦应从整体法秩序角度进行。在行刑衔接机制中，某一行为可以由行政法领域漂移向刑法领域，这就彰显出这一行为必然具有双重违法性之特殊属性。之所以需要对这一行为进行刑事制裁，是因为存在一个或若干更高的可谴责性要素，唯有通过刑事制裁这样的严厉方式方能实现罚当其责，易言之，相比于仅受到行政处罚的行为，构成犯罪的行为肯定存在某些不同，而如果能明确这不同之处究竟为何，那么理论上就可以明确行刑处罚之间的界限。[46]普遍认为，行政违法行为与犯罪行为之间具有同质性，即在行政违法与刑事不法交错的行政犯罪领域，两者的不法内容即侵犯的法益是同质的，差异在于不法内容的量差。换句话说，行政违法与行政犯罪之间实为一种由量变引起质变的关系，即当某种行为严重违反行政法规范且社会危害性达到应受刑罚处罚的程度，行为人就应当承当刑事责任，这一行为也从行政违法行为升格为犯罪行为。[47]立足于两者同质不同量之属性，对于行政违法行为与犯罪行为的界分标准，还须借助定性与定量相统一的刑法适用解释规则，同时，必须坚守法秩序统一的宪法基本价值要求及部门法之间的结构性、功能性、比例性规范关系。界分标准的适用进路大致如下：（1）充分采取体系性解释和目的解释，在充分考量社会背景和刑事政策的前提下对不法行为进行初步的实质判断，对于诸如“情节严重”等不确定的法律概念则应当允许执法者在具体的法律适用过程中进行衡量选择；（2）将违法行为事实与行政法和刑法之规范分别进行涵摄，立足于行政法规范及刑法规范中条文用语的文义进行行为定性的形式解释，结合违法行为的性质、触发的法律制裁类型及强度、当下的社会需求及欲达效果综合考量并进行行为定性的实质解释；（3）按照行为的法益侵害程度、手段情节之严重程度及刑事制裁之必要性，结合当下的刑事政策进行定量解释，确定违法行为入罪与否。[48]这样的界分路径实现了定性与定量手段的结合、不同法域之间的协调、事实与规范之间的涵摄、常态化时期和特殊时期的兼顾，切实保障了行刑衔接机制运行的精准识别和正确处理，并实现了刑法的谦抑性与张弛有度，刑法于是呈现出一张“父亲般的脸，威严而慈祥”。[49]在疫情防控的特殊时期中，为了达到预防和控制犯罪行为隐患又不至于陷刑法于“滥用”之危险境地，更应严格依据法律规范审慎而精准地把握违法行为与犯罪行为的界分标准。在刑事政策从严的现实情境下，极易对不具备刑事危害性的案件及其行为人作出刑事犯罪的性质认定，片面追求社会安全的维护而突破法治底线以致产生侵犯基本人权的风险。即使疫情的危害再严重，亦绝不能以牺牲现代人类文明的根基为代价，使社会治理效率追而不达，公正求而不及。[50]

（三）突发公共卫生事件时期行刑衔接机制构建的程序性衔接

疫情期间对于违法行为的认定与处理，必须依托科学的程序衔接机制方能抵达刑事治理之审慎与精准化，以期能在面对现实的、非常态的、迫切的紧急状态时能及时提高治理效率并维持社会秩序。从规范衔接流程这一角度出发，为促进涉嫌犯罪案件之有序流动，针对涉嫌犯罪案件移送程序与受理程序衔接不当这一突出问题，可以考虑借鉴地方立法之有益经验，设计一套具体明确、具有操作性的移送及受理案件机制。对于移送机制，主要涉及移送之标准，对于应当移送之案件的判断标准应适当低于刑事立案标准，只需要有证据证明违法事实可能会涉嫌刑事犯罪即可，能否被认定为犯罪还需受移送机关的进一步判断，必要时也可以邀请司法机关提前介入；移送之材料，应将行政机关在执法过程中获取的涉嫌犯罪的相关证据以及书面的说明移送至司法机关，如果业已作出行政处罚决定的，须将行政处罚决定书一并移送以供司法机关参考；受移送之主体，一般应移送至与执法机关同级的公安机关，如涉嫌职务犯罪则应移送至同级的监察机关。对于受理机制，主要涉及受理之时间，可参照《刑事诉讼法》之规定确定一个合理的时间区间；受理之后果，若公安机关在规定期限内作出受理案件的决定，应书面通知移送案件的行政机关和同级检察机关，如果不受理，也应通知移送机关和检察机关并书面说明理由。在明确案件移送及受理之机制外，还须明确规定行政机关、公安机关、检察机关在移送及受理中各自的权限职责、具体操作流程及衔接期限等内容，将移送和受理案件之处理情况纳入相关工作人员的工作职责范畴，对工作人员不尽职的行为进行责任追究。

从强化证据衔接这一角度出发，为实现涉嫌犯罪案件之有效移送及依法处理，必须切实解决行政执法中普遍存在的执法人员证据意识不强、取证不规范、证据种类及效力不明确等实际问题。按照《刑事诉讼法》第 54 条第 2 款关于行政证据与刑事证据转化之规定，对于客观性较为明显的书证、物证、视听资料及电子数据等实物证据，因其内容和法律效力不因案件性质以及法律程序的转换而随之变化，故能直接适用于刑事诉讼；而主观性较强的案件当事人供述及证人证言等言词证据，其证据的可靠性、真实性、合法性均因主观因素的存在而无法保证，故应在公安机关的侦查活动中重新收集。对于行政执法中常见的现场笔录等笔录类证据，宜将其视为实物证据，但还须经公安机关查证与其他证据无相悖之处方可进入刑事诉讼之范畴；对于行政鉴定意见的使用则可以参照言词证据，鉴定意见究其本质应属意见性证据，发生主观偏差及错误的可能性是难免的，只能适用于质证用以动摇其他证据的信用，不能作为定案的实质性证据。[51] 值得注意的是，对于行政机关移交的证据材料，司法机关在证据调查的全程都应与该机关保持紧密联系，仔细审查证据收集的主体、权限、程序和形式是否合法，并及时向其查询案件情况，要求其提供有关案件材料或者派员查阅案卷材料、调查报告等，以最大程度确保移送材料的真实性与合法性。

从加强配套保障制度这一角度出发，为实现行政机关与司法机关之协作配合，针对行刑衔接中因不同权力在运行程序上具有相对闭合性而导致的协调合作不足等迫切问题，应当探索建立行政机关与司法机关联席会议工作制度、信息共享平台机制、案件咨询制度等配套保障制度。联席会议工作制度是一种加强行政机关、公安机关与检察机关之间协调配合的会议制度，宜由行政机关牵头，采取定期会议或临时会议之形式，并确定1—2名联络员以方便不同机关之间的及时沟通。联席会议主要讨论行刑衔接机制运行中的疑难问题，协商不同机关之间对于某一案件的职责及分工，交换不同机关之间对于某一案件的看法及意见，汇报违法行为案件的处理及移送情况、受理及立案情况还有移送及立案的监督情况等。在实际操作中，行政机关在执法过程中发现涉嫌犯罪的案件时，可以商请同级公安机关或检察机关提前介入，就违法行为罪与非罪、移送的程序、证据材料的移交与转化等关键问题展开讨论与研究，充分发挥部门联动及协调配合之优势。信息共享机制是解决行刑衔接机制运作中信息交流不畅的重要途径，还能有效实现或简化行刑衔接机制中案情通报、案件移送等制度，使得案件的信息可以在各机关部门之间实现流动及共享。鉴于检察机关在行刑衔接中的监督者之角色，应由检察机关牵头，切实推动执法信息平台统一规划及完善工作，明确行政执法信息的录入标准、案件范围、案件内容、录入时间及移送案件的后续处理等，以保证平台规范高效之运转。对于作出较重处罚的行政处罚案件，行政机关原则上必须及时准确地上传至信息平台，以便于公安机关及时获取案件线索、检察机关开展执法监督；在案件上传至信息共享平台后，公安机关应及时处理并将案件处理的情况在规定时间内录入平台，否则将追究相应的法律责任。案件咨询制度，一般是围绕着个案的分析，提前将行政机关、公安机关、检察机关甚至法院的工作人员聚集在一起就相关的事实认定以及法律适用进行商讨，这对于各机关形成合力迅速侦破案件确有帮助。但需要注意的是，在各机关加强协调合作之余，亦应注意不得背离《刑事诉讼法》之权力分工、彼此制约，以更好地保障公民权利之立法目的。

（四）突发公共卫生事件时期行刑衔接机制构建的检察监督制度重塑

通过信息共享机制加强案件线索之保障。行刑衔接有效运作的一个前提就是必须在监督者与行政机关之间架设一个有效的反映行政机关与司法机关工作动态的“桥梁”，即检察机关是否能及时地了解行政机关所受理的违法行为及作出的处罚决定，并以此判断行政机关是否存在有案不移，以罚代刑之情节。信息共享平台是加强监督的重要手段，检察机关应当推动立法，以明确一个合理的行政执法信息准入标准，即行政机关在作出某一程度的处罚后就必须要将该案件及时准确地上传信息平台。此时，检察机关应指定专门的司法人员对其进行全面、适时的审查，及时了解掌握行政机关的行政处罚行为，并以此作为案件线索的重要来源，从而督促行政机关的及时移交案件和侦查机关的及时立案情况。

建立检察机关提前介入制度。现阶段，检察机关的提前介入权被限制在刑事诉讼活动中，对于行政执法活动的监督缺位显然不利于检察机关法律监督职能的实现⑭，亦难以确保衔接机制的顺畅运行。在涉及公共安全、社会公共利益、社会影响比较大的案件时，因查处的案件具有较大可能性涉嫌犯罪，检察机关在认真衡量后认为确有必要时可以主动介入行政执法环节，引导行政机关正确认定案件性质、收集固定保全重要证据材料等，当然，检察机关的提前介入最主要的目的还在于对行政机关的执法行为进行法律监督，不仅要监督行政机关是否依法行政，还要监督行政机关对于涉嫌犯罪的案件是否及时准确地移送公安机关。反过来，当行政机关在案件办理时遇到了难以解决的疑难问题，也可以主动邀请检察机关的工作人员参与案件办理以实现衔接质量和效率的提升。值得注意的是，尽管检察机关对行政机关的法律监督具有法律上的适法性和理论上的合理性，[52] 检察机关的提前介入也绝不能模糊行政执法权与刑事司法权的界限，更不能背离《刑事诉讼法》确立的“分工负责，互相配合，互相制约”之要求。在行政执法过程中，检察机关所扮演的应当是一个消极的参与者及积极的执法监督者之角色，与行为人之间并无直接的法律关系，但当行为人的行为构成犯罪时，检察机关的角色定位立刻发生转变，可以对犯罪嫌疑人采取积极的行动。[53]

赋予检察机关移送通知权。行政机关在依法移送涉罪案件上的恣意和检察机关监督权的缺位，是衔接机制关键问题的一体两面。[54]检察机关对于应当移送而不移送的行为可以向行政机关提出检察意见，但检察意见因缺乏指令性和强制效力而无法发挥有效作用，因此，应当赋予检察机关以移送通知权，即对于行政机关应当移送而不移送的，检察机关有权要求其说明理由，若检察机关认为理由不能成立的，可以进行一定的调查，并根据调查结果决定是否向行政机关出具《涉嫌犯罪案件移送通知书》。行政机关在收到通知书后应当在一定期限内依法进行移送，若行政机关仍然不及时移送甚至拒绝移送的，检察机关可以向行政机关的上级机关或者监察委员会发出给予相关责任人员的处分意见，处理机关的最终处分决定作出后，应当抄送检察机关。

值得一提的是，随着国家监察体制改革的推进，行刑衔接监督机制也得到了极大的强化和完善，相比较于检察监督，监察体制所蕴含的制度优势更为显著，能与检察监督构成互补的并行监督模式。监察监督具有监督范围全面覆盖、监督线索来源全面扩张、监督调查措施全面补强等优势，[55]使行刑衔接机制的监督资源和力量得以有效整合，上下一体、多部门联动的工作机制亦更为高效。继续推进并深化监察体制改革、不断推进司法执法合作标准化建设是推进我国行刑衔接机制完善的历史机遇和绝佳契机。正如有学者指出，改革和完善行刑衔接机制不是一项孤立的事业，它实质上是我国政治体制民主化、法治化进程中的一个侧面，因此真正解决这一问题是一个长期的、艰巨的过程。[56]

五、结语

为政之要，在乎改革，深化治理，为国之本，戒急用忍，行稳致远。行刑衔接之治亦然。大疫是对人性的大考，是对民族的大考，也是对制度的大考。疫情特殊时期可能会驱使个体作出非常极端和不理性的行为、公权机关作出不当行为，但法治的重要功能却在于尽可能地为生活在共同体之下的个人提供一种相对的确定感，否则，以防疫之名滥用刑法的现象将大肆发生，以可能侵犯公民人权而达到对事态的紧急控制显然是不合理的。刑罚，重其轻者，轻者不至，重者不来，此谓以刑去刑，刑去事成。疫情来临，刑法必须当仁不让地为人民保驾护航，准确把握法律界限，既要严，使违法犯罪行为受到应有惩处；又要宽，避免出现打击范围的扩大化等问题。在严与宽之间，就必须谨慎把握行刑衔接机制在非常态时期的特殊建构，使这一制度在一个通常较为稳定的制度体系中，证明自己能因时变化并经受住了时代发展的无止境要求，[57]并在今后的突发公共卫生事件期间能更好地在法治轨道上运行，最终服务于国家治理体系和治理能力现代化的伟大改革。循此思路，从法律的角度反思当下疫情治理的妥当性，合理构建长效的应对机制，是当其时。

注　释

① 自2020年1月23日疫区宣布“封城”开始，各地纷纷涌现各类涉疫犯罪，包括妨害公务、故意伤害、非法经营、招摇撞骗、诈骗、以危险方法危害公共安全、制假售假等犯罪，其中也不乏一些犯罪的新形态，比如吐口水入罪，医生患病坚持坐诊入罪等。然而，对于某些犯罪的处理，并非十分妥当。如在浙江省首例涉疫情居家隔离人员妨害公务案中，王某只是用手抓伤了民警的脸部和颈部，既没有使用外在的工具也没有严重侵犯公务人员人身健康，同时对公务人员的执法活动虽然有一定影响但并没有造成严重后果，也不具有严重的社会危害性，如此定罪，违背了我国《刑法》第13条但书的规定，以及罪刑法定原则只处罚具有严重法益侵害性行为的实质要求。具体参见刘艳红：《治理能力现代化语境下疫情防控中的刑法适用研究》，《比较法研究》2020年第2期。

② 2020年1月30日最高人民检察院《关于在防控新型冠状病毒肺炎期间刑事案件办理有关问题的指导意见》；2020年2月6日最高人民法院、最高人民检察院、公安部、司法部印发《关于依法惩治妨害新型冠状病毒感染肺炎疫情防控违法犯罪的意见》；2020年2月8日国家卫健委、最高法、最高检、公安部联合印发《依法严惩疫情期间七类涉医违法犯罪　人民检察院从快审查批准逮捕提起公诉》的通知。这些司法解释对于涉疫刑事案件的办理提出了从严从重快速处理的要求。

③ 2020 年 2 月 10 日，由最高法、最高检、公安部、司法部联合发布的《关于依法惩治妨害新型冠状病毒感染肺炎疫情防控违法犯罪的意见》明确规定因轻信而传播虚假信息，危害不大的，不以犯罪论处；以防止疫情蔓延为目的，未经批准擅自封路阻碍交通但未造成严重后果的，也不以犯罪论处。这些规定体现出了司法的谦抑与审慎，亦为行刑衔接机制在具体案件中的运用划出了一道清晰的边界。

④ 机制本身就是指在通常未知的条件下被触发的或是带有不确定结果的、经常发生且容易识别的因果模式。具体参见［美］乔恩・埃尔斯特：《解释社会行为：社会科学的机制视角》，刘骥、何淑静、熊彩等译，重庆大学出版社，2019 年，第 34 页。

⑤ 2020 年 2 月 11 日至 4 月 17 日，最高检以每周一次的频率，连续发布十批次共计 55 个全国检察机关依法办理涉新冠肺炎疫情典型案例，涉及维护疫情防控秩序、维护经济社会秩序和助力复工复产等多个方面，几乎涵盖了依法防控疫情过程中检察业务办案的全部现实需求。

⑥ 2020 年 2 月 11 日，最高检制定下发《关于组织做好疫情防控期间检察业务工作的通知》，明确提出既要严厉惩治严重妨害疫情防控的犯罪行为，又要把握好违法行为与刑事犯罪的界限、严厉打击与依法办案的关系；既要考量行为社会危害性评价的一般标准，又要关注防控疫情时期的特殊危害性及其恶劣情节；既要总体上体现依法从严从重打击的政策要求，又要避免不分具体情况搞“一刀切”的简单操作。具体参见人民网：《依法从严从快追诉妨害疫情防控犯罪》，https://baijiahao.baidu.com/s?id=1658292853224373667&wfr=spider&for=pc（访问日期：2020 年 8 月 26 日）。

⑦ 在“计某某招摇撞骗案”中，被告人为非法获取口罩，冒充国家机关工作人员，蒙骗口罩生产企业在人手紧张的情况下调集人力、物力重启废弃生产线生产简易型口罩。在常规状态下，简易型口罩的生产并不必然给企业带来损失，更不会给社会和国家带来不利的影响，原本不应纳入刑事治理的考量范围内，但在疫情爆发的特殊时期，在企业需要集中力量、加班加点生产疫情防疫急需的“KN95”标准口罩的关键时刻，被告人的行为就关乎到了抗疫工作所依赖的企

业正常的生产经营秩序，因此，被告人的行为认定为成立招摇撞骗罪。具体参见中国法院网：《计某某招摇撞骗案——冒充省卫健委工作人员到口罩生产企业招摇撞骗》，https://www.chinacourt.org/article/detail/2020/04/id/4880017.shtml（访问日期：2020 年 8 月 2 日）。

⑧ 这一表述出自《行政处罚法》第 22 条、《行政处罚法》第 7 条第 2 款规定了“违法行为构成犯罪，应当依法追究刑事责任，不得以行政处罚代替刑事处罚”，这两条强调的都是违法行为“构成犯罪”。而 2001 年由国务院公布实施的《行政执法机关移送涉嫌犯罪案件的规定》第 3 条规定了“行政执法机关在依法查处违法行为过程中，发现违法事实涉及的金额、违法事实的情节、违法事实造成的后果等涉嫌构成犯罪，依法需要追究刑事责任的，必须依照本规定向公安机关移送”。2011 年通过的《关于加强行政执法与刑事司法衔接工作意见》、2020 年发布的《关于进一步加强国境卫生检疫工作依法惩治妨害国境卫生检疫违法犯罪的意见》中的表述尽管略有差异，但大致上都维持着这样的表述。

⑨ 法律层面的规定可以参见《刑事诉讼法》第 54 条第 2 款和第 110 条之规定、《行政处罚法》第 7 条第 2 款和第 22 条之规定、《食品安全法》第 121 条之规定等。行政法规层面的规定可以参见《行政执法机关移送涉嫌犯罪案件的规定》。其他规范性法律文件可以参见《人民检察院办理行政执法机关移送涉嫌犯罪案件的规定》《关于整顿和规范市场经济秩序的决定》《关于加强行政执法机关与公安机关、人民检察院工作联系的意见》《关于在行政执法中及时移送涉嫌犯罪案件的意见》《关于加强行政执法与刑事司法衔接工作的意见》《关于加强工商行政执法与刑事司法衔接配合工作若干问题的意见》《食品药品行政执法与刑事司法衔接工作办法》等规定。

⑩《刑事诉讼法》第 54 条第 2 款规定：“行政机关在行政执法和查办案件过程中收集的物证、书证、视听资料、电子数据等证据材料，在刑事诉讼中可以作为证据使用。”

⑪《刑事诉讼法》第 113 条规定：“人民检察院认为公安机关对应当立案侦查的案件而不立案侦查的，或者被害人认为公安机关对应当立案侦查的案件而不立案

侦查，向人民检察院提出的，人民检察院应当要求公安机关说明不立案的理由。人民检察院认为公安机关不立案理由不能成立的，应当通知公安机关立案，公安机关接到通知后应当立案。”《人民检察院办理行政执法机关移送涉嫌犯罪案件的规定》第 10 条规定：“人民检察院认为公安机关不立案理由不能成立，应当通知公安机关在收到《通知立案书》后十五日内决定立案，并将立案决定书送达人民检察院。”

⑫《人民检察院办理行政执法机关移送涉嫌犯罪案件的规定》第 12 条规定：“各级人民检察院对行政执法机关不移送涉嫌犯罪案件，具有下列情形之一的，可以提出检察意见：（一）检察机关发现行政执法机关应当移送的涉嫌犯罪案件而不移送的；（二）有关单位和个人举报的行政执法机关应当移送的涉嫌犯罪案件而不移送的；（三）隐匿、销毁涉案物品或者私分涉案财物的；（四）以行政处罚代替刑事追究而不移送的。有关行政执法人员涉嫌犯罪的，依照刑法的有关规定，追究刑事责任。”

⑬ 如 2014 年，珠海市人大常委会制定了《珠海经济特区行政执法与刑事司法衔接工作条例》，成为全国首部专门规范行政执法与刑事司法衔接工作的地方性法规；2016 年，北京市政府通过了《北京市行政执法机关移送涉嫌犯罪案件工作办法》，作为规范行刑衔接工作的政府规章。同年，广州市人大常委会制定了《广州市依法行政条例》，第 48 条明确规定“市、区人民政府应当建立行政执法和刑事司法衔接机制，制定和完善案件移送标准和程序。”2020 年 4 月，广东省检察院与广东省司法厅共同发布《关于加强行政检察与行政执法监督衔接工作的意见（试行）》，其中囊括建立监督信息共享机制、规范检察建议的办理机制和建立日常协作机制等行刑衔接机制的相关内容。此外，不少地方人大常委会就行刑衔接的问题作出决定，如徐州市、自贡市人大常委会通过了关于加强行政执法与刑事司法衔接工作的决定。在疫情防控期间，浙江省委全面依法治省委员会办公室印发了《新冠肺炎疫情防控期间行政执法工作指引》，明确提出要做好行政执法与刑事司法衔接，依法及时将涉嫌犯罪的案件移送司法机关处理；上海市司法局发布了《关于加强本市新冠肺炎疫情防控期间行政执法工作的指导意见》，亦对行刑衔接机制在特殊时期的运行作出了相应的规定。

⑭《关于在行政执法中及时移送涉嫌犯罪案件的意见》第 11 条规定：“对重大、有影响的涉嫌犯罪的案件，检察机关可以根据公安机关的请求派员介入公安机关的侦查，参加案件讨论，审查相关案件材料，提出取证建议，并对侦查活动实施监督。”

参考文献

［1］王旭．重大传染病危机应对的行政组织法调控［J］．法学，2020（3）．

［2］王奇才．应对突发公共卫生事件的法治原则与法理思维［J］．法制与社会发展，2020（3）．

［3］中央政法委：防止执法司法简单随意［EB/OL］．人民网［2020-06-26］．http://yuqing.people.com.cn/GB/n1/2020/0218/c429781-31592505.html.

［4］张明军，赵友华．突发公共疫情依法治理的逻辑［J］．法学，2020（3）．

［5］肖金明．推进疫情防控领域法治研究［N］．中国社会科学报 2020-03-10（1）．

［6］彭涛．疫情防治中的国家与社会互动模式［J］．法学，2020（5）．

［7］舒洪水．论我国食品安全犯罪行刑衔接制度之建构［J］．华东政法大学学报，2016（3）．

［8］仝蕾．构建行政案件繁简分流机制的系统化路径［J］．人民司法，2020（7）．

［9］卢勤忠，夏陈婷．行政处罚与刑罚的对流机制研究［J］．河北法学，2020（3）．

［10］刘风景．审慎立法的伦理建构及实现途径［J］．法学，2020（1）．

［11］A. Boin, Rhinard, Ekgengren. Managing Transboundary Crises: The Emergence of European Union Capacity［J］. Journal of Contingencies and Crisis Management, 2014, 22(3): 131.

［12］刘莘．行政应急性原则的基础理念［J］．法学杂志，2012（9）．

［13］Perrow. The Next Catastrophe［M］. New York: Princeton University Press, 2007: 159.

［14］姜涛. 非常时期涉疫情犯罪教义学的重要问题［J］. 法学，2020（4）.

［15］刘艳红. 治理能力现代化语境下疫情防控中的刑法适用研究［J］. 比较法研究，2020（2）.

［16］马克思恩格斯全集：第 1 卷［M］. 北京：人民出版社，1956：293.

［17］姜永伟. 法治评估的科层式运作及其检视——一个组织社会学的分析［J］. 法学，2020（2）.

［18］刘冰捷. 民间经济纠纷类治安案件警察介入的界限［J］. 行政法学研究，2019（6）.

［19］章剑生. 现代行政法专题［M］. 北京：清华大学出版社，2014：225.

［20］陈瑞华. 行政不法事实与犯罪事实的层次性理论兼论行政不法行为向犯罪转化的事实认定问题［J］. 中外法学，2019（1）.

［21］车浩. 刑事政策的精准化：通过犯罪学抵达刑法适用——以疫期犯罪的刑法应对为中心［J］. 法学，2020（3）.

［22］最高人民检察院. 全国检察机关共受理审查逮捕涉疫情刑事犯罪 1 907 件 2 361 人［EB/OL］.［2020－08－10］.http://special.chinadevelopment.com.cn/2020zt/xgfyjjz/yqzj/2020/03/1625783.shtml.

［23］［英］丹宁勋爵. 法律的正当程序［M］. 李克强，杨百揆，刘庸安，译. 北京：法律出版社，2015：10.

［24］周佑勇，刘艳红. 行政执法与刑事司法相衔接的程序机制研究［J］. 东南大学学报（哲学社会科学版），2008（1）.

［25］M. Delmas-Marty and J. A. E. Vervaele, eds. The Implementation of the Corpus Juris in the Member States: vol. 4［M］. Intersentia, 2001: 307－326.

［26］杨永华. 行政执法与刑事司法衔接的理论与实践［M］. 北京：中国检察出版社，2013：61.

［27］周兆进. 环境行政执法与刑事司法衔接的法律省思［J］. 法学论坛，2020（1）.

［28］［德］克劳思·罗科信．刑事诉讼法［M］．吴丽琪，译．北京：法律出版社，2003：268.

［29］唐文娟．反思与推进：我国行政执法与刑事司法衔接机制刍议［J］．江西师范大学学报（哲学社会科学版），2016（4）．

［30］赵旭光．“两法衔接”中的有效监督机制——从环境犯罪行政执法与刑事司法切入［J］．政法论坛，2015（6）．

［31］彭艳霞，王爱平．行政处罚中渎职犯罪的解析与规制——以徇私舞弊不移交刑事案件的实证研究为视角［J］．北京社会科学，2015（11）．

［32］练育强．行政执法与刑事司法衔接困境与出路［J］．政治与法律，2015（11）．

［33］练育强．人民检察院在“两法”衔接中职责之反思［J］．政法论坛，2014（6）．

［34］［美］E. 博登海默．法理学、法律哲学与法律方法［M］．邓正来，译．北京：中国政法大学出版社，1999：110.

［35］［英］莱斯利·格林．国家的权威［M］．毛兴贵，译．北京：中国政法大学出版社，2013：1.

［36］［加］大卫·戴岑豪斯．合法性与正当性：魏玛时代的施密特、凯尔森与海勒［M］．刘毅，译．北京：商务印书馆，2013：190.

［37］吴云，方海明．法律监督视野下行政执法与刑事司法相衔接的制度完善［J］．政治与法律，2011（7）．

［38］练育强．行政执法与刑事司法衔接制度沿革分析［J］．政法论坛，2017（5）．

［39］［德］罗克辛．法益讨论的新发展［J］．许丝捷，译．月旦法学杂志，2012（211）．

［40］Gilpin and Murphy. Crisis management in a complex world［M］. Oxford: Oxford University Press, 2008: 209.

［41］韩非子·喻老．

［42］刘风景．审慎立法的伦理建构及实现途径［J］．法学，2020（1）．

［43］田宏杰．行政犯罪的归责程序及其证据转化——兼及行刑衔接的程序设计

[J]. 北京大学学报(哲学社会科学版), 2014(2).
[44][法]邦雅曼·贡斯当. 古代人的自由与现代人的自由[M]. 阎克文, 刘满贵, 译. 上海: 上海人民出版社, 2003: 233.
[45]武增编. 中华人民共和国立法法解读[M]. 北京: 中国法制出版社, 2015: 262.
[46]赵希. 证券期货违法行为的行刑衔接困境再思考——"量的区分说"的倡导与完善[J]. 财经法学, 2019(5).
[47]姜涛. 行政犯二元化犯罪模式[J]. 中国刑事法杂志, 2010(12).
[48]田宏杰. 立法扩张与司法限缩: 刑法谦抑性的展开[J]. 中国法学, 2020(1).
[49][日]西原春夫. 刑法的根基与哲学[M]. 顾肖荣, 等, 译. 北京: 法律出版社, 2004: 139.
[50]张丽霞. 恐怖主义行为认定的行刑衔接机制探究[J]. 法律科学, 2019(5).
[51]龙宗智. 证据法的理念、制度与方法[M]. 北京: 法律出版社, 2008: 103.
[52]刘远, 汪雷, 赵玮. 行政执法与刑事执法衔接机制立法完善研究[J]. 政法论丛, 2006(5).
[53]周佑勇, 刘艳红. 行政执法与刑事司法相衔接的程序机制研究[J]. 东南大学学报(哲学社会科学版), 2008(1).
[54]刘远. 行政执法与刑事司法衔接机制研究[J]. 法学论坛, 2009(1).
[55]冷枫, 朱贺. 国家监察体制改革对行刑衔接监督机制的影响与启示[J]. 河南财经政法大学学报, 2019(2).
[56]刘远, 赵玮. 行政执法与刑事执法衔接机制改革初探——以检察权的性质为理论基点[J]. 法学论坛, 2006(1).
[57][德]拉德布鲁赫. 法学导论[M]. 米健, 译. 北京: 商务印书馆, 2013: 106.

政府网站监管工具的有效组合模式及作用机制研究
——基于各省政府网站监管报表的实证分析

韩娜娜*

摘　要： 论文以中国的30个省为研究对象，在政府内部监管工具理论框架下，基于2017年和2018年各省政府网站监管报表，采用fsQCA方法，对省级政府网站监管工具的效果进行探析。研究发现：（1）整体看，政府网站监管工具的分布涵盖了标准设置、信息收集和行为调控三个环节，对监察、竞争、互助、随机四种控制机制均有所应用。（2）实践中解释区域内高政府网站绩效的工具组合呈现四种模式，分别体现了以下核心监管工具或组合的高强度应用：抽查+政府回应、年度绩效考核、抽查+问责、年度绩效考核+抽查+问责+公民参与，其体现了监察、竞争、互助、随机四种监管机制的不同混合应用，均涵盖信息收集和行为调控两个环节。（3）六个组态的核心条件都涵盖信息收集和行为调控两个环节，形成完整的监管控制链；每一种工具组合都表现为多种监管机制的混合，其中行政层级权威是政府网站监管政策发挥作用的基础。

关键词： 政府网站；监管工具；政府内部监管工具理论框架；省级政府

*　韩娜娜，上海财经大学公共经济与管理学院研究生。

一、问题的提出

以习近平同志为核心的党中央始终坚持“以人民为中心”的执政理念，提出把增进人民福祉、促进人的全面发展作为一切工作的出发点和落脚点。以“互联网+政务服务”为典型的网上政务服务建设的核心思想正契合“以人民为中心”的理念，是落实该理念的具体措施。同时“互联网+政务服务”以民众和企业的满意度为标准促使政府改革，提升了政府的治理能力和服务水平。网上政务服务的基础是政府网站建设和管理。从整体发展状况看，第一，目前各级政府网站都已具备基本的服务能力，整体水平趋于相近。如当前省级网上政务服务平台体系基本建成，政府网站已经发展成为具有信息发布、解读回应、办事服务、互动交流等功能的重要平台。第二，中国各地信息技术及相关制度趋同，如至2019年中国200多个地级市均成立了大数据管理机构。[1]

可以说我国各级政府网站已经进入一体化整合阶段，服务功能和服务水平持续优化，但仍有一些网站存在“不及时、不准确、不回应、不实用”等问题。通常在信息技术、财政资源供给等因素在短期内难以有效改变的情况下[2]，短期内要进一步提升网上政务服务的体验就需更注重网站监管。此背景下，中央政府自2014年以来出台了一系列重要文件，如《国务院办公厅关于加强政府网站信息内容建设的意见》（国办发〔2014〕57号）、《国务院办公厅关于印发政府网站发展指引的通知》（国办发〔2017〕47号）及《国务院办公厅关于做好政府网站年度报表发布工作的通知》（国办函〔2018〕12号）等，推动了政府网站的常态规范化监管机制建设。

政府网站监管机制建立以来，全国政府网站的整体抽查合格率从2016年第二季度的85%提升至2018年第二季度的96%。从各省政府网站的抽查合格率发展状况看（见图1），与2017年相比，2018年各省政府网站抽查率整体提升（除个别省份）。这意味着政府网站监管政策和工具是有效的。但政府网站抽查合格率还有以下特点：（1）横向对比发现，各省之间的抽查合格率存在差异。如2018年天津、山西、陕西、北京等地的平均抽查合格率在99.5%以上，江西、甘肃、河南、重庆、西藏等地的平均抽查合格率低于95%。（2）纵向对比发现，2017—2018年间各省政府网站抽查合格率提升的程度不同，这似乎意味着各省政府监管工具及其组合的有效性不同。从各种监管工具的使用看，各个省份基本采用了抽查、问责、年度绩效考核、公民参与、人员培训、政府回应等监管方式，但是对各工具的使用程度不一，最终政府网站监管的绩效即政府网站合格率也存在异质性。那么我们就要去思考哪些监管工具或者监管工具的组合是更有效的？该问题的答案可为提升我国整体网站规范化运行水平提供依据和具体措施。

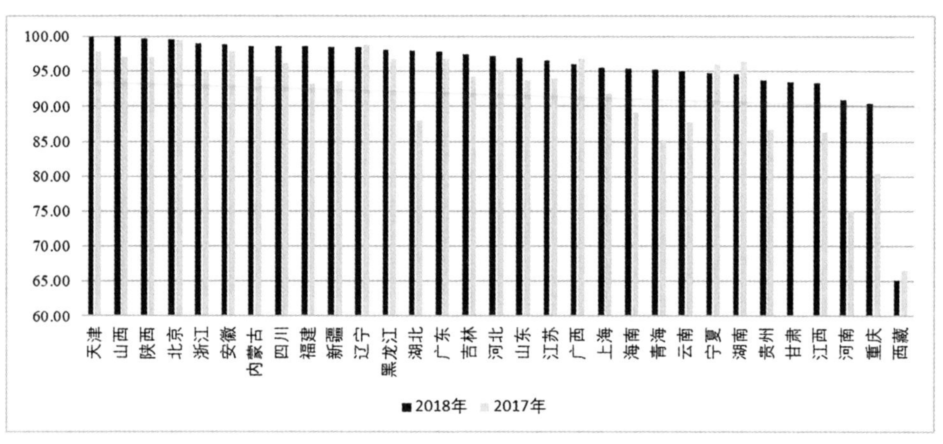

图1　各省政府网站抽查合格率对比

注：（1）政府网站抽查合格率为平均抽查合格率，按照各季度抽查网站数量和不合格网站数量换算得到，具体计算公式为：2017年各省平均抽查合格率=2017年一二三四季度抽查不合格网站数量总和/2017年一二三四季度抽查网站数量总和，2018年各省平均抽查合格率计算方法同上；（2）甘肃省2017年政府网站抽查合格率缺失，因该年甘肃省政府网站监管年报无法获取。

数据来源：各省政府网站抽查合格率为作者根据各地每个季度抽查网站数量和不合格网站数量计算得到；各地每个季度抽查网站数量和不合格网站数量来自2017年和2018年各省政府网站监管报表。

因此，从现实看，我国政府网站整体发展水平及制度趋同，已进入一体化整合发展阶段（Seamless or fully integrated）[3]，网站规范化监管愈加重要。实践中也发现监管工具的不同使用情况导致了各省政府网站合格率的不同。但是在理论研究方面，既有文献主要从各种组织内外因素及配置结构等对政府网站建设绩效的影响进行了解释。在政府日益强调网站监管的情况下，学者们对影响政府网站发展的因素仍多延续以往文献中关注的组织内外因素及配置结构，忽视了政府常态化监管工具的重要作用，相应地，也很少应用监管工具理论去解释政府网站发展。因此，对网站监管工具在政府网站绩效中的效果进行研究可对政府实践工具的调整给予启发，也可对现有研究文献形成有益补充。

基于以上，本文试图重点回答以下问题：哪种监管工具对政府网站绩效的提升更有效？各种监管工具如何配合以实现更高的政府网站绩效？本文以政府内部监管工具框架为理论基础，结合监管工具的现状，提出政府网站绩效的监管工具集合和解释框架，以各省政府网站监管报表为主要数据来源，利用 fsQCA 方法分析各种监管工具的组合，并解释其作用机制。

二、理论基础与研究假设

（一）政府网站发展影响因素的研究现状

目前国内外学者从动机—能力、结构—功能、过程—事件等多种视角探究政府网站发展的影响因素。

1. 基于动机—能力视角的研究

早期研究多从创新扩散视角对政府网站及其服务创新发展进行研究，焦点集中在文化制度、组织及其行动者、经济发展、信息技术设施、公民需求、府际竞争等因素对政府信息技术采纳及其创新扩散的影响。理论和实证研究表明信息技术（互联网）会从多方面影响组织结构及其绩效[4][5]，其是电子政务发展的基础。但信息技术并不是公共组织创新变革的充分条件，不能将公共组织变革的全部结果归因于信息化[6]，信息技术的采纳和扩散受到文化与制度、组织特征及工作人员、组织外部环境等因素的影响。

简 · E. 芳汀（Jane E. Fountain）[7]认为包括官僚政治、规范准则、文化信仰在内的多重制度通过影响人们对因特网和相关信息技术的设计、感知和使用，从而影响信息技术的采纳。不同的社会文化维度会促进或阻碍政府网站及其服务的创新扩散。[8][9]一个国家内部官僚政治的分裂、党派分裂、集团冲突等政治制度因素也对政府网站服务创新产生重要影响[10]，如意大利 SUAP（One-Stop Business Shop）项目实施采纳效果受政府系统的政治利益关联、历史遗留下的碎片化权力机构政治制度等制约[11]，在美国由共和党控制立法机构的州更有可能接受电子政务[12]。具体到组织内部，政府组织结构及组织文化会影响信息技术的选择，如中国街道层面政务服务中心建设时会采纳与当前社区行政体制特征最为接近的方案。[13]

地方政府领导人、职能部门管理者和具体工作人员等多层次行动者之间基于权力—利益关系的复杂互动影响网上政务服务的创新结果。[14]其中，领导者能够发挥将财政资源吸引到一起并克服官僚不妥协态度的作用[15]，其偏好和支持程度决定了政府网站创新采纳的成败及优异程度，广州[16]及香港[17]的案例研究都对此形成支持。组织内部员工抵制也形成政府网站是否被采纳的关键变量，美国艾奥瓦州县财政局的调查研究[18]则对此给予证实。

适当的组织资源冗余有利于组织创新[19]，国内外的研究都表明政务网站及网上政务服务的创新采纳受经济因素的制约，如对美国[20]、中国[21][22]等的研究均对此给予证实。除以上外，研究还发现公民需求、府际竞争及在同行中建立合法性等因素影响政务网站及服务的创新采纳。[23][24]

随着政府网站进入规范化成熟发展阶段，学者们则开始关注政府网站服务能力提升的研究。如胡广伟等构建了电子政务服务能力理论，将电子政务服务能力分为内容服务能力、服务传递能力和随需应变能力三个层次[25]，并从政府内部视角对电子政务服务能力的影响因素进行了探究，发现政府业务纵向整合水平[26]，领导意愿、团队认同、下属认同等因素[27]，政府组织管理因素[28]、政府组织内部文化环境因素[29]均显著影响电子政务服务能力。除此之外，其他学者，如汤志伟等[30]的实证研究表明公众需求规模、互联网普及率和上级压力等对中国地级市政府政务服务在线办理能力的贡献显著。埃米特·达斯（Amit Das）等[31]则发现在国家层面上，可以通过单独投资于信息通信技术设施达到高水平政府网上服务的目的。目前学者们开始关注多因素组合对政府网站发展的影响，如韩娜娜[32]和谭海波[33]等都认为高水平网上政务能力的生成基于各种前因条件的组合，并解释了高水平网上政务服务能力形成的多种路径（组态）。

2. 基于结构—功能视角的研究

信息系统成功模型（D&M 模型）、任务技术匹配模型（Task-Technology Fit，TTF）等理论关注信息技术系统结构特征对公民使用电子政务的影响。信息系统成功模型（D&M 模型）[34][35]意味着代表电子政务系统自身在功能设计和内容建设上的系统质量、信息质量和服务质量等影响电子政务系统的成功。来自中国台湾G2C 电子政务系统的证据[36]、印度在线公众申诉补偿系统的研究[37]等均对以上理论形成支撑。任务技术匹配模型（TTF）[38]则进一步基于任务特征和信息技术匹配契合的角度，认为当技术与组织任务能够很好匹配的时候，才能产生组织绩效。实证研究显示任务与技术的高度契合对国家电子政务系统的整体成熟度和发展产生积极影响。[39]

电子政务成熟度模型认为电子政务服务能力是多种关键要素有机组合的动态表现与集成，成熟度的发展体现了电子政务建设中关键领域及元素同步演进的观点。[40]目前实践中发展出智利电子成熟度模型（eGov-MM）[41][42]、加拿大电子政务能力自查工具（e-Government Capacity Check）[43]和美国商务部（DoC）IT 架构能力成熟度模型（Enterprise Architecture Capability Maturity Model）[44]等典型。

3. 基于过程—事件视角的研究

组织所处情景中的事件也是推动政府网站及其服务发展的重要变量，包括被动型事件和主动型事件。[45]作为被动型事件的重大突发事件影响了中国电子政务功能建设。首先，重大突发事件是政务公开的重要推动力[46]，如 2003 年的“非典”疫情成为推动政府政务信息公开大跨越的事件，学者们开始反思如何利用互联网促进政府信息公开，实践中政府也加快政府信息公开制度建设。[47][48][49]同时，危机事件也促进了建立危机信息管理系统的思考。[50][51]

在中国电子政务建设中，中央政府经常通过主动创造事件，引导地方政府电子政务发展方向。如“互联网 + 政务服务”作为中央政府主导的建设，对各级政府政务信息共享、业务协同等发展发挥了重要作用。2016 年“互联网 + 政务服务”提出之后，2017 年各省级政府相继发布“互联网 + 政务服务”工作方案，从政务服务优化再造、服务平台融合升级、信息资源共享交换平台建设等方面提出具体目标。[52]实践中至 2018 年底 32 个省级政府服务平台体系基本建成，其中 30 个地区构建了覆盖省市县三级以上的一体化网上政务服务平台[53]；各级政务服务数字化程度、政务服务平台建设等均得到很大提升[54][55]，“最多跑一次”“不见面审批”“一网通办”“数字政府”等模式不断涌现[56]。

综上所述，目前研究主要基于动机—能力、结构—功能、过程—事件等多种视角，从各种潜在组织内外因素及配置结构对政府网站建设的绩效差异进行了解释。既有的文献主要覆盖了政府网站发展的起步、提升、交互、交易等阶段，针对无缝隙整合阶段的探讨较少，且忽视了在特定发展阶段如何通过管理手段保持政府网站优化运行的问题。目前中国已经开始进入一体化整合的门户网站建设阶段，追求普惠的互联网政务服务，短期内要进一步提升网上政务服务的体验就需更注重网站规范化监管，但学者们却忽视了网站监管工具对政府网站发展的影响。因此，基于目前实践发展现状和研究现实，网站监管工具对政府网站发展的作用，及监管工具的组合作用机制有待进一步厘清，有助于对现有文献形成有益补充。

（二）概念界定及理论框架

本研究将监管（regulation）界定为“作为所有社会或经济形式的影响，无论其基于国家权力还是其他来源（如市场）”。[57]即监管指包括国家机构、自我监管机构及其他组织和个人等在内的不同力量对监管对象施加影响的活动。一般来说，监管对象可以是商业机构或场所，也可以是个人、政府组织和非营利组织等。[58]其中，针对政府组织的监管被称为政府内部监管（Regulation inside Government）。克里斯托弗·胡德（Christopher Hood）将政府内部监管界定为拥有官方授权的其他公共组织对特定公共组织施加影响的活动，排除了自我监管、无正式授权的监管等，将涉及的活动分为三类：审计和财务控制、对公共服务质量的监督和对公职人员廉洁行为的监督。[59][60]本文对该概念予以拓展，纳入自我监管、无正式授权的监管等，即认为政府内部监管指国家机构、自我组织、企业、其他专业社会组织及公民个人等对特定公共组织施加影响的活动。

克里斯托弗·胡德基于文化理论整合了传统命令控制、竞争、互助合作等多种机制，专门针对政府组织提出了政府内部监管工具理论框架[61][62][63]。目前学者们利用该框架分析了监狱[64][65][66]、教育[67][68]、建筑管理[69][70]等领域的公共服务质量监管及高级公务员的监管[71]等。该框架包容性强，能够涵盖文中所述所有监管工具，且内涵了不同种类工具的运行机制，能够全面深入地对工具的适用性及分析结果进行解释。因此，本研究基于该理论框架对政府网站监管工具进行分类及解释。本研究基于政府内部监管工具理论框架（见表 1）对政府网站监管工具进行分类及解释。该框架由控制机制和控制过程两个维度组成。四种机制具体为：（1）监察机制（Oversight），基于官僚组织的权威通过“命令控制”系统进行控制的机制；（2）竞争机制（Competition），通过促进公共部门各部门间或公务人员间的竞争来控制其活动，如绩效排行榜；（3）互助机制（Mutuality），个体通过群体的影响被控制的机制，如同行评议；（4）随机机制（Randomness），通过使结果和操作条件不可预测来影响行为，如抽查。基于控制论的控制过程三要素包括标准设置、信息收集和行为调控。将以上两个维度结合，政府内部监管工具理论框架将监管工具分为 12 种理想类型。基于本研究对政府内部监管概念的界定，对政府内部监管工具理论框架的重新理解需追溯至 1995 年胡德对四类控制机制的最初阐释[72]，即从内部控制和外部控制两种视角分析四种机制。也就是说，本文中政府内部监管工具理论框架的监管者包括所有内部和外部影响政府机构活动的组织及个人。

表 1　政府内部监管工具理论框架

控制机制	控制过程的元素		
	标准设置	信息收集	行为调控
监察机制（Oversight）	① 通过层级命令 如政府制定的不可协商的规则	② 传票式 如强制性报告	③ 对权威的回应 如授予 / 扣留许可证
竞争机制（Competition）	④ 通过自然选择 如竞争对手需求 / 标准之间的竞争	⑤ 激励方式 如鼓励披露信息	⑥ 在联盟中保持高水平 如排行榜或奖励高绩效者
互动机制（Mutuality）	⑦ 参与 如与被监管者协商一致的规则	⑧ 网络式 如同行评议，专业人员之间交流信息	⑨ 相互揭露或影响 如相互说服
随机机制（Randomness）	⑩ 不可预测或无组织 如易变的规则	⑪ 彩票式 如随机选择或暗访	⑫ 行动回报的不可预知 如通过制度或未来职业方向的不确定减少机会主义

资料来源：克里斯托弗·胡德等（Hood et al.，1999：49）。

（三）政府网站监管工具集合及分布特征

目前，中国政府网站建设已经进入政府网站集约标准化建设阶段，强调建立规范化监管体系。2014 年之后，中央政府通过一系列文件明确政府网站的基本标准框架，包括内容标准、技术规范和制度建设等，政府网站建设进入全国统一标准化阶段。同时，政府更加重视网站规范化监管，通过文件细化监管内容和工具。具体，通过国务院办公厅《关于加强政府网站信息内容建设的意见》（国办发〔2014〕57 号）、国务院《关于加快推进“互联网＋政务服务”工作的指导意见》（国发〔2016〕55 号）、国务院办公厅《关于印发政府网站发展指引的通知》（国办发〔2017〕47 号）等一系列文件明确并建立了地方和中央多层次统一的监管体系（省和中央抽查问责、各级政府网站年度报表制度），细化政府网站核查项目和标准；强调多元监管工具的配合使用，如抽查、问责、年度绩效考核、社会监督、人员培训等，并通过政府网站监管年报督促落实。

根据政府内部监管工具理论框架及重要政策文件，可将目前中国政府网站监管工具整理如表 2 所示。其中，省级层面的主要工具体现在政府网站监管年度报表中，展现了抽查、问责、绩效考核、公民参与、政府回应、人员培训等监管工具及其使用情况。整体看，政府网站监管工具的分布涵盖了标准设置、信息收集和行为调控三个环节，监察、竞争、互助、随机四种控制机制均有所应用，但在不同控制环节应用程度不同。但是标准设置权集中于中央层面，建立了中央和地方全国统一的技术标准、检查标准、考核标准，这保证了各地、各部门之间的监管绩效能够进行比较。省级层面的监管工具则分布于信息收集和行为调控两个环节，信息收集工具包括抽查、绩效考核和公民参与，行为调控工具则主要包括问责、绩效考核、政府回应和人员培训四种。

表 2　中国政府网站监管工具集合

控制机制	控制过程的元素		
	标准设置	信息收集	行为调控
监察机制（Oversight）	网站技术标准 检查指标及标准 监管工作考核标准	年度报表 抽查	问责（约谈、书面检查、通报批评、警告或记过处分、调离岗位或免职）

（续表）

控制机制	控制过程的元素		
	标准设置	信息收集	行为调控
竞争机制 （Competition）	—	年度绩效考核	年度绩效考核
互助机制 （Mutuality）	—	公民参与	政府回应 人员交流培训
随机机制 （Randomness）	—	抽查	—

注：抽查、年度绩效考核、人员培训、政府回应等监管工具的实施基于层级政府的权威，分别是监察机制与随机机制、竞争机制和互助机制的混合。

（四）研究假设

政府网站监管年度报表全面展现了省级政府对抽查、问责、年度绩效考核、公民参与、政府回应、培训等重点监管工具的使用情况。本文基于以上工具的使用程度建立研究假设，具体各种监管工具的使用程度分别用抽查比重、问责程度、年度绩效考核程度、公民参与程度、政府回应程度及培训强度等表示。

1. 抽查比重。抽查是随机机制在官僚控制系统信息收集环节的应用，其能够抑制机会主义行为的发生。根据最优执法理论，在其他条件一定的情况下，如果执法是随机的，给定违法收益，对潜在违法者的威慑依赖于执法概率和惩罚强度，即为实现确定的威慑，执法者可以在执法概率和惩罚强度之间作出替代选择。[73]执法概率即违法行为被发现的概率，在政府网站抽查中，其指不合格网站被发现的概率。从概率角度讲，抽查比重越大，违法行为被发现的概率越大，产生的威慑作用越大，越能够促进组织绩效提升。学者通过数据模型推演发现，宽松的产品质量抽检体系将会导致较差的产品质量。[74]食品质量监管方面的实证研究也表明，抽查比重增加可以促进抽检合格率提升。[75]基于以上，本文认为省政府部门在政府网站抽查监管中，抽查比重越大，不合格网站被发现的概率越大，其对辖区内政府网站负责单位和相关责任人的威慑作用越大，越能够促进政府网站合格率提升和绩效改进。基于以上，提出假设 H1：抽查比重越大，政府网站绩效水平越高。

2. 问责程度。问责是监察机制在行为调控环节的监管工具，属于预防定向下的问责，关注目标的消极结果，即惩罚或损失。[76]具体地，其通过惩罚制度和行为对问责对象产生心理暗示作用，进而产生问责压力，在心理和行为上制约和激励问责对象的行为，使其行为具有特定方向性，从而改善和提升组织绩效。[77]政务网站监管中的问责指上级主管部门对抽查（普查）不合格的政府网站责任单位和相关人员追究行政责任，给予相应行政处分的措施。目前针对政府网站的问责已经形成了包括约谈、书面检查、通报批评、警告或记过处分、调离岗位或免职等在内的强制效力逐步递增的“规制金字塔”，从底端的约谈到顶端的免职，问责的威慑力逐步提升。[78]

问责程度是实现有效问责的基础设计，包括问责广度和问责深度两个方面。就政府网站监管中的问责而言，问责广度指针对不合格网站进行问责的总人次；问责深度指严重问责的比重。本文将通报批评以上问责设定为严重问责，因此，问责深度为通报批评以上问责人次占总问责人次的比重。一般来说，问责范围越广、深度越大，问责程度越高，问责效果越好。食品安全领域的问责实践对此给予支持。[79]根据以上，提出假设 H2：问责程度越高，政府网站的绩效水平越高。

3. 年度绩效考核比重。绩效考核是竞争机制在官僚控制系统信息收集和行为调控环节的监管工具，通过把市场化激励机制引入政治过程[80]，从而影响地方干部和政府组织的行为。具体，通过界定下级政府行为的一般框架、沟通上下级政策目标和期望、激励和对下级产生压力等机制，从而影响政府机构和干部行为以实现政策目标。[81]从实证研究看，绩效考核对促进中国经济发展[82][83]、生态环境改善[84][85]、生产安全[86]等产生了重要作用。但某项事务纳入年度绩效考核比重大小影响其对政府组织及干部注意力的吸引程度及政策目标的实现程度。如虽然环境保护被纳入政府年度绩效考核，但相比经济发展，其属于弱激励，这导致经常出现“生态环境保护向经济发展让路的倾向”[87][88]。因此，某项事务在地方政府年度绩效考核中的比重越大，其对政府组织和干部的激励作用越强，政策目标越能够得到实现。据此，提出假设 H3：年度绩效考核强度越大，政府网站绩效水平越高。

4. 公民参与程度。公民参与在政府网站监管中体现了互助机制在信息收集环节的应用，是一种组织外部社会监管的手段。“社会公众基于对自身利益的关心和对社会公众利益、公共事务的自觉认同，通过对社会活动的积极参与促进或实现社会发展。”[89]具体地，公民参与便于公民监督政府行政及决策活动，并促使政府决策符合公众偏好，获得公众认同。[90]政府网站建设中的公民参与就是公民在使用政府网站过程中发现的问题如信息更新不及时、信息不实用等问题向政府表达意见、提出要求等，从而帮助政府收集服务质量相关信息。公民是政务网站的直接使用者和受益者，在使用过程中对政府网站质量有更多感知，能够及时发现其可能存在的问题。相比之下，由于人力资源等限制，政府网站管理人员不可能实时全面监督网站运行情况。因此，公民在政府网站建设质量方面具有一定的信息优势和问题辨识精准性，是问题网站信息反馈的关键力量。一般来说，公民参与程度越高，政府网站质量和抽查合格率越高。根据以上，提出假设 H4：公民参与度越高，政府网站绩效水平越高。

5. 政府回应程度。政府回应是互助机制在行为调控环节的应用，属于组织自我监管，体现了政府组织与公民的互动，即政府通过接受公民传递的信息调整自身行为，可以说政府回应与公民参与是社会监督的一体两面。在中国，中央政府基于政治合法性对公民需求压力进行回应，地方政府在考核压力下按照中央政府要求对公民诉求进行回应。[91][92]从国家层面看，政府能够有效回应民众诉求，是决定国家治理成功与否的关键[93]，从地方政府层面看，如环境领域所示，公民环境诉求是否会影响环境规制效果即公民环境诉求是否有约束力，非常重要的一点在于地方政府是否对公民的需求作出回应以及回应程度。[94]因此，政府回应性决定了公民参与的深度和有效性，离开了回应就无法实现真正地参与，且政府回应程度越高，政策效果越高。在政府网站建设中，中央政府要求省政府将政府网站纳入考核，并且将政府对“我为政府网站找错”栏目中的回帖不及时情况作为网站打分的指标。这意味着政府回应能够成为地方政府提升网站合格率的有效工具。政府回应表示地方政府及部门对其网站中存在的问题进行整改，那么政府回应程度越高，政府网站的合格率就会越高。根据以上提出如下假设 H5：政府回应程度越高，政府网站绩效水平越高。

6. 培训强度。人员培训也属于互助机制在官僚控制系统行为调控环节的应用，但强制性较弱。具体，其通过提供信息技术知识来提升政府机关工作人员的网站管理技能和意识。劳动力与教育的相关研究已经表明，培训可以通过提升劳动者的人力资本来改善其生产能力，进而提升劳动者的收入水平。[95][96][97]加里 · S. 贝克尔认为，教育和技能培训是三大人力资本来源中最重要的。[98]我国政府网站建设高度重视人员培训的重要作用，在国务院办公厅《关于加强政府网站信息内容建设的意见》（国办发〔2014〕57 号）、国务院办公厅《关于印发政府网站发展指引的通知》（国办发〔2017〕47 号）等政策文件中对此专门给予阐述。在我国政府部门互联网管理人员紧缺、工作人员包括领导网站管理意识和知识匮乏的情况下[99][100]，针对政府网站管理相关人员开展培训教育，能够提升政府网站管理水平，从而促进政府网站质量。一般认为培训强度越大，政府工作人员的网站管理技能和意识越高，越会主动促进政府网站质量。据此，提出如下假设 H6：培训强度越大，政府网站绩效水平就会越高。

三、研究方法和数据

（一）研究方法

本文采用 fsQCA 两种方法对政府网站监管工具的效果及其组合协同作用机制进行分析。各省政府采用了各种不同类别的工具对政府网站进行监管，各种工具往往是组合在一起共同产生效果的。QCA 方法基于整体视角，关注条件组态与结果间的因果关系，其旨在通过跨案例比较，回答“条件变量的哪些组态可以导致结果变量的出现？哪些组态导致结果变量的消失”，从而进一步识别多重条件变量的协同效应。[101] 与传统回归法和案例分析法相比，QCA 具有以下优势：一是适合大、中、小样本的跨案例比较研究，尤其为中小案例的因果机制分析提供了有效方法；二是可以识别实现同一结果的不同条件组态和差异化驱动机制；三是可以更好回答因果关系的非对称性问题，即导致结果变量出现和消失的条件可能并不相同。QCA 方法一般包括清晰集定性比较分析（csQCA）、模糊集定性比较分析（fsQCA）以及多值集定性比较分析（mvQCA）。本文的变量反映了有关程度的变化，因此，采用 fsQCA 方法进行研究。

（二）数据及校准

本研究中使用数据皆为省级层面数据，数据来源主要为中国 30 个省（除港澳台地区和甘肃省）2017 年度和 2018 年度省人民政府办公厅填报的《政府网站监管年度报表》。由于各级政府要对年报中填报的数据负责，且中央政府负责部门在省级政府对所在地区抽查后，会再次对各省政府网站情况进行抽样复核，各季度的复核结果表明，各省的抽查情况整体真实准确。这意味着地方监管年报中的数据是准确的、可靠的。

分析使用的数据是 2017 年和 2018 年各指标的均值。需要对数据进行如下处理：

第一，结果变量为政府网站绩效，条件变量包括抽查比重、年度绩效考核程度、公民参与程度、政府回应程度和培训强度。本文主要针对 2017 年和 2018 年的情况进行研究，时间期限较短，而信息技术设施建设、财政资源供给等变量通常难以在短期内有效改变既有现状，政府网站绩效的提升主要依靠反映政府主观意志的各种监管工具。[102] 第二，政府网站绩效包括政府网站质量水平和政府网站质量提升度两个维度的指标，问责程度包括问责广度和问责深度两个指标。由于定性比较分析对条件变量数量有要求，过多变量会影响解的产生；且因监管工具的影响可能表现在使政府网站合格率提升或者使政府网站合格率维持在一个很高的水准。根据以上，政府网站绩效这一结果变量不能仅仅从某一个单一维度去衡量，而应该是一个反映以上两个维度的综合性指标，因此，在定性比较分析中涉及的问责程度和政府网站绩效是综合性的指标。具体，本文采用熵值法对问责程度和政府网站绩效的分指标赋权重（政府网站绩效：政府网站质量提升度 0.86，政府网站质量水平 0.14；政府问责：问责广度 0.64，问责深度 0.36），进一步根据权重计算出综合指数，校准环节所用数据即为该综合指数。第三，指标均值化处理。考虑到年度数据存在的随机性问题，以 2017 年和 2018 年数据的平均值作为分析基础（如表 3 所示）。第四，fsQCA 分析中所使用的数据须经过校准，即经过给案例赋予集合隶属的过程，将变量校准为集合，其集合隶属度介于 0—1 之间。为了确定各案例的集合隶属度，首先需要选取校准的锚点（完全隶属、交叉点、完全不隶属），对于“完全隶属”和“完全不隶属”两个锚点的选择，本文参照里斯·安德鲁斯（Rhys Andrews）[103]、谭海波[104]的做法，分别选取样本数据的 95% 和 5% 分位数，交叉点则结合变量实际取值的分布情况，选择能够体现变量中间程度的中位数（具体见表 4）。

表 3　变量的指标描述和计算方法

<table>
<tr><th colspan="3">变　　量</th><th>指　标　表　述</th><th>计　算　方　法</th></tr>
<tr><td rowspan="2">结果变量</td><td rowspan="2">政府网站绩效</td><td>政府网站质量水平</td><td>政府网站抽查合格率（%）</td><td>平均抽查合格率 =1−（2 年 8 个季度不合格网站数量总和 /2 年 8 个季度抽查网站数量总和）</td></tr>
<tr><td>政府网站质量提升度</td><td>政府网站合格率增加值 =2018 年合格率−2017 年合格率</td><td>{1−（2018 年 4 个季度不合格网站数量总和 /2018 年 4 个季度抽查网站数量总和）}−{1−（2017 年 4 个季度不合格网站数量总和 /2017 年 4 个季度抽查网站数量总和）}</td></tr>
<tr><td rowspan="7">条件变量</td><td colspan="2">抽查比重</td><td>政府网站抽查比重（%）</td><td>平均抽查比重 =2 年 8 个季度抽查网站数量总和 /2 年 8 个季度网站数量总和</td></tr>
<tr><td rowspan="2">问责程度</td><td>问责广度</td><td>6 类问责总人次 / 不合格网站数量</td><td>平均问责广度 =2 年 8 个季度 6 类问责总人次 /2 年 8 个季度不合格网站数量总和</td></tr>
<tr><td>问责深度</td><td>通报批评以上问责总人次 / 总问责人次（%）</td><td>平均问责深度 =2 年 8 个季度通报批评以上问责总人次 /2 年 8 个季度 6 类问责总人次</td></tr>
<tr><td colspan="2">年度绩效考核程度</td><td>纳入政府绩效考核比重（%）</td><td>平均绩效考核程度 =2017 年和 2018 年政府年度绩效考核比重均值</td></tr>
<tr><td colspan="2">公民参与程度</td><td>“我为政府网站找错”栏目下的“收到留言数量”（条）</td><td>平均公民参与程度 =2017 年和 2018 年省级平台收到留言数量均值</td></tr>
<tr><td colspan="2">政府回应程度</td><td>“我为政府网站找错”平台网民留言办理项目中：按期办结数量 / 收到留言数量</td><td>平均政府回应程度 =2 年总按期办结数量 /2 年总收到留言数量</td></tr>
<tr><td colspan="2">培训强度</td><td>人员培训项目中的“培训人次”（人次）</td><td>平均培训强度 =2017 年和 2018 年省政府培训人次均值</td></tr>
</table>

数据来源：结果变量和条件变量来源为各省 2017 年、2018 年的《政府网站监管报表》。

表 4　变量校准锚点

	变　　量	完全隶属	交 叉 点	完全不隶属
结果变量	政府网站绩效水平	0.685	0.362	0.138
条件变量	抽查比重	75.44	39.45	30
	问责程度	0.442	0.203	0.047
	年度绩效考核强度	2.5	1.03	0

（续表）

	变　　量	完全隶属	交 叉 点	完全不隶属
条件变量	公民参与程度	2 223	1 140	250
	政府回应程度	99.75	92.66	75.37
	培训强度	1 103	240	97

注：（1）在 fsQCA 分析中，政府网站绩效和问责程度为经过熵值法处理过的综合性指标，校准的数据基础是熵值法计算得到的综合指数。（2）抽查比重的完全不隶属点赋值为 30%。该完全不隶属赋值根据国务院办公厅《关于印发政府网站发展指引的通知》（国办发〔2017〕47 号）这一文件确定，其要求各地区、各部门要至少每季度对本地区、本部门政府网站信息内容开展一次巡查抽检，抽查比例不得低于 30%。

四、实证结果及分析

（一）必要性检验

在对条件组态分析之前，首先对各条件变量的必要性进行检验，即分析各条件变量是否构成结果的必要条件。必要一致性（consistency）检验结果表明（如表 5），所有单条件变量的必要一致性都低于阈值 0.9，这意味着各种监管工具都不是政府网站高绩效的必要条件。如针对抽查这种工具而言，其虽然对政府网站绩效的贡献稳定可靠，但并不是较高政府网站绩效的必要条件，即在这种工具未参与的情况下，也可能产生较高的政府网站绩效；也意味着抽查要通过与其他工具组合才能产生联动效应。因此，为探究有效的政府网站监管工具组合，必须要进行条件变量的组态分析。

表 5　条件变量的必要一致性和覆盖率

条 件 变 量	高政府网站绩效		条 件 变 量	高政府网站绩效	
	一致性	覆盖率		一致性	覆盖率
高抽查比重	0.600	0.646	高公民参与程度	0.561	0.560
低抽查比重	0.636	0.593	低公民参与程度	0.661	0.661
高问责程度	0.632	0.676	高政府回应程度	0.716	0.650
低问责程度	0.643	0.603	低政府回应程度	0.567	0.629

（续表）

条件变量	高政府网站绩效		条件变量	高政府网站绩效	
	一致性	覆盖率		一致性	覆盖率
高年度绩效考核程度	0.684	0.691	高培训强度	0.608	0.660
低年度绩效考核程度	0.614	0.607	低培训强度	0.709	0.656

资料来源：作者自制。

（二）条件组态分析

表6为导致较高水平政府网站绩效的六条路径。各条件组态的内部组成情况显示，在一些个案中问责、政府回应及培训等工具对较高的政府网站绩效是有正向作用的。同时各条件组态意味着较高的政府网站绩效是各种监管工具联动作用的结果，而各种工具在不同个案中的作用不尽相同。

将表6中各条件组态转换为监管机制与控制环节两个维度下的分布（如表7），会发现每一种组合的核心条件都涵盖信息收集和行为调控两个环节，其形成了监管控制的完整可靠闭环；每一种组合都是多种监管机制的混合，其中依靠政府权威的监察机制在各种组合中均有体现，这说明行政层级权威是政府网站监管政策发挥作用的基础，竞争、随机与互助合作等机制与监察机制形成重要配合和补充。

表6　高水平政府网站绩效的政府网站监管工具组合模式

条件组态	模式一		模式二		模式三	模式四
	组合1	组合2	组合3	组合4	组合5	组合6
年度绩效考核		•	●	●		●
抽查	●	●	⊖	⊖	●	●
问责					●	●
公民参与			•			●
政府回应	●	●	⊖	⊖		
培训	•			•	⊖	
一致性	0.897	0.869	0.880	0.857	0.871	0.94
覆盖率	0.342	0.353	0.235	0.254	0.353	0.234
唯一覆盖率	0.016	0.038	0.030	0.020	0.065	0.018

（续表）

条件组态	模式一		模式二		模式三	模式四
	组合 1	组合 2	组合 3	组合 4	组合 5	组合 6
典型案例	贵州、青海	海南、云南	浙江	重庆	新疆、山西、云南	湖北
整体一致性	0.836					
整体覆盖率	0.612					

注：（1）●表示核心条件存在；⊖表示核心条件缺失；●表示补充条件存在；空格表示条件变量是否存在对结果无关紧要。（2）一致性阈值为 0.89。

表 7 六种组态下的监管机制和控制环节覆盖情况

条　件	监管机制	模式一		模式二		模式三	模式四
		组合 1	组合 2	组合 3	组合 4	组合 5	组合 6
年度绩效考核	监察 + 竞争		信息收集 + 行为调控	**信息收集 + 行为调控**	**信息收集 + 行为调控**		**信息收集 + 行为调控**
抽查	监察 + 随机	**信息收集**	**信息收集**			**信息收集**	**信息收集**
问责	监察					**行为调控**	**行为调控**
公民参与	互助			信息收集			**信息收集**
政府回应	监察 + 互助	**行为调控**	**行为调控**				
培训	互助	行为调控			行为调控		

注：加黑字体为核心条件。

具体地，以上六条路径及监管机制的组合可分为四类模式。

模式一包括条件组态 1 和条件组态 2，信息收集和行为调控环节的核心工具分别为抽查和政府回应，分别体现了监察 + 随机机制的混合与监察 + 互助机制的混合。这类模式表明在省（市 / 区）政府对区域内政府网站抽查比重高且对网民留言回复率高的情况下，将政府网站纳入考核的比重越高或增加公务人员培训强度均可提升政府网站绩效，即可以促进政府网站合格率提升或使得政府网站合格率保持在高水平。典型案例包括贵州、青海、海南和云南，这几个省份政府网站绩效提升幅度都比较大，2018 年相对 2017 年的年均增幅均超过 6%，青海更是超过 10%。从各种监管工具的使用看，抽查比重均超过 48%，远大于国家的最低要求 30%，云南两年的均值更是达到 78%；政府回应度都较高，即都非常重视公民反馈的政府网站存在的问题，两年平均政府回应率均超过 92%，其中海南的平均回应率超过 97%；海南和云南体现了年度绩效考核工具的作用，其中海南 2018 年绩效考核比重达 4%，处于所有省份的最高水平。

模式二包括条件组态 3 和条件组态 4，信息收集和行为调控环节的核心工具均为年度绩效考核，体现了监察 + 竞争机制混合。该模式意味着即使在政府网站抽查比重和政府回应都比较低的情况下，强力的政府年度绩效考核工具辅之以高水平的公民参与或人员培训也可以实现高水平的政府网站绩效。典型案例包括浙江省和重庆市，其中重庆市 2018 年比 2017 年政府网站合格率年均提升近 10%，而浙江省提升幅度达 4% 且网站合格率长期保持在较高水平。从监管工具的使用看，重庆市和浙江省年度绩效考核比重均较大，2018 年为 4%；浙江省公民参与度较高，2017 年和 2018 年公民针对政府网站问题的留言分别为 1 425 条和 2 912 条，这对政府造成较大压力。

模式三包括条件组态 5，信息收集和行为调控环节的核心工具分别为抽查和问责，分别体现了监察 + 随机机制与监察机制的应用。其意味着较高抽查比重和较大问责强度就可以使得政府网站绩效水平的提升，这种组合主要通过政府层级权威影响注意力分配从而促进政府网站合格率提升或使其保持在高水平。典型案例包括新疆、山西等。从监管工具看，新疆和山西的抽查率分别达 42% 和 69%。问责广度和深度均较大，新疆和山西分别为 3.3/0.27 和 2.4/0.25，也就是说新疆和山西对每一个不合格网站问责人次分别为 3.3 人和 2.4 人，通报批评以上问责人数分别占到问责总人数的 27% 和 25%。

模式四包括条件组态 6，信息收集环节的核心工具为抽查、年度绩效考核和公民参与，体现了监察 + 随机 + 竞争 + 互助机制的混合应用；行为调控环节的核心工具为问责和年度绩效考核，体现了监察 + 竞争机制的混合应用。这种工具组合通过政府层级权威、随机机制、竞争激励等改变注意力分配，内外互动增加信息流通等途径来保证较高的政府网站绩效。典型案例为湖北，其年均政府网站合格率提升达 10%。从监管工具看，其年度绩效考核比重长期保持在 2% 的水平，在 2017 年处于高水平行列；抽查比重达到 50%，比最低要求高 20%；问责广度和深度分别为 2.69、0.34，即每一个不合格网站问责人次为 2.69 人，通报批评以上问责人数分别占到问责总人数比重为34%，属于高问责强度的行列；公民参与活跃，2017年和2018年留言数量分别高达1 332条和2 005条。

五、结论及建议

本文以30个省（不包括港澳台和甘肃省）为研究对象，以政府内部监管工具理论为依据，基于2017年和2018年各省政府网站监管报表，采用fsQCA方法，对抽查、问责、年度绩效考核、公众参与、下级政府回应、人员培训等监管工具及其组合的有效性进行研究，得出以下结论：（1）整体看，政府网站监管工具的分布涵盖了标准设置、信息收集和行为调控三个环节，监察、竞争、互助、随机四种控制机制均有所应用，但在不同控制环节应用程度不同。（2）实践中解释区域内高政府网站绩效的工具组合有六个条件组态四种模式。模式一以高抽查比重和高政府回应为核心，配之以高年度绩效考核或高强度人员培训。模式二以高年度绩效考核为核心，辅之以高公民参与或高强度人员培训。模式三体现了抽查比重和问责工具组合的核心作用。模式四是年度绩效考核、抽查比重、问责和公民参与四种重要工具的组合。（3）六个条件组态的核心条件都涵盖信息收集和行为调控两个环节，形成完整的监管控制链；每一种工具组合都表现为多种监管机制的混合，其中行政层级权威是政府网站监管政策发挥作用的基础，竞争、随机与互助合作等机制与监察机制形成重要配合和补充。

参考文献

［1］门理想．地方政府数据治理机构研究：组建方式与职能界定［J］．兰州学刊，2019（11）：146—156.

［2］谭海波，范梓腾，杜运周．技术管理能力、注意力分配与地方政府网站建设——一项基于TOE框架的组态分析［J］．管理世界，2019，35（9）：

81—94.

［3］UN, ASPA. Benchmarking E-government: A Global Perspective—Assessing the Progress of the UN Member States［R］. New York: 2001.

［4］Dewett, T., Jones, G. R. The role of information technology in the organization—a review, model, and assessment［J］. Journal of Management, 2001, 27(3): 313-346.

［5］Huber, G. P. A theory of the effects of advanced information technologies on organizational design, intelligence, and decision making［J］. The Academy of Management Review, 1990, 15(1): 47-71.

［6］何精华．公共组织信息化改造研究的逻辑分析［J］．中国行政管理，2002（1）：15—18.

［7］简·E. 芳汀．构建虚拟政府：信息技术与制度创新［M］．邵国松，译．北京：中国人民大学出版社，2010：7—10，80—81.

［8］Arslan, A. Cross-Cultural Analysis of European E-Government Adoption［J］. World Applied Sciences Journal, 2009, 7(9): 1124-1130.

［9］Zhao, F., Shen, K. N., Collier, A. Effects of national culture on e-government diffusion—A global study of 55 countries［J］. Information & Management, 2014, 51(8): 1005-1016.

［10］达雷尔·韦斯特．数字政府：技术与公共领域绩效［M］．郑钟扬，译．北京：科学出版社，2011：35.

［11］Castelnovo, W., Sorrentino, M. The digital government imperative: a context-aware perspective［J］. Public Management Review, 2018, 20(5): 709-725.

［12］McNeal, R. S., Tolbert, C. J., Mossberger, K., et al. Innovating in Digital Government in the American States［J］. Social Science Quarterly, 2003, 84(1): 52-70.

［13］黄晓春．技术治理的运作机制研究：以上海市L街道一门式电子政务中心为案例［J］．社会，2010，30（4）：1—31.

［14］谭海波，孟庆国，张楠．信息技术应用中的政府运作机制研究——以J市政府网上行政服务系统建设为例［J］．社会学研究，2015，30（6）：73—98.

［15］达雷尔·韦斯特．数字政府：技术与公共领域绩效［M］．郑钟扬，译．北

京：科学出版社，2011：46—48.

［16］谭海波，孟庆国，张楠．信息技术应用中的政府运作机制研究——以 J 市政府网上行政服务系统建设为例［J］．社会学研究，2015，30（6）：73—98.

［17］Luk, S. C. Y. The impact of leadership and stakeholders on the success/failure of e-government service: Using the case study of e-stamping service in Hong Kong［J］. Government Information Quarterly, 2009, 26(4): 594-604.

［18］Ho, A. T.-K., Ni, A. Y. Explaining the Adoption of E-Government Features: A Case Study of Iowa County Treasurers' Offices［J］. The American Review of Public Administration, 2004, 34(2): 164-180.

［19］Nohria, N., Gulati, R. Is Slack Good or Bad for Innovation［J］. The Academy of Management Journal, 1996, 39(5): 1245-1264.

［20］达雷尔·韦斯特．数字政府：技术与公共领域绩效［M］．郑钟扬，译．北京：科学出版社，2011：83—93.

［21］马亮．电子政务发展的影响因素：中国地级市的实证研究［J］．电子政务，2013（9）：50—63.

［22］Wu, Y. & Bauer, J. M., E-government in China: deployment and driving forces of provincial government portals［J］. Chinese Journal of Communication, 2010, 3(3): 290-310.

［23］Jun, K. N., Weare, C. Institutional Motivations in the Adoption of Innovations: The Case of E-Government［J］. Journal of Public Administration Research and Theory, 2011, 21(3): 495-519.

［24］马亮．电子政务发展的影响因素：中国地级市的实证研究［J］．电子政务，2013（9）：50—63.

［25］胡广伟，吴云．电子政务服务能力管理理论与方法［M］．北京：科学出版社，2014.

［26］丁锐，胡广伟．政府业务整合水平对电子政务服务能力的影响［J］．情报杂志，2013，32（7）：191—197.

［27］胡广伟，石进，顾日红．人因要素对电子政务服务能力的影响机制研究——

领导、团队、下属视角的实证［J］. 情报学报，2013，32（4）：428—438.

［28］王婷，蒋婉洁，胡广伟等 . 政府组织管理因素对电子政务服务能力的影响及启示［J］. 电子政务，2010（9）：47—52.

［29］王婧，官佳琪，胡广伟等 . 政府内部环境因素对电子政务服务能力的影响与启示［J］. 电子政务，2010（9）：41—46.

［30］汤志伟，郭雨晖，翟元甫 . 社会—技术框架下的政务服务在线办理能力探究——基于 334 个地级行政区的数据分析［J］. 中国行政管理，2019（1）：37—44.

［31］Das, A., Singh, H., Joseph, D. A longitudinal study of e-government maturity［J］. Information & Management, 2017, 54(4): 415−426.

［32］韩娜娜 . 中国省级政府网上政务服务能力的生成逻辑及模式——基于 31 省数据的模糊集定性比较分析［J］. 公共行政评论，2019，12（4）：82—100.

［33］谭海波，范梓腾，杜运周 . 技术管理能力、注意力分配与地方政府网站建设——一项基于 TOE 框架的组态分析［J］. 管理世界，2019，35（9）：81—94.

［34］DeLone, W. H., McLean, E. R. Information Systems Success: The Quest for the Dependent Variable［J］. Information Systems Research, 1992, 3(1): 60−95.

［35］Delone, W. H., McLean, E. R. The DeLone and McLean model of information systems success: a ten-year update［J］. Journal of Management Information Systems, 2003, 19(4): 9−30.

［36］Wang, Y.-S., Liao, Y.-W. Assessing e-Government systems success: A validation of the DeLone and McLean model of information systems success［J］. Government Information Quarterly, 2008, 25(4): 717−733.

［37］Rana, N. P., Dwivedi, Y. K., Williams, M. D., et al. Examining the Success of the Online Public Grievance Redressal Systems: An Extension of the Is Success Model［J］. Information Systems Management, 2015, 32(1): 39−59.

［38］Furneaux, B., Task-Technology Fit Theory: A Survey and Synopsis of the Literature［C］, In Dwivedi, Y. K., Wade, M. R. & Schneberger, S. L. Eds. Information Systems Theory: Explaining and Predicting Our Digital Society. New York: Springer, 2012.

[39] Larosiliere, G. D., Carter, L. Using a Fit-Viability Approach to Explore the Determinants of E-Government Maturity [J] . Journal of Computer Information Systems, 2016, 56(4): 271－279.

[40] Valdés, G., Solar, M., Astudillo, H., Iribarren, M., Concha, G. & Visconti, M., Conception, Development and Implementation of an E-Government Maturity Model in Public Agencies [J] . Government Information Quarterly, 2011, 28(2): 176－187.

[41] Valdés, G., Solar, M., Astudillo, H., Iribarren, M., Concha, G. & Visconti, M., Conception, Development and Implementation of an E-Government Maturity Model in Public Agencies [J] . Government Information Quarterly, 2011, 28(2): 176－187.

[42] Iribarren, M., Concha, G., Valdes, G., et al. Capability Maturity Framework for e-Government: A Multi-dimensional Model and Assessing Tool [C] . In Wimmer MA, Scholl HJ, Ferro E, editors. International Conference on Electronic Government, vol. 5184. Berlin: Springer, 2008: 136－147.

[43] KPMG(2010).e-Government Capacity Check Criteria. https://www.tbs-sct.gc.ca/emf-cag/risk-risques/capacity-capacites-eng.pdf. Retrieved July 22, 2020.

[44] United States Department of Commerce. Enterprise Architecture Capability Maturity Model（Version: 1.2.）[EB/OL] .（2007）[2020 －07 －20] . https://brainmass.com/file/1565763/Maturity+Model.pdf.

[45] 李超平，徐世勇 . 管理与组织研究：常用的 60 个理论 [M] . 北京：北京大学出版社，2019：159.

[46] 孙涛，刘颖 . 政务公开的动力机制研究 [J] . 国家行政学院学报，2005（S1）：106—108.

[47] 胡业飞 . 从三次重大公共危机看中国政府的信息公开 [J] . 山东社会科学，2009（12）：155—157.

[48] 柏花 . 危机管理视阈下的政府信息公开问题研究——基于 113 个突发公共事件的政府行为考察 [D] . 湖南农业大学，2016.

[49] 黄凯 ."非典" 考验电子政务 [J] . 中国信息界，2003（6）：22—24.

[50] 欧丹，程莹 . 公共危机管理中的电子政务建设应对——从汶川地震危机管理实

践不足之视角 . 公共管理与地方政府创新研讨会 . 地方政府发展研究，2010.

［51］明华 . 关于突发事件在线应急信息系统建设的思考［J］. 情报杂志，2003，（8）：47—48.

［52］李云新，于业芹 . 省域“互联网 + 政务服务”的推进机制与政策特征——基于政策文本的内容分析［J］. 电子政务，2018（3）：81—91.

［53］中央党校（国家行政学院）电子政务研究中心 .2019 省级政府和重点城市网上政务服务能力调查评估报告［R］. 2019.

［54］翟云 . 整体政府视角下政府治理模式变革研究——以浙、粤、苏、沪等省级“互联网 + 政务服务”为例［J］. 电子政务，2019（10）：34—45.

［55］杨书文 . 我国电子政务建设：从不平衡低水平向一体化智慧政务发展——以 36 座典型城市为例［J］. 理论探索，2020（3）：86—93.

［56］翟云 . 整体政府视角下政府治理模式变革研究——以浙、粤、苏、沪等省级“互联网 + 政务服务”为例［J］. 电子政务，2019（10）：34—45.

［57］Baldwin, R., Cave, M., Lodge, M. Understanding Regulation: Theory, Strategy, and Practice［M］. New York: Oxford University Press, 2012: 2−3.

［58］Coglianese, C., Mendelson, E. Meta-Regulation and Self-Regulation［M］// Baldwin R, Cave M, Lodge M, editors. The Oxford Handbook of Regulation. New York: Oxford University Press, 2010.

［59］Hood, C., Scott, C., James, O., et al. Regulation inside Government: Waste-Watchers, Quality Police,and Sleaze-Busters［M］. New York: Oxford University Press, 1999: 3−13.

［60］Lodge, M., Hood, C. Regulation Inside Government: Retro-Theory Vindicated or Outdated?［M］// Baldwin R, Cave M, Lodge M, editors. The Oxford Handbook of Regulation. New York: Oxford University Press, 2010.

［61］Hood, C. Control over Bureaucracy: Cultural Theory and Institutional Variety［J］. Journal of Public Policy, 1995, 15(3): 207−230.

［62］Hood, C., Scott, C., James, O., et al. Regulation inside Government: Waste-Watchers, Quality Police,and Sleaze-Busters［M］. New York: Oxford University

Press, 1999: 44－66.

[63] Hood, C., James, O., Peters, B. G., et al. Controlling Modern Government: Variety, Commonality and Change [M] . Cheltenham: Edward Elgar, 2004.

[64] Hood, C., Scott, C., James, O., et al. Regulation inside Government: Waste-Watchers, Quality Police,and Sleaze-Busters [M] . New York: Oxford University Press, 1999: 116－139.

[65] Hood, C., James, O., Peters, B. G., et al. Controlling Modern Government: Variety, Commonality and Change [M] . Cheltenham: Edward Elgar, 2004: 25－74.

[66] Lodge, M. & Wegrich, K. Governing multi-level governance: comparing domain dynamics in German Land-local relationships and prisons [J] . Public Administration, 1995,83(2): 417－442.

[67] Hood, C., Scott, C., James, O., et al. REGULATION INSIDE GOVERNMENT: Waste-Watchers, Quality Police,and Sleaze-Busters [M] . New York: Oxford University Press, 1999: 140－161.

[68] Hood, C., James, O., Peters, B. G., et al. Controlling Modern Government: Variety, Commonality and Change [M] . Cheltenham: Edward Elgar, 2004: 75－129.

[69] Lodge, M. & Wegrich, K. Governing multi-level governance: comparing domain dynamics in German Land-local relationships and prisons [J] . Public Administration, 2005, 83(2): 417－442.

[70] Lodge, M. & Wegrich, K. Control Over Government: Institutional Isomorphism and Governance Dynamics in German Public Administration [J] . The Policy Studies Journal, 2005, 33(2): 213－233.

[71] Hood, C., James, O., Peters, B. G., et al. Controlling Modern Government: Variety, Commonality and Change [M] . Cheltenham: Edward Elgar, 2004: 130－181.

[72] Hood, C. Control over Bureaucracy: Cultural Theory and Institutional Variety [J] . Journal of Public Policy, 1995, 15(3): 207－230.

[73] 杨晓维，张云辉 . 从威慑到最优执法理论：经济学的视角 [J] . 南京社会科学，2010 (12)：16—23.

［74］Starbird, S. A. Designing Food Safety Regulations: The Effect of Inspection Policy and Penalties for Noncompliance on Food Processor Behavior［J］. Journal of Agricultural and Resource Economics, 2000, 25(2): 616-635.

［75］李中东，张在升．食品安全规制效果及其影响因素分析［J］．中国农村经济，2015（6）：74—84.

［76］王晓辰，吴颖斐，应莺等．问责能否抑制个体非伦理行为？——调节定向和自我损耗的作用机制［J］．心理科学，2019，42（3）：674—680.

［77］吴建南，岳妮．问责制度、领导行为与组织绩效：面向我国西部乡镇政府的探索性研究［J］．中国行政管理，2009（2）：123—128.

［78］卢超．互联网信息内容监管约谈工具研究［J］．中国行政管理，2019（2）：41—46.

［79］李中东，张在升．食品安全规制效果及其影响因素分析［J］．中国农村经济，2015（6）：74—84.

［80］Heimer, M., The cadre responsibility system and the changing needs of the party［M］// Brodsgaard K. E., Yongnian Z, editors. The Chinese Communist Party in Reform. New York: Routledge, 2006.

［81］托马斯·海贝勒，雷内·特拉培尔，王哲．政府绩效考核、地方干部行为与地方发展［J］．经济社会体制比较，2012（3）：95—112.

［82］蒋德权，姜国华，陈冬华．地方官员晋升与经济效率：基于政绩考核观和官员异质性视角的实证考察［J］．中国工业经济，2015（10）：21—36.

［83］周黎安．转型中的地方政府：官员激励与治理［M］．上海：格致出版社，2008.

［84］黎文靖，郑曼妮．空气污染的治理机制及其作用效果——来自地级市的经验数据［J］．中国工业经济，2016（4）：93—109.

［85］孙伟增，罗党论，郑思齐等．环保考核、地方官员晋升与环境治理——基于2004—2009年中国86个重点城市的经验证据［J］．清华大学学报（哲学社会科学版），2014，29（4）：49—62.

［86］姜雅婷，柴国荣．目标考核、官员晋升激励与安全生产治理效果——基于中

国省级面板数据的实证检验［J］. 公共管理学报，2017，14（3）：44—59.
［87］张彩云，苏丹妮，卢玲等. 政绩考核与环境治理——基于地方政府间策略互动的视角［J］. 财经研究，2018，44（5）：4-22.
［88］Wu, J., Deng, Y., Huang, J., et al. Incentives and Outcomes: China's Environmental Policy［J］. NBER Working Paper, 2013, 9(1): 1-41.
［89］李颖. 重大民生政策风险评估中社会参与的回应困境及其破解［J］. 中州学刊，2017（6）：70—74.
［90］顾丽梅. 解读西方的公民参与理论——兼论我国城市政府治理中公民参与新范式的建构［J］. 南京社会科学，2006（3）：41—48.
［91］闫帅. 从抗争性政治到回应性政治：中国政治秩序再生产的逻辑分析［J］. 华中科技大学学报（社会科学版），2016，30（4）：1—7.
［92］王军洋，胡洁人. 当代中国政府回应性的逻辑：基于历史与现实的分析［J］. 社会科学，2017（12）：30—39.
［93］张亚泽. 当代中国政府民意回应性的治理绩效及其生成逻辑［J］. 陕西师范大学学报（哲学社会科学版），2018，47（3）：133—139.
［94］张为杰. 生态文明导向下中国的公众环境诉求与辖区政府环境政策回应［J］. 宏观经济研究，2017（1）：54—61.
［95］Becker, G. S. Human Capital: A Theoretical and Empirical Analysis with Special Reference to Education［M］. Chicago: The University of Chicago Press, 1994.
［96］周东洋，吴愈晓. 职业培训与中国城市居民的人力资本和收入差距［J］. 江苏社会科学，2019（5）：114—123.
［97］王建. 正规教育与技能培训：何种人力资本更有利于农民工正规就业？［J］. 中国农村观察，2017（1）：113—126.
［98］Becker, G. S. Human Capital: A Theoretical and Empirical Analysis with Special Reference to Education［M］. Chicago: The University of Chicago Press, 1994: 3-25.
［99］谭海波，范梓腾，杜运周. 技术管理能力、注意力分配与地方政府网站建设——一项基于 TOE 框架的组态分析［J］. 管理世界，2019，35（9）：81—94.

［100］黄萃，夏义堃．政府网站信息服务外包的利弊分析［J］．电子政务，2014（9）：58—62.

［101］杜运周，贾良定．组态视角与定性比较分析（QCA）：管理学研究的一条新道路［J］．管理世界，2017（6）：155—167.

［102］谭海波，范梓腾，杜运周．技术管理能力、注意力分配与地方政府网站建设——一项基于TOE框架的组态分析［J］．管理世界，2019，35（9）：81—94.

［103］Andrews, R., Beynon, M. J., McDermott, A. M. Organizational Capability in the Public Sector: A Configurational Approach［J］. Journal of Public Administration Research and Theory, 2016, 26(2): 239-258.

［104］谭海波，范梓腾，杜运周．技术管理能力、注意力分配与地方政府网站建设——一项基于TOE框架的组态分析［J］．管理世界，2019，35（9）：81-94.

基层治理是国家治理的基石

党组织引领基层治理法治化的困境与路径
——以小区治理为例

宋伟哲*

摘　要：我国小区治理所依赖的物业管理法律制度源于西方法律中的建筑物区分所有权理论。由于国情不同，完全套用此种理论所构建的业主自治法律制度在当代中国的实践中面临着很大困难，主要表现为业主参与热情不高、自治能力不足等。这就需要一股强大的动力来弥补这些不足，推动其依法自治。中国共产党拥有极强的组织、动员能力和极高的社会公信力，通过组建小区党的工作组织，鼓励业主党员积极参与小区治理，充分发挥党员先锋模范作用和党组织战斗堡垒作用，可以有效推动小区治理法治化。在实施过程中，要对小区党组织的运转、奖惩等出台明确的规章制度，要特别注意对其权利边界进行清晰界定，严防形式主义和干预业主合法权益等情况的出现。

关键词：基层治理；党建引领；业主自治；社会治理

在当代社会，住宅小区是绝大部分城市居民居住场所。可是近年来，小区物业矛盾越发突出，成为基层社会治理面临的难题。研究与实践都证明，法治是实现小区治理的重要手段。正如有学者对业主维权问题进行详细研究后所言，“关键是我们要加强法制社会建设……只有法制才能解决问题”[1]。对此，政府、学界和民间

* 宋伟哲，上海交通大学研究生。

有着高度认同。为了推动小区治理法治化，国家在近年来出台了许多措施。例如，制定了大量法律、法规、规章，进行了大规模的普法宣传活动等，可是效果却很难让人满意，小区物业矛盾依然很突出。实践证明，当前在我国要完全实现业主自治，条件还不够成熟。推动我国小区治理法治化，无论是法律文本制定，还是法律制度实施，都面临着“最后一公里”的难题，需要一股强大的动力来完成。中国共产党组织拥有巨大的能量，具备强大的组织动员能力。依靠党的领导，充分发挥党组织的作用，规范小区依法自治，是推动小区治理法治化的高效可行手段，在新时代的社会治理法治化中有着很强的示范作用，是实践党的领导与全面推进依法治国的最佳诠释。

一、小区治理法治化的重要意义

在全面推进依法治国的时代背景下，实现小区治理法治化有着重要意义，它不但能够解决社会治理中的小区物业矛盾纠纷，还能大大助力于国家治理。

（一）有助于化解新时代的主要矛盾

习近平总书记在十九大报告中指出，我国社会主要矛盾已经由人民日益增长的物质文化需要同落后的社会生产之间的矛盾转化为人民日益增长的美好生活需要和不平衡不充分的发展之间的矛盾。从实践来看，小区物业管理矛盾的发展恰是我国社会矛盾转化的一个重要缩影。住房商品化改革以前，我国城市居民的住房问题大多由单位负责解决。当时，人民整体生活水平一般，对居住环境的要求也不高，整个社会的主要精力正如当时的主要矛盾一样，集中在提高生产力方面。因此，这一时期的住宅物业管理问题并不突出。住房商品化改革后，人民对居住条件的要求日益增长，物业矛盾也就显现出来。时至今日，住房成为普通民众对美好生活的最大需要，人民不但要有住房，还对住房环境有着更高的需求。可是，这种美好需求却由于小区物业管理水平的参差不齐而产生矛盾。如何解决这些问题，就要善于运用法律智慧在不平衡、不充分发展的局面下实现小区治理。小区治理法治化既能从实践上化解日益严峻的物业矛盾，满足人民对美好生活的需要，助力社会治理，也能从理论上为丰富我国新时代运用法治手段化解当前社会的主要矛盾作出贡献，具有重要意义。

（二）有助于实现社会治理法治化

十九大报告要求社会治理要有法治保障，要实现社会治理法治化。有学者就如何实现社会治理法治化从理论上进行了较为完整的概述：“树立法治理念实现国家与社会治理模式的转型；明晰国家与社会治理法治化建设的基本任务与要求；加快政社分开的法制建设；加快培育社会组织；营造国家与社会治理法治化的人文环境。”[2]然而，推进社会治理法治化毕竟是个实践问题，历史经验证明选择一些重点领域作为推进社会治理法治化的试验田是个不错的选择。如果能够选择适当的实践对象，不但可以检验理论的正确性，对其他社会治理问题的解决提供经验借鉴，还能为这些问题的解决奠定良好的法治基础。

从这个角度看，小区治理显然是个理想选择。十九大报告中提出要“发挥社会组织作用，实现政府治理和社会调节、居民自治良性互动”。这无疑赋予了社会组织在推动社会治理法治化中更艰巨的使命。在当今中国，一部分社会组织实际上与普通民众的日常生活联系并不多，很难在社会基层治理上发挥重大作用。要想更好地发挥社会组织的作用，特别是要实现与“居民自治良性互动”，就必须选择一部分社会组织重点发展。显然，小区治理中的业主委员会是一股强大的力量，将是社会组织参与社会治理中的生力军。“民间团体的作用越大，社会就越健全，国家也就可以在相当程度上无为而治。”[3]

（三）有助于提高全民法治素养

当前，我国正在全面推进依法治国，全民法治素养的高低是决定社会治理成败的关键因素。十九大报告提出要提高全民族法治素养，加大全民普法力度。当前普法最大的难题在于理论脱离实践。普法者如果只是照本宣科，进行理论灌输，效果自然不佳。要想真正达到提升全民法治素质的目的，需要在实践中完成普法，让民众能够参与进来，让其从中获益，激发起民众参与的积极性，而不是停留在单纯的填鸭式理论宣教上。“逐步加强普法系统与受众系统的沟通机制，实现普法系统与其环境的‘结构耦合’，从倚重形式向提升实效转变，应当成为我国未来普法的指针。”[4]普通民众法治信仰和法治思维的形成不仅要依靠理论灌输，更要通过实践来培养。“业主在小区公共事务上通过投票、通过民主参与而熟悉民主程序、养成民主理念”[5]，从而真正提高全民的法治素养。

推进小区治理法治化就十分符合这种实践型普法的需求。首先，它解决的是当前社会的突出矛盾，关乎每一个业主的切身利益，有着广泛的群众基础；其次，它的内容因涉及一般生活，较其他法律更容易让民众学习；最后，小区治理法治化的一项核心内容是实现业主自治，特别强调培养现代意义的法治公民，这与普法的精神不谋而合。小区治理要发挥社会规范重要性，而社会规范有赖于业主共同制定。在这一过程中，可以将立法和普法加以结合，既可以吸收人民群众的智慧，又可以通过这种方式进行普法。“立法过程应当是弘扬法律精神的过程，通过广泛的宣传、讨论，法律走向社会、贴近民众，整个社会的法治意识也会因此而逐步提高。”[6]小区治理法治化可以培养起一批法治素养较高的业主，他们再去影响其他业主，全民法治素养必将得到巨大提升。

（四）有助于促进公众参与社会治理

公众参与是十九大报告中有关社会治理制度建设中的重要环节。但是，如何激发公众参与社会治理的积极性、公众如何参与社会治理是当前社会治理要解决的重大难题。有学者指出，“政府管理理念方式不够科学；公众参与社会治理的制度供给不足；社会组织发育不够成熟；公众参与的意识和能力明显不足”。要想解决这一问题，同样面临着如何将理论运用于实践的困难，需要找到一个合适的平台促进这种转化，推进小区治理法治化在这方面就有着巨大优势。第一，业主自治是小区治理的重要法律原则，业主自治就是要让业主实现小区的依法自我管理，其实质就是业主参与社会治理；第二，物业管理是目前最为突出的社会矛盾之一，和每个人的基本生活息息相关，关乎每个人的切身利益，容易激发全民参与的积极性，公众有动力参与到这项工作中来；第三，在一些领域的社会治理中，公众要想参与进来需要具备相当程度的专业知识或充足的时间，这在实践中一般很难做到。小区治理则不然，它面临的多是生活中的琐事。即使个别问题的处理需要一些专业知识和精力上的投入，但尚在可接受范围内，因此公众有能力参与其中。

二、小区治理法治化面临的困境

（一）法律制度不完善

实现小区治理法治化，必须要有完善的法律制度。然而，我国目前的物业管理法律制度却很不完善。首先是立法数量严重不足。全国人大并未制定统一的物业管理法，当前我国的物业管理法律关系调整主要靠《物权法》来完成，但《物权法》规定却十分简略，而仅有的一部行政法规《物业管理条例》，又因位阶不高和规定简略难堪大任。其次，地方立法数量虽多，但仍然不够，大量设区的市和一些省级行政单位并未制定物业管理地方立法。从立法数量上来看，覆盖面仍然存在严重不足。根据笔者统计，截至 2018 年 3 月，北京、吉林、湖南、云南、甘肃五省市尚未出台省级地方性法规，而是颁布了省（市）政府规章。特别值得注意的是，黑龙江、河北、西藏三省区既未颁布省级地方性法规，也未出台省级政府规章。此外，有学者统计，“截至 2018 年 3 月 31 日，全国 27 个省、自治区先后批准了 272 个设区的市行使地方立法权，占 99.3%。立法权的实际授予工作已经基本完成”。[7] 而从目前来看，这些地方设区的市制定物业管理地方立法的数量也非常少。

其次是社会规范不受重视。在小区治理中，除了国家立法，以管理规约为主的社会规范，也就是学界所言的“软法”，也扮演着重要角色。十八届四中全会提出要“发挥市民公约、乡规民约、行业规章、团体章程等社会规范在社会治理中的积极作用”，也就是发挥社会规范的作用。这同样是促进社会治理法治化的重要举措。然而在实践中，管理规约的状况比较糟糕。大量小区没有制定管理规约，有些小区虽然制定了管理规约，但基本上是在政府示范文本上“做填空题”而已。实践证明，即便是这种“填空题”，完成得也很不理想。有着长期物业管理研究与实践经历的舒可心先生就曾评价当代的物业管理规约，“都是理论上的。其实，就目前我了解的情况，中国的业主根本不把公约或者规约当回事，更麻烦的是法院也不把公约看作法律文件，而以为是个宣传性文书呢”。[8]

（二）业主自治参与不足

在小区治理法律制度设计中，业主自治是核心原则。这一制度设计的目的在于促使业主自治组织规范化，让业主能够很好地履行自治职责，将矛盾化解在基层。但是，这一设计存在重大缺陷。由于受到各种因素影响，我国的业主对于参与物业管理公共事务的热情始终不高，怠于行使自己的业主成员权。大量的小区不能召开业主大会，也没有设立业主委员会。例如在经济比较发达的深圳市，“罗湖 929 个小区业委会组建率仅 20%……还有 145 个小区没有物业管理”。[9] 即便是个别小区有着一些热心业主，历尽千辛万苦成立了业主自治机构，往往也会遭遇各种问题，最终不欢而散。应当承认，目前业主成员权的行使是件“又苦又累”的事情。仅仅竞选业委会委员，就要消耗巨大的人力、财力、时间成本，一般人不愿意做这件事。业主参与不足，小区治理法治化举步维艰。

面对上述困难，立法看似已经作出了一些回应。总览各类物业管理法律，对于如何成立业主自治组织及其以后的运转制度，无不作出了较为详细的规定。但是，这些规定能够落实的前提在于业主积极行使成员权，业主自治机构有足够的能力解决各种困难。问题在于，如何调动广大业主积极参与小区治理，立法并未给出答案。有些法律虽然明确了业主委员会委员可以领取津贴来鼓励业主积极参与，但是在实践中真正领取津贴的人员少之又少。因为大量小区公共收益不高，能够发给业委会委员的报酬很低，大量委员碍于“面子”即便可以领取也选择了放弃。这在事实上更降低了业主参与公共治理的积极性。实践中的难点还在于，成员权的行使属于私权范畴，业主怠于行使成员权，国家或个人并不能强制干涉。

（三）业主自治能力不足

小区治理法治化面临的另一大困难是业主自治能力不足。法律制度设计中的业主自治，主要是依靠业主实现小区的自我治理，来弥补政府治理能力之不足，行使原来由政府所行使的部分权力。随着业主自治愈发成熟，政府的干预越来越少，事实上政府也不具备足够的精力与能力去管理越来越多小区的具体事务。在实践中，业主自治更多依靠业主自治机构完成。因此，业主自治机构是实现小区治理的最重要主体，也是实践物业管理法律的最重要主体。

不过，制度设计虽然赋予了业主自治机构很大的责任，可是在实践中却面临着业主自治机构能力不足的问题，内部运转困难重重，对外交涉能力也很有限。业主委员会的工作能力很大程度上取决于业主委员的能力，但是现实中，业主委员的能力参差不齐，不能保证很好地履行法律赋予的业主自治责任。在当前的法律制度中，业主自治机构的法律地位不明确，社会地位不高，在与政府部门、物业服务企业进行各种维权交涉时，没有合适的沟通渠道，运转十分困难，其意见不易受重视。如果通过诉讼的手段解决矛盾，不但费时费力，个别地区还对业主委员会的诉讼资格加以限制。这样一来，业主自治机构所承担的自治职能就不能很好地履行，已制定出的物业管理法律难以实践，小区自然矛盾丛生。

三、党组织推动小区治理法治化原因分析

通过上文分析，目前小区治理法治化所面临的最大困境是法律制度不完善、业主自治参与不足、业主自治能力不足。为什么在实践中会面临这些困难？一个主要原因就是目前我国的物业管理法律制度移植于西方的“建筑物区分所有法律制度”。西方发达国家社会经济发展状况总体高于我国，法治社会建设历史比较悠久，民众已经具备了较强的法治意识，自我管理的意识与能力都比较强，整个社会也都普遍认可这一治理模式。因此，西方发达国家运用这套法律规则实行完全业主自治可行。我国的社会自治正处于初期阶段，各方面条件和西方都不相同，在这种情况下，直接套用西方法律规则推广业主自治，矛盾必然得不到有效解决。解决中国的特殊问题，必须考虑中国国情，采用中国特有的方式。就目前小区治理法治化面临的困境而言，业主自治存在各种能力不足，必须由一股强大的外在力量推动这一举措实施，而中国共产党恰恰是符合这一要求的巨大力量。之所以需要党组织来推动小区治理法治化，主要有以下几点原因。

（一）全面推进依法治国的必然要求

基层治理法治化是全面推行依法治国的重要组成部分。党的十八届四中全会着重指出，“全面推进依法治国，基础在基层，工作重点在基层。发挥基层党组织

在全面推进依法治国中的战斗堡垒作用”。当前，整个社会治理都是在中国共产党的领导下进行，小区治理归根到底是基层社会治理的组成部分，它不能脱离整个社会发展的时代背景。物业管理法律制度设计时忽略了这一因素，并不意味着在法律实施环节就要忽视这一因素。正如有学者所言，“那些将党的因素置于社会建设实践的视野之外，要么熟视无睹，要么拘泥于其阻碍社会自主力量发育的观点，都不利于切实推动社会治理转型。”[10]事实上，在我国的小区治理中，基层党组织早就被赋予重要职责，居委会和业主委员会、物业服务企业被称为小区管理的“三驾马车”。只不过在长期的实践中，居委会被认为是扮演着“管理者”的角色，与业主之间有一种“官”与“民”的关系，不容易得到业主的理解和支持。只要能够适当调整基层党组织在小区治理中的工作方式，充分发挥党组织的作用助力小区治理，切实维护广大业主利益，一定能够更好地助力小区治理。

（二）党组织是推动立法的重要力量

小区治理阻力重重，立法不足是一个重要原因，这里的立法既包括国家立法，也包括小区的社会规范。在目前的物业管理法律体系中，由于中央立法缺位，行政法规简略，地方立法无论从数量还是内容来看，都发挥着非常重要的作用。2015年《立法法》修改后，大量设区的市被赋予地方立法权，物业管理恰属于设区的市“城乡建设与管理”地方立法权范围之内。近年来，新获地方立法权的设区市立法热情很高。但是从现有统计的数据来看，还有大量设区的市并未进行物业管理地方立法。这就意味着大量地方事实上缺乏具体、可操作性强的物业管理法规，小区治理法治化所依赖的法治基础并不牢固。国家机关立法是一项非常复杂、浩大的工程，许多时候只凭借个人、个别组织、单位的力量来推动显然不够。推动基层治理法治化是各级党组织所肩负的重要使命，立法是实现小区治理法治化的基础，如果积极发挥各级党组织的作用，共同推动这一领域的立法工作，其效果必定大不相同。此外，立法也是能够促使党组织推动小区治理法治化的最重要保障。从这个角度讲，党组织积极推动小区治理立法有着很强的必要性。

在小区社会规范的制定方面，党组织也有着很强的优势。小区社会规范的制定，实际上是一种民间立法过程。在小区治理中，以管理规约为代表的社会规范在制度设计中被赋予很高的地位，将发挥重要作用。可事实上却不是这样。当前的小区管理规约，基本上是在政府示范文本的基础上“做填空题”。示范文本一般由市以上政府房屋管理部门制定，这就意味着原本是属于民间规范的管理规约具有非常浓厚的政府色彩，不可能很好地站在业主的角度上去思考问题，也并不了解业主每天所关心的具体问题。而原本留下的由业主自行填写的部分，又由于各种原因基本上处于付之阙如的状态。在国家立法欠缺的情况下，社会规范也不足，小区法治必受阻力。中国共产党的基层党组织扎根于社会最底层，是最了解小区业主发生的矛盾和所关心的事项的机构，也是“乡规民约”“居民公约”等社会规范的最主要组织制定者。由基层党组织出面号召所辖小区制定相关社会规范，很大程度上比当前制度设计中的“做填空题”模式要有效许多。目前，个别地方对此进行了实践，取得了非常好的效果。例如，上海市黄浦区某居民区党委，组织所辖十个住宅小区，按照合法程序制定并通过了《住户守则》共三章三十八条，内容详尽具体，具有很强的可操作性，一举弥补以往管理规约“做填空题”之不足。这充分证明了党组织在推动小区治理立法中的重要作用。

（三）党组织拥有极强的组织动员能力

业主参与治理积极性不高、能力不足是困扰小区治理法治化的重要难题，也是整个小区治理中最需要外界赋予强大推动力之处。亨廷顿认为，“进行现代化的政治体系的稳定程度，决定于其政党的力量强弱。一个政党的力量则视其所组织的群众支持大小而定。政党的力量反映出支持的规模和组织的水平。”[11]也有学者提出，“一个政党如何获得力量？其基本途径是组织和动员。一个强有力的政党一定是以人民大众为号召对象，并能够通过有效的组织与群众联系在一起，是一个实现了充分组织和动员的集团。”[12]小区治理是一个比较辛苦的工作，必须有人站出来带头发挥先锋模范作用，并且这些人的背后还需要有着强大的组织力量来支持这一行动。

就目前而言，只有中国共产党有能力也有义务来完成这一工作。中国共产党作为中国的执政党，其宗旨是全心全意为人民服务，也始终以发挥先锋模范作用来要求共产党员。小区治理是一个全国性的普遍问题，只有中国共产党能够做到在全国范围内号召党员业主带头模范学习、遵守相关法律、法规，积极投身小区治理事业，也只有中国共产党组织能够拥有强大的组织资源力量支撑党员从事这一事业。在小区治理遇到困难时，党员业主可以向上级党组织汇报、反映情况，以助于上级党组织发挥组织资源来帮助业主解决现实问题，这是其他个人、组织都无法比拟的力量。实践证明，司法救济的成本很高，不一定是小区治理中最佳化解矛盾的方式。中国共产党组织有着很高的社会公信力，许多难以解决的小区矛盾通过党组织协调来解决，比单纯依靠业主自治机构通过诉讼等方式解决要有效得多。这就是为什么党组织是目前推动小区治理法治化的最佳动力。

四、党组织引领小区治理法治化之路径

通过党组织引领小区治理法治化，有着充分的理论基础和现实条件。但是要在实践中切实将这一思路落实，还需要有科学的策略加以引导。

（一）在立法中明确党组织引领小区治理

首先，要在立法中明确党组织在小区治理中的地位，为党组织引领小区治理法治化提供法律制度保障。小区治理法治化就是要让小区内各方权利、义务清晰明确，在治理的各个环节中都做到依法自治。党组织引领小区治理作为基层治理的一种创新举措，应该拥有足够的法律依据。当前的小区治理，无论学术研究还是大部分地区的实践情况，依然采用传统的治理架构，党组织的作用并未受到足够重视。特别是在立法方面，党组织参与小区治理缺乏足够的法律依据。目前的《物业管理条例》以及绝大部分物业管理地方立法，基本没有提到基层党组织的作用，一般只是简单规定了居民委员会有对于业主大会、业主委员会指导监督的职能，未能为党组织引领小区治理提供充足的制度保障。这也导致了在此前的实践中，一些业主以“业主自治”为理由不接受相关机构的指导与帮助，很容易激化矛盾。

可喜的是，在最近刚制定、修改的个别地方物业管理立法中，对于明确党组织在小区治理中的地位已经作出了一些积极探索。例如 2018 年 11 月新修订的《上海市住宅物业管理规定》，在第六条就作出了明确规定，“本市建立健全以居民区党组

织为领导核心，居民委员会或者村民委员会、业主委员会、物业服务企业、业主等共同参与的住宅小区治理架构，推动住宅物业管理创新。”通过这一规定，确立了基层党组织在小区治理中的核心地位，为相关工作奠定了坚实基础。不仅如此，该条第二款规定“居民委员会、村民委员会依法协助乡、镇人民政府和街道办事处开展社区管理、社区服务中与物业管理相关的工作，加强对业主委员会的指导和监督，引导其以自治方式规范运作”。在以前的治理架构中，乡、镇、街道办承担着更多的小区治理监督、指导职能，但是它们精力有限，无力做好这些工作。通过这一规定，赋予基层自治组织协助政府机关履行职责的权利，居、村委会可以名正言顺地完成基层力量下沉改革赋予的使命，从而更好地参与到小区基层治理中。新修订的《中国共产党章程》明确赋予街道、乡、镇和村、社区党组织领导社会基层治理的职权。因此，未来的物业管理法律、法规制定和修改，应当将党组织在小区治理中的地位加以明确。

（二）发挥党员、党组织积极作用

党组织引领小区治理法治化，既要发挥共产党员的先锋模范作用，也要发挥党组织战斗堡垒作用。发挥党员先锋模范作用，就是要鼓励党员业主积极参与小区治理，解决业主怠于行使权利的难题。居委会的人力资源仍然有限，不少居委会辖区内有十余个、甚至是数十个住宅小区，依靠在居委会中工作的党员去各个小区推动工作显然不现实，必须动员住宅小区内的党员业主积极参与小区治理，才能真正解决业主不积极参与的问题。目前的问题是，小区治理的主体必须是业主，而本小区的党员业主，其党组织关系往往不在小区对应的居委会。居委会想要动员党员业主，不但信息不畅通，也缺乏足够的依据。杭州下城区的党建引领业委会取得了良好成效，但是在动员党员业主积极参选业委会时，实际上采取的是基层社区党组织对辖区全部居民进行“地毯式的‘扫楼’，以全面摸清居民信息……逐一上门或电话联系党员业主”[13]，才得以成功的。这些基层党务工作者的精神可嘉，但是实事求是地讲，这种做法过于耗费时间、金钱和精力，恐怕短时期内大部分地区的基层街道党组织难以效仿。因此，问题的关键还是在于把“在职党员‘双报到’”制度落到实处，让基层党组织在动员党员业主时不至于耗费过多的时间，高效完成引领任务。

所谓“在职党员‘双报到’”，是指在职党员不但要向工作单位党组织报到，还要向所生活社区党组织报到。这样，社区党组织和社区内在职党员便有了组织联系，党组织可以充分了解在所辖小区内党员业主的具体情况。社区党组织可以组织党员业主率先学习相关法律、法规，要求党员业主模范遵纪守法，并且还可以鼓励优秀党员业主参与业主委员会选举，积极参与小区治理。党员业主积极参与小区治理的好处不仅在先锋模范作用，正如有学者所言，“所谓的在职党员，更多的是指在体制内单位工作的党员，因此在职党员的参与，背后存在的一个潜在可能是能够带来对更多单位组织的动员。”[14]这样一来，党员业主便可以利用自身的优势和资源，更好地服务小区治理。

小区治理中发挥党组织的战斗堡垒作用，不仅是指党组织要凝聚党员力量，还要充分发挥党组织的各种资源优势，积极为维护广大业主权益作出贡献，来弥补业主自治之能力不足。习近平总书记强调，“群众路线是我们党的生命线和根本工作路线”。[15]基层党组织贯彻落实党的群众路线不能只喊空口号，一定要急群众所急，通过切实行动来帮助群众解决实际问题。近期，企事业单位党组织属地化管理制度日渐成熟，这为发挥党组织在协调、化解小区矛盾的过程中奠定了坚实基础。在小区治理中，相邻关系矛盾始终是困扰业主自治的难题，业主委员会在对外交涉处理纠纷时，时常得不到有关单位的重视，导致矛盾日渐激化。企事业单位党组织属地化管理后，小区与相邻单位的党组织有了共同上级组织，上级组织可以发挥组织优势，做好双方矛盾协调工作，将矛盾有效化解在基层。

（三）在小区中建立党的工作组织

推动小区治理法治化，不但要发挥党员先锋模范作用，还要发挥党组织战斗堡垒作用，每一个党支部都应该是“在群众中进行鼓动工作、宣传工作和实际组织工作的据点”。[16]党员业主在小区内的工作不能一盘散沙，必须有党组织将党员凝聚起来，共同开展小区治理工作，这样也便于和上级党组织进行工作对接。“为应对新的形势……必须在新的社会空间中设置党的基层组织（或小组），以实现对新社会空间的治理和整合。”[17]因此，要在小区建立强有力的党的工作组织。这一党的工作组织采用何种方式组建，是一个非常关键的问题，它将直接影响到党组织引领小区治理的成败。

目前，这一组织的成立方式大概有两种思路。第一种模式以广东珠海最为典型，采取在业主委员会中设立中国共产党的组织，即成立“××× 业主委员会党支部”。珠海在 2018 年开始实施的《珠海经济特区物业管理条例》中，明确规定“在业主组织中，根据中国共产党章程的规定，设立中国共产党的组织，开展党的活动，支持业主组织依法行使职权”。为了配合这一法规的实施，珠海市委组织部印发《关于全面推行“红色业委会”建设的意见》(以下简称《意见》)，它要求“到 2018 年年底前实现全市所有业主委员会党的组织 100% 应建尽建、党的工作 100% 覆盖”，“党组织关系在社区的正式党员 3 名以上的，建立党支部。党组织关系在社区的党员人数不足 3 名的，与社区辖区内临近的业主委员会组建联合党支部。针对业主委员会中在职党员较多，大多组织关系不在社区的情况，《意见》提出可以建立功能型党组织。”[18] 业主委员会党支部具有落实政策、规范支部党员、动员党员和居民共同治理、监督业委会、领导业委会换届五大职责。

另一种是上海部分社区采取的“党的工作小组”模式。这一模式并不是直接在业主委员会中成立党组织，而是由社区党组织出面，组建小区党的工作小组。党的工作小组组员由小区内的 2—3 名党员业主组成，每月固定召开例会。这一小组成员必须列席业主委员会会议，在会上有权表达自己的观点，反映广大业主意愿，但是不参与业委会具体工作表决。平时，党的工作小组协助、监督业主委员会工作，认真听取业主意见，做好与上级党组织的沟通工作，积极帮助业主委员会化解矛盾，在实践中取得了很好的效果。

比较上述两种模式，可谓各有利弊，各地可以针对自身情况选择适合自己的方式。但是需要指出的是，第一种模式中直接采用“××× 业主委员会党支部”的名称似乎不够妥当。党组织引领小区治理法治化，一定要在法律制度框架内进行。直接采用“××× 业主委员会党支部”的模式，从形式上容易给人造成一种业主委员会党支部代行业主委员会职能，干涉业主自治的印象，可能引起部分业主不满。从法律程序上说，业主委员会党支部的建立，必须建立在业主委员会委员有相当数量的党员基础上。但是，业主委员会的选举属于所有业主，而并非党员业主，选择“××× 业主委员会党支部”的方式，则在事实上认定业主委员会选举必然有足够的党员。如果某次选举，党员业主并未成功竞选为业委会委员，那么该机构仍称呼为“业主委员会党支部”是否妥当？考虑到这一点，这种机构称为“×××小区党支部”从法理上讲似乎更为妥当，它的存在与否与业主委员会选举结果并不发生必然关系，也符合目前国家法律和党内法规的要求。当然，目前部分基层党组织的问题比较突出，基层党建工作不到位。基层党组织在引领小区治理法治化过程中，必须做到“赋权、明责、奖优相统一，才能克服弱化、虚化、边缘化问题，发挥战斗堡垒作用”[19]。

（四）制定完善的规章制度

党组织引领小区治理法治化，有着很高的实用价值，但是也需要制定完善的规章制度。这一制度应该通过规范性文件甚至党内法规的形式出台，这样才能使得这一工作长久、有效地开展下去。

第一，规范小区党的工作组织的日常运作，对该工作组织的人员构成、工作方式、管理架构、工作内容、经费保障等作出明确规定。特别要注意明确党的工作组织权利义务边界，要在法律法规范围内依法行使权利，不能干预业主正常行使自己的合法权利。同时，要明确小区党的工作小组的功能型定位。目前的实践中，已有一些地方探索在小区建立功能型党支部，以有利于发挥在职党员在小区治理中的作用。小区功能型党组织不同于一般基层党组织，它的运作应当突出功能性，专为小区治理而存在，让其有足够的精力去从事小区治理。

第二，要建立明确的奖励惩罚机制。发挥党员业主在小区治理内的先锋模范作用，必然要让党员业主在各方面付出比一般业主更多的代价去参与小区治理。然而从另一方面讲，党员业主毕竟也是业主，也有自己的工作与生活，他们的合法权益同样受到国家法律保护，不能一味地只让他们牺牲、奉献，而不去考虑他们的苦衷，否则这一制度必然得不到长久发展。在小区党的工作组织运作过程中，要出台明确的规章制度，建立考评机制，对于模范遵法守约和积极参与小区治理的党员业主要给予适当奖励，这种奖励可以通过发挥党组织优势，同党员业主所在单位党组织共同完成，让党员业主有更强的动力去为小区治理作贡献。有奖必有惩，为了防止个别党员业主不积极参与小区治理，甚至违法、违纪成为引发小区矛盾的导火索，要出台严厉的惩罚措施加以震慑，以提高党员业主的法治素养。

参考文献

［1］吴晓林．房权政治：中国城市社区的业主维权［M］．北京：中央编译出版社，2016：275.

［2］徐汉明．推进国家与社会治理法治化［J］．法学，2014（11）：14—19.

［3］季卫东．大变局下的中国法治［M］．北京：北京大学出版社，2014：66.

［4］赵天宝．中国普法三十年（1986—2016）的困顿与超越［J］．环球法律评论，2017，39（4）：60—69.

［5］杨玉圣．小区善治研究［M］．北京：社会科学文献出版社，2014：40.

［6］沈国明．渐进的法治［M］．黑龙江：黑龙江人民出版社，2008：184.

［7］林彦，吕丹妮．设区的市立法权行使情况实证分析［J］．新疆社会科学，2018（5）：112—119.

［8］舒可心．业主自治手册［M］．北京：人民出版社，2018：144.

［9］范德繁．“六联工作法”做实居民小区党建——解决好城市基层党建“最后一米”的问题［J］．人民论坛，2019（7）：104—105.

［10］蒋源．吸纳式服务：基层党组织在社会治理转型中的一个过渡机制［J］．社会主义研究，2016（5）：107—115.

［11］［美］塞缪尔·P. 亨廷顿．变化社会中的政治秩序［M］．李盛平，杨玉生，等，译．上海：上海译文出版社，1989：440.

［12］张涛．论政党能力：特征和途径［J］．深圳大学学报（人文社会科学版），2005（3）：50—54.

［13］肖剑忠，吴爽．业主委员会党建的实践与思考——以杭州市下城区为例［J］．中州学刊，2018（5）：21—25.

［14］李威利．空间单位化：城市基层治理中的政党动员与空间治理［J］．马克思主义与现实，2018（6）：184—190.

［15］习近平．习近平谈治国理政［M］．北京：外文出版社，2016：365.

［16］列宁全集：第 17 卷［M］．北京：人民出版社，1998：270.

［17］杨新红．基层社会治理中党组织作用发挥的理论溯源与建设路径［J］．湖南社会科学，2018（6）：45—49.

［18］推动社区治理水平全面提升［N］．珠海特区报 2018-09-04（3）.

［19］徐伟，张玲．基层党组织弱化虚化边缘化现象探析［J］．毛泽东邓小平理论研究，2019（2）：40-45+107.

空间生产、权力重构与渐进调适
——基于城市封闭社区治理变迁的考察分析

胡贵仁*

摘　要： 城市封闭社区是多向度要素合力作用下的空间发展产物，是作为城市基层社会治理的基本构成单元和组织化方式存在的。作为国家提升城市社会治理效能的重要载体，城市封闭社区在经济体制结构转型的内力驱动和城市化进程持续深化的外力影响下，较为有效地实现了自身结构形态的空间转变。实践表明，当前城市封闭社区的转型开放与街区制模式的落实推广需要一个比较长期的发展过程。地方政府作为城市基层社会的治理主体和空间资源配置的核心力量，必须加强对城市封闭社区规划建设领域的现实主张。基于权力重构的行动逻辑，地方政府应通过转变价值取向、寻求空间正义以及实现资源共享等多维路径，来切实推进该类社区的优化转型，维护城市社会治理的现实秩序，促进不同资源要素间的合理流动，进而实现国家治理体系和治理能力现代化等发展目标。

关键词： 城市封闭社区；街区制；空间正义；权力重构

一、问题的提出

城市发展是衡量现代化进程的重要尺度。[1] 作为中国基层社会治理的基本构

---

* 胡贵仁，华东政法大学政府理论研究所研究助理、浙江义乌干部学院讲师，管理学硕士，研究方向为城市治理。

成单元和组织化方式，城市社区承担了基层政权建设、社会资本培育和公共服务供给等在内的多项目标任务。相应地，随着单位制社会结构的逐渐解体和资本力量的空间扩张，城市社区日益展现出规模化集聚的发展趋势，对空间资源进行持续性的分配和再生产。其中，在多向度要素合力驱动的交互作用下，封闭社区日渐成长为多样态城市基层社区中的一种主流居住模式，被不断地加以复制和推广。据不完全统计资料显示，封闭社区在我国城市住区中占有相当大的比重，其数量远超过老旧街区，占我国城市社区总数的 70.3%。如此空间规模的城市封闭社区往往容易形成叠加效应，对原本异质融合的城市空间场域进行切割重构，使之呈现出碎片化的发展走向。[2] 目前来看，我国共有 80.61% 的民众长期生活在安防设施严密的封闭社区中，“无围墙、非小区”俨然已成为中国城市基层社会的一种普遍现象。[3]

受经济社会结构转型、住房体制市场化改革和城市规模增量建设等主导逻辑的综合影响，我国城市封闭社区较长时期内几乎处于一种不受约束的自由发展状态。而在空间生产和转型重构的实践过程中，由于封闭社区规划建设衍生出的交通路网布局空间割裂、基础服务设施重复建设以及公共空间异化与隔离等一系列的负面效应也日趋明显。针对于此，为进一步加强城市空间的规划管理工作，有效解决城市科学发展过程中的突出瓶颈问题。中共中央、国务院于 2016 年 2 月发布了《关于进一步加强城市规划建设管理工作的若干意见》（以下简称《意见》）。该《意见》在“完善城市公共服务”部分中明确强调：“新建住宅应推广街区制模式，原则上不再建设封闭住宅小区。已建成的住宅小区和单位大院要逐步打开，实现内部道路资源的公共化……”[4]

上述《意见》的发布，使得城市封闭社区治理变迁等相关话题迅速成为学术研究领域关注的一大热点。正如党的十九届四中全会指出的：要通过社区治理体系建设的强化，推动社会治理重心向基层下移，实现政府治理、社会调节与居民自治间的良性互动。[5] 事实证明，作为中国基层社会治理的重要载体和基础单元，从理论层面廓清城市封闭社区治理变革和转型开放的实践逻辑问题，对于切实提升基层社会治理效能、推动构建城市空间治理新格局等方面有着深层次的学理性和现实性意义。

本文立足于社会科学的基本立场，尝试借助空间正义的研究视角，对我国城市封闭社区的多重形态及空间特质进行分时段的研究梳理，厘清其在空间生产、权力重构与渐进调适等环节的关键问题。探索作为中国基层社会治理单元的城市社区，如何在政府制度设计、资本力量介入、社会整体需求与民众权利维护等多方博弈的空间场域中形成合理有效的治理结构，从而实现城市资源的优化配置以及国家治理体系和治理能力现代化的深入推进等发展目标。此外，多方力量如何作用于城市封闭社区的结构形态演变、街区制模式又将塑造出何种样态的居住空间格局等现实问题，都值得我们进行理性的探究与思考。

二、文献回顾：城市封闭社区研究的多维分析视角

自城市封闭社区产生之日起，该类社区的生成机制、发展逻辑与空间重构效应等相关话题就成为国内外学术界关注的重点内容。其实，早在“二战”后的20世纪六七十年代，美国联邦政府在推行“总体规划社区”（Master-planned Community）的过程中，就出现了一种带有明显封闭性结构特征的住区模式，即城市封闭社区的初始化状态。[6]20世纪七八十年代，现代意义上的城市封闭社区（Gated Community）开始规模化兴起，并于90年代中后期形成了由美国本土向全球其他地区急速扩张的蔓延趋势。作为城市封闭社区领域研究的先驱者，美国学者布莱克利（Blakely）和斯奈德（Snyder）在对多样态封闭社区进行调研考察的基础上，所著的《美利坚围城——美国封闭式社区调查》一书，由此开创了封闭社区研究的理论先河。在该书中，他们将城市封闭社区定义为一种“限制民众擅自进入的，将公共空间私有化的日常住宅区，围墙、门禁、栅栏、安保人员以及相对明确的外围界限是其外在的显著特征。它不仅包括新建的封闭式小区，也包括后来在城市更新过程中新增了门禁和安保设施的旧居住区”。[7]以上对于城市封闭社区概念特征的界定颇具有代表性，也为多数学者所沿用，后续研究者大都以此为出发点，从诸多价值维度和理论方位对该类社区全面深入地进行了研究探讨。

结合中国具体语境，20世纪90年代以来，陆续有学者关注到城市封闭社区规划建设可能带来的负面空间效应，并对其开展了富有针对性的经验研究。但由于缺

乏相对完善的制度设计和配套完整的实践基础，相关研究成果仍较为零散，有关该类社区转型开放及街区制模式落实推广的理论构想也基本停留在学术领域的倡导层面。直到2016年《意见》的出台，城市封闭社区的话题才重新回到国内学界和普通民众的视野。从城市社会发展的历史脉络来看，目前国内外学术界对于城市封闭社区的分析研究，大致可分为以下三种视角。

其一，城市封闭社区历史生成与发展逻辑的考察视角。如Tanulku（2012）从现代城市社会日益恶化的空间居住环境的角度出发，认为封闭社区的兴起是应对多样化城市危险和物质文化衰败的必然产物，更是有效化解现代城市秩序混乱、住房紧张以及环境污染等问题的重要思路。[8] 何艳玲等（2011）在对城市空间私有化的生活方式进行内涵界定的基础上，全方位探析了城市公共物品的供给压力、市场趋利行为以及全球化的客观影响等多重合力驱动下的城市封闭社区扩张蔓延的内在逻辑。[9] 杨红平（2011）则通过多个理论视角挖掘了城市封闭社区在中国流行的深层机理，他认为我国城市封闭社区的出现很大程度上是由转型期所特有的社会生产关系所决定的，政府、市场、社会和民众等在内的多重建构性力量共同推动了该类社区的形成与发展。[10]

其二，国内外城市封闭社区规划建设的横向对比视角。学者De Duren（2007）以布宜诺斯艾利斯的调查研究为基础，发现城市封闭社区的规划建设大多是为契合空间管控权力下放的地方发展策略，其本质是为提升财政税收、增加就业机会。[11] 宋伟轩（2010）从概念类型、发展现状和论争焦点等出发对我国和西方国家城市封闭社区间的内在差异进行了比较研究，发现多数学者在诸如该类社区的形成机制、安全属性和管理模式等问题上仍然存在较大程度的理论争议。[12] 曹海军等（2017）则通过考察城市封闭社区治理模式的国际经验与中国实践，系统分析了多个国家城市封闭社区产生与演化的社会历史条件和政治经济际遇，并得出中国封闭社区已然发展为当下城市住区开发建设的基本构成单元这一重要结论。[13]

其三，城市封闭社区与街区制模式功能差异的分析视角。如法国建筑学大师包赞巴克（Portzamparc）（2015）极力倡导在巴黎推广“开放街区”的规划模式。他认为，不同于传统意义上的封闭式社区，城市街道作为民众日常生活的重要空间，其设计理应优先体现民众个体在城市中的公共属性。[14] 陈蔚镇等（2015）以上海市具有街区制社区特征的三个住区为例，通过对国内外有关城市封闭社区与街区制模式差异的系统性梳理，来尝试探讨中国开放社区规划建设的空间特质及未来可能的规划导引。[15] 袁方成等（2017）则从国家出台的相关政策意见入手，以城市居住空间集聚规模的重组、治理模式的转变、基础设施的共享以及边界区隔的消解等为切入点，深入辨析了城市封闭社区与街区制模式两者间差异的空间构造。[16]

由上可知，目前国内外学术界对于城市封闭社区的探究主要集中于三大空间视角，相关成果尚未形成系统性的理论方法，现有研究或是局限于宏观层面的制度设计领域[17][18]，或是停留在微观层面的社会效应阶段[19][20]，鲜有学者将城市封闭社区与空间生产的正义性相结合，对该类社区的治理变迁进行深入细致的考察分析。基于此，本文拟通过空间正义的理论视角，以多样态城市基层社区建构的价值逻辑为起点，来全面剖析城市封闭社区形态结构演变的实践审视过程，探索该类社区未来的改革走向问题，尝试补充以往相关研究的单一视角认知，并为当下城市社区的规划实践提供有效指导，实现基层社会治理的效能提升以及国家治理体系和治理能力现代化的多重发展目标。

三、空间生产：多样态城市基层社区建构的价值逻辑

随着改革开放进程的持续深化和经济社会结构的转型升级，中国城市化已迈入高速发展阶段。作为国家与民众互动最为频繁的空间场域，城市社区的规划建设与治理变迁日渐受到学界的关注和反思。正如亨利・列斐伏尔（Henri Lefebvre）所言："空间不是被意识形态或者政治扭曲了的科学的对象，它一直都是政治性的、战略性的。"[21] 其中，城市空间的生产与再分配以及空间资源的优化配置已成为当下多样态城市基层社区建构的有效路径。下文将在空间结构布局规划调整的实践基础上，以空间生产的正义性为主线，通过多元主体驱动的城市空间生产和城市权利回归的社区空间再造两大价值维度，对多样态城市基层社区建构的理论逻辑进行深刻辨析。图 1 是笔者绘制的关于空间正义视域下城市封闭社区治理变迁的分析框架图。

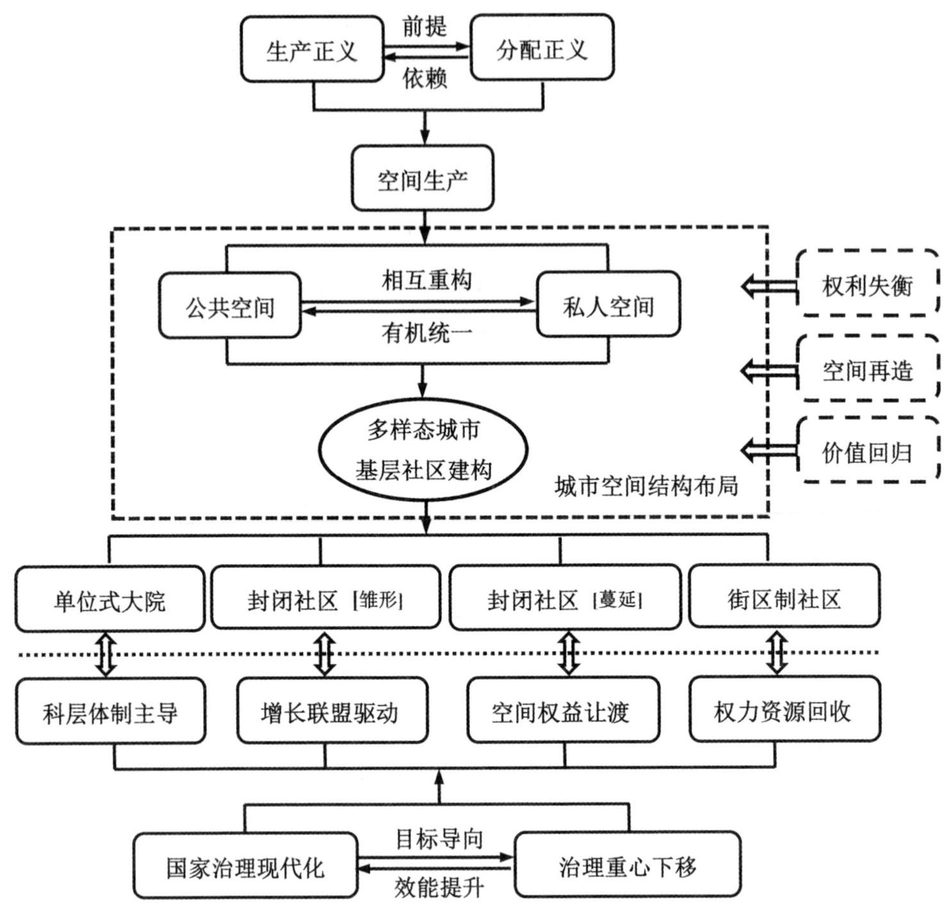

图 1　空间正义视域下城市封闭社区治理变迁的分析框架

（一）多元主体合力驱动的城市空间生产

不论西方国家还是中国的城市化历程，其实质都是持续不断地进行城市空间生产和再分配的实践过程。从都市空间辩证法的角度来看，空间不仅是相对静止的容器，也是社会多项活动的内在结构性原因、对象和结果。[22] 而所谓空间正义，即是指一种符合现代伦理精神的空间形态与特定的空间关系，也是不同社会主体间能够相对平等公正地享有空间权利，并进行空间生产和消费的理想状态。[23] 事实上，在西方马克思主义学派的代表性人物大卫・哈维（David Harvey）看来，空间正义是生产正义与分配正义两者的有机统一。他认为，不能撇开生产来单方面讨论分配正义，空间分配是否正义一定意义上取决于生产方式的正义与否，而分配领域中的正义缺失则是更深层次生产问题的外显和表征。[24]

结合我国特殊语境，在多元主体彼此联系的现代城市社会，空间的生产与重构大都体现为多重要素合力驱动的发展特征，但由于各方力量客观上存在显著的现实差距，使得城市空间日渐演变为上述主体间合作与博弈的主要战场。通过对多样态城市社区规划建设的考察分析不难发现，城市空间的生产与再分配是在政府制度设计、资本市场参与、社会整体需求与民众权利维护等利益目标规划调整的基础上形成的。而社会和民众力量的相对薄弱，往往容易在客观上促进政府权力与资本市场力量的联盟，同时以地方经济的持续增长为主要诉求，实现对现有城市空间的重组和改造。在两者共同逻辑的主导影响下，城市社会逐渐丧失了对公共空间的掌控，民众群体进入空间生产过程的城市权利也被相应剥夺，由此，城市空间生产与分配的正义原则受到了一定程度的挑战和侵害。

（二）城市权利价值回归的社区空间再造

纵观西方国家城市规划思想的发展历程，从 1933 年国际现代建筑协会所倡导的城市功能分区理念，即提出将城市明确划分为小区、道路、工厂和商业四大功能区域的纲领性文件《雅典宪章》，到 20 世纪 60 年代美国著名学者简·雅各布斯（Jacobs Jane）提倡的“小街道、小街区”规划设想，再发展到 1977 年世界建筑师大会后公布的关于对城市精神追求和人文关怀反思的《马丘比丘宪章》。[25] 上述住区空间规划思想的历史流变，某种程度体现了相关领域专家学者对于城市建设思想认知的不断提高，同时也深刻折射出西方国家城市空间发展的实践脉络。

与国外城市社区规划建设的总体思路相类似，目前，我国多样态城市社区的建构发展大致经历了由传统单位大院的形成到城市封闭社区的初步兴起，再到封闭社区扩张蔓延，最后发展到街区制模式改革探索的四个主要阶段。具体而言，由于城市封闭社区的规模化发展多是在政府与资本联合主导的行动逻辑下完成的，而该过程必然伴随着空间生产正义性价值的缺失和民众群体自身权利的失衡。因此，与西方国家稍有不同，现阶段我国城市社区的形态演变大都体现为民众个体城市权利回归的价值导向。实践表明，随着社会主义市场经济体制的建立完善和城市化进程的向前推进，城市空间的非正义现象日渐凸显，公共空间异化与隔离、弱势群体地位的边缘化等问题呈现出上升的发展态势。相应地，民众群体自身的权利意识也逐步觉醒。这里所探讨的“城市权利”不仅是指民众在城市空间生活的权利，更重要的是其可以有效介入城市空间的生产和再分配，使城市及其空间的转型重构和治理变革能够切实反映自身权利诉求的实践过程。[26]表1是笔者归纳梳理的关于多样态城市基层社区特征差异与规划建设的对比分析表。

表1 多样态城市基层社区的特征差异及规划建设

主要类型划分	传经单位大院（形成）	城市封闭社区（雏形）	城市封闭社区（蔓延）	街区制社区（探索）
时间分布序列	新中国成立后—20世纪七八十年代	20世纪七八十年—21世纪初	21世纪初—2016年前后	2016年前后—至今
宏观制度背景	计划经济体制	市场经济体制（建立）	市场经济体制（发展）	市场经济体制（完善）
相关政策意见	《关于职工生活方面若干问题的指示》（1957）	《关于深化城镇住房制度改革的决定》（1994）	《关于进一步深化城镇住房改革加快住房建设的通知》（1998）	《关于进一步加强城市规划建设管理工作的若干意见》（2016）
理性维度论证	工具理性的管控导向	工具理性的管控导向	工具理性的管控导向	交往理性的价值追求
主导规划理念	基层政权巩固	新自由主义	城市精明增长	新城市主义
核心驱动力量	科层体制主导	增长联盟驱动	多元主体合力	行政权力回收
社区发展格局	大规模集聚	中小范围分布	大规模集聚	中小范围嵌入
居住形态差异	“同质型—聚居”	“隔离式—共存”	“内卷化—排斥”	“差异性—融合”

四、权力重构：城市封闭社区形态演变的实践审视

作为国家提升城市社会治理效能的重要载体和特定主体间社会活动的空间场域，城市社区在经济体制结构转型的内力驱动和城市化进程持续深化的外力影响下，较为有效地实现了自身结构形态的空间转变。事实上，城市社区权力秩序的建构过程，本质是国家力量、市场力量与社会力量等多元利益主体在社区中进行策略性互动的实践过程。[27]通过对我国城市封闭社区的多重形态及空间特质的全面梳理，从四种典型样态角度出发，来系统审视城市社区形态演化的内在逻辑过程。除

此之外，上述类型的城市基层社区，在时空序列上无法避免地存在交叉性重叠和互嵌式共存的空间分布格局，因此，文中所讨论的城市封闭社区形态结构仅是依据主流样态进行的分时段划定。图 2 是笔者绘制的关于城市社区形态结构演化的逻辑图。

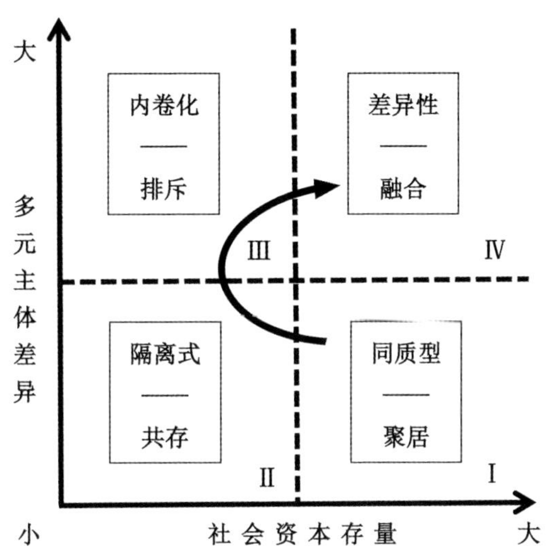

图 2 城市社区主流形态结构演化的逻辑过程

（一）科层体制主导：传统单位大院的历史性成长

单位大院形态的历史生成与新中国建设初期所特有的经济社会背景有着密切联系。就其本质而言，传统单位大院的空间居住模式是在高度集中的计划经济时期，出于对公共资源整合以及建设经费短缺等现实需要的综合考虑而形成的历史性产物。早在新中国建设初期，受计划经济体制和苏联模式的影响，大量新组建成立的国家党政机关亟须日常办公的空间场所，国家和地方的政府部门依据行政级别等因素，将适当规模的城市土地划拨给相应单位，并默许其进行封闭院落式的空间规划建设，由此衍生出了我国传统单位大院的初始样态。[28]之后，为适配单位制模式的发展需要，同时解决好城市职工的住房问题，国务院于 1957 年发布了《关于职工生活方面若干问题的指示》，该《指示》强调：中央各部门和各地人民委员会应根据预期核定的建设计划，适当进行建筑住宅的分配投资，并要求逐年为城市职工增建部分的单位住宅。[29]

在上述逻辑的主导作用下，企事业单位逐渐成长为一种囊括城市社会结构所有方面的体制模式，该模式既嵌生于行政权力的纵向计划中，也在横向上承载着经济社会建设等重要职能。[30]相应地，传统单位大院对于社会资源的分配控制能力也日趋强化，并有效实现了自身数量规模的跨越式发展。总的来看，虽然单位大院围墙内外存在着某种程度的社会差距与空间隔离，但大院内部，相对同质化的身份地位和情感认知使得彼此间更容易建立起相互信任的社会联系，“同质型—聚居”的居住空间格局得以建构形成。

（二）增长联盟驱动：城市封闭社区的渐进式兴起

改革开放以来，随着社会主义市场经济体制的建立完善以及传统“单位办社会”思路的整体转变，空间资源的配置形式与权力关系的基本架构发生了深刻变化，以往单位制居住模式失去了适宜的生存土壤和制度基础，开始逐步走向崩溃瓦解的边缘。而由于单位制的解体，其社会整合和服务职能已然不复存在，社会结构呈现出原子化的发展特征，自上而下式的纵向依附关系也变得分散和破碎。[31]在此时代背景下，作为传统单位大院的一种空间演替模式，城市封闭社区日渐承接起基层社会治理单元的重要责任。从更深层次而言，城市封闭社区的形态建构，并非是为了单纯打造独立于国家管控范围之外的公共空间领域，其规划建设更多是出于将单位制解体后混乱无序的城市社会空间转化为规范标准的国家治理空间的现实需要而兴起的。[32]

自20世纪90年代住房体制市场化改革后不久，在各地政府和资本力量的合力促动下，城市封闭社区即开始展现出渐进式兴起的发展态势。实践表明，受地方财政短缺以及城市建设经验相对不足等向度要素的综合影响，各地政府在建构城市封闭社区的实践过程中，往往倾向于能够最大限度规避自身责任，同时拥抱资本市场的力量，即通过出让大宗土地、赋予房地产开发商优先开发权等政策方式，来吸纳民营企业资本进入城市住区的规划建设领域。而在产权私有化的制度前提下，开发商和业主等相关主体必然强调社区空间使用权上的排他，由此，封闭围合型的城市社区形态结构应运而生。城市封闭社区的渐进式兴起衍生了诸如公共空间异化与隔离、小范围内的社会贫富分化等一系列空间效应，同时也塑造出“隔离式—共存”的居住空间分布模式。

（三）空间权益让渡：城市封闭社区的规模化蔓延

正如学者所言：中国的城市更新某种意义上是科层体制与资本力量共同发挥价值效用的实践过程。其中，市场机制推动了资本的空间升值，科层机制维系了资本的行动力量。[33]在新自由主义思潮以及增长机制的大力推动下，城市封闭社区实现了自身从无到有的阶段性发展，而借助于资本力量进行城市增量建设所取得的现实成效又将对地方政府的“赋权”行为产生一定的正向激励作用。基于上述行动逻辑，为进一步加快城市空间规划建设的周期循环，完善基层社会公共服务同时节约开发成本，各地方政府对于自身所拥有的主导权力进行了更大幅度的空间“让渡”，主要表现为政府部门将城市社会治理的权力与责任过多地“转嫁”给私人资本，造成私人空间的尺度对公共空间的割裂碎化，并形成排他性的居住空间单元及封闭社区规模化蔓延的城市形态。[34]

如果说城市封闭社区的兴起是“隔离式—共存”的空间居住格局形成的主要驱动因素，那么其规模化扩张无疑在更大程度上加剧了“内卷化—排斥”的社会空间效应。这里强调的“内卷化”效应是指民众群体由于长期生活在门禁、围墙等物质空间屏障围合而成的城市封闭社区中产生的心理层面上的隔阂感，正是这种隔阂感的存在往往容易让人形成一种自愿性隔离的行为趋向，使他们更愿意生活在有限的封闭性空间中，断绝与外界间的沟通交往，不主动寻求改变，同时习惯于在自己熟悉的私人空间场域进行小范围和低频率的社会活动，造成了不同阶层群体间的分化效应，从而形成一种城市社会“内卷化—排斥”的居住空间样态。[35]

（四）权力资源回收：街区制社区的探索式改革

通过对城市基层社区典型样态的分时段梳理可以发现，其在经历传统单位大院的历史性成长、城市封闭社区的渐进式兴起与规模化蔓延等具体发展阶段之后，即将迈入街区制社区的探索式改革时期。事实上，在新自由主义和精明增长等规划建设理念的主导逻辑驱使下，城市封闭社区的数量规模呈现出短时间内迅速增长的发展趋势，该类社区在扩张蔓延的实践过程中衍生出了一系列城市空间领域的转型重构效应，主要包括物质空间对交通路网布局的结构性制约与社区空间正义上的严重失衡，精神空间对民众群体围墙依赖情结与“身份认同”效用的强化，以及社会空间对贫富阶层差距的拉大与居住隔离现象的外显，等等。[36]其实，借助资本市场的力量进行城市规模的增量建设与城市空间的存量开发固然是一种颇为有效的手段方式，但资本天然的趋利性导向，使其在为地方政府解决资金短缺等难题的同时，也往往容易占据城市空间开发建设中的优势地位，进而诱发城市空间的非正义等问题。[37]

因此，为消弭城市封闭社区带来的诸多负面空间效应，强化不同阶层群体间的社会资本联系，进一步建构“差异性—融合”的城市居住样态，各地方政府纷纷开展了以推广街区制模式为主要内容的探索式改革。总体来看，不论是通过政策意见的形式对城市空间提出规划指导，还是真正参与并主导公共空间开发建设的实践过程，对于城市封闭社区的转型开放抑或街区制社区的落实推广而言，某种程度上都意味着城市政府对已“让渡”空间发展权的再次回收。[38]

五、渐进调适：城市封闭社区改革走向的路径依赖

上文从“科层体制主导—增长联盟驱动—空间权益让渡—权力资源回收”的价值角度出发，结合城市社区的四大典型样态，对我国城市封闭社区形态结构发展的逻辑过程进行了较为全面深入的考察审视。实践表明，城市封闭社区在承接“单位制”解体后的基层政权巩固职能以及地方政府与资本市场两者的合力促动下实现了从初步兴起到扩张蔓延的跨域式发展，但与之相匹配的城市社会治理能力还尚未得到有效提升，形成了一定程度的社会治理真空。其实，当各类资源向城市政府一侧倾斜时，社区空间的整体秩序可能看起来光鲜亮丽，但其背后却隐藏着高昂的运行成本。[39]基于此，以下将通过价值取向、空间正义与资源共享等多重维度，来深入探讨我国城市封闭社区改革走向的路径依赖问题。

（一）转变价值取向：从工具理性到交往理性

从价值取向的维度来看，不论是传统单位大院的历史生成，还是城市封闭社区的兴起与蔓延，其实质都体现为城市政府对基层社会纵向管理需要的一种工具理性导向。相应地，当下各地积极开展的街区制模式探索则大多显示了对交往理性的价值追求。在多样态城市社区的规划建设过程中，工具理性运用的泛化虽然有力带动了地方经济发展，实现了基层社会的稳定繁荣，但同时也造成了自由价值的缺失和

社会资本的萎缩等社区空间异化现象，而哈贝马斯所强调的交往理性即根据交往主体之间的彼此同意、普遍认可且自觉遵守等要素建立而成的某种行动规范则可能更加适配于对街区制社区的探索推广过程。[40]因此，为深入推进我国城市封闭社区的转型开放，实现城市治理体系和治理能力现代化的发展目标，政府部门首先就需要从思想层面入手，转变传统的价值取向，推动城市社会治理领域的工具理性导向向交往理性追求的系统转型。

此外，与新加坡等国家相比，目前我国城市封闭社区的建构仍然缺乏对社会、民众等在内的综合要素的考量分析，更多的还是地方政府出于经济成本考虑的空间发展产物。[41]加之，国家与社会两者间关系的互动多是以承认对方的实体权力和空间权利为价值前提，而展开积极有效的平等对话与互动合作，可以为彼此带来更多的权力和生长空间。[42]针对于此，在对街区制模式进行积极探索的过程中，地方政府应注重对多元社会力量进行有效吸纳，努力打造各方交流互动的沟通平台，逐步实现城市封闭社区治理从行政主导到双向赋权的行为转变。

（二）寻求空间正义：从消除差异到尊重差异

由上述分析可知，城市封闭社区数量规模在其迅速扩张的发展过程中，产生了一系列包括交通路网割裂、隔离效应加剧以及身份认同强化等在内的城市空间非正义现象。总体来看，正如柏拉图在其著作中所描述的，“任何一座城市，无论其区域范围的大小和人口数量的多寡，其实质都是一分为二的，一边是穷人世界，另一边是富人世界，且两者之间总是处于持续不断地冲突平衡状态”。[43]此外，由于“空间正义”并非是超越历史发展阶段的“空间乌托邦”，[44]真正意义上的城市空间正义不是对某类资源进行毫无差别的绝对平均分配，而是在综合考察多向度要素的实践基础上，通过空间生产方式的有效变革，同时整合多元主体间的差异化诉求，来实现较大范围内社会资源相对合理的优化配置。

在城市社会研究的“空间转向”领域，国外学者曼努尔·卡斯特（Manuel Castells）指出：“空间不是社会的抽象反映（Reflection），而是社会的具体表现（Expression）。换言之，即空间不是简单的社会拷贝，空间本身就是社会。”[45]因此，为矫正城市封闭社区所带来的空间正义缺失问题，进一步改善趋同性的社区空间形象，作为在城市规划领域占据主导核心地位的地方政府，应主动发挥自身行政权力的战略性引领作用，转变以往片面强调城市空间增量建设却相对忽视空间品质提升的传统经验做法，同时通过包容性发展的空间场域的建构来积极培育民众群体彼此间的社会认同感和城市归属感，尽可能在最大限度上尊重多元主体的差异化空间权益，提升城市基层社会的治理效能，进而实现空间正义的价值发展目标。

（三）实现资源共享：从隔离排斥到差异融合

在经济社会结构转型升级的时代背景下，城市封闭社区从渐进式兴起到规模化蔓延的发展走向，在某种程度上也反映了居住空间格局由“隔离式—共存”向“内卷化—排斥”的总体演变历程。正如德尼·古莱（Denis Goulet）所言：“发展的好处应当惠及所有的社会和社会上的每一个体。”其实，现代城市社会发展的最终目标应是致力于回归民众群体对于美好生活向往的现实追求，并非所谓的经济效益单方面增长抑或物质空间层面上的资源竞争。[46]而由于城市居住空间在权力和资本的双重逻辑驱使下，极大破坏了传统“同质型—聚居”形态所固有的社会资本，一定意义上形成了不同阶层间的社会分化现象。城市封闭社区内部民众所构建出的“自我—他我”的概念性感知框架，也在无形中造成了街区制模式推行的深层次障碍。因此，地方政府应当注重对当前社会资本存量的有效培育，同时强化民众群体间的横向联系，来搭建起多元主体相互联系的社交网络，为街区制社区的探索推广奠定必要的前提基础。

此外，现阶段围墙内外基本公共服务设施等空间资源存在的现实差距是城市封闭社区生成与发展的关键因素，且不同空间领域中的资源要素流动存在一定的屏障隔阂。而为推动城市社区结构向街区制模式的形态转变，实现空间居住格局从隔离排斥到差异融合的优化完善，政府部门就需要在公共服务均等化的推进过程中，努力把围墙内外的公共服务极差控制在社会群体可接受的空间范围之内，同时通过建立健全资源要素空间流动的体制机制等方式，来实现不同群体间的多重空间权益的合理共享。

六、结语

城市封闭社区的规划建设与扩张蔓延是中国城市化进程高速发展的空间产物，

极大凸显了经济社会转型时期我国基层社会治理的内在逻辑。作为当前城市空间主流居住样态的基本构成单元以及国家与民众互动最为频繁的空间场域，封闭社区的转型开放关系到城市社会的整体空间利益。本文即是以多元主体合力驱动下的城市封闭社区空间生产为主线，通过深入分析多样态城市社区建构的价值逻辑等方式，探讨了城市权利回归基础上的社区空间再造。同时，以城市封闭社区形态演变的实践审视为依托，从四种典型样态的角度出发，系统梳理了城市基层社区形态演化的建构过程。并以此为基础，从转变价值取向、寻求空间正义与实现资源共享等维度，较为全面地思考了城市封闭社区未来改革走向的路径依赖问题。

实践表明，城市封闭社区的转型开放与街区制模式的落实推广需要一个较为长期的发展过程。地方政府作为城市基层社会的治理主体和空间资源配置的核心力量，必须加强对城市封闭社区规划发展领域的现实主张。在住房体制市场化改革、城市规模增量建设以及民众权利价值回归的时代背景下，加大对城市封闭社区治理变迁等问题的考察分析，对于切实提升基层社会治理效能、打造共建共治共享的城市空间治理新格局、推进完善国家治理体系和治理能力现代化等方面有着尤为重要的学理性价值和现实性意义。

参考文献

[1]［美］塞缪尔·P. 亨廷顿. 变化社会中的政治秩序［M］，王冠华，等，译. 北京：三联书店，1989：66.

[2] 袁方成，毛斌菁. 街区制、空间重组与开放社会的治理［J］. 社会主义研究，2017（6）：81—87.

[3] 吴晓林. 城市封闭社区的改革与治理［J］. 国家行政学院学报，2018（2）：122－127+138.

[4] 中共中央　国务院印发《关于进一步加强城市规划建设管理工作的若干意见》［EB/OL］.［2020－05－19］.http://www.gov.cn/gongbao/content/2016/content_5051277.htm.

［5］新华社．中共中央关于坚持和完善中国特色社会主义制度 推进国家治理体系和治理能力现代化若干重大问题的决定［EB/OL］．［2020－05－19］.http://www.qstheory.cn/yaowen/2019－11/07/c_1125202003.htm.

［6］ATKINSON R, BLANDY S, FLINT J, et al. Gated Cities of Today? Barricaded Residential Developments in England［J］. Town Planning Review, 2005, 76(4): 401－422.

［7］［美］爱德华·J. 布莱克利，玛丽·盖尔·斯奈德．美利坚围城——美国封闭式社区调查［M］．刘畅，顾宗培，等，译．北京：中国建筑工业出版社，2016：6.

［8］Tanulku B. Gated communities: From “self-sufficient towns” to “active urban agents”［J］. Geoforum, 2012, 43(3): 518－528.

［9］何艳玲，汪广龙，高红红．从破碎城市到重整城市：隔离社区、社会分化与城市治理转型［J］．公共行政评论，2011，4（1）：46—61.

［10］杨红平．城市门禁社区兴起的深层机理［J］．城市问题，2011（12）：98—102.

［11］De Duren N R L. Gated communities as a municipal development strategy［J］. Housing Policy Debate, 2007, 18(3): 607－626.

［12］余侃华，张沛，张中华．城市社区空间私有化的产生机制及发展趋势——以国外封闭社区为研究对象［J］．城市发展研究，2009，16（6）：94—101.

［13］曹海军，霍伟桦．封闭社区治理：国际经验与中国实践［J］．武汉大学学报（人文科学版），2017，70（2）：5—14.

［14］彭礼孝，克里斯蒂安·德·包赞巴克．对话克里斯蒂安·德·包赞巴克［J］．城市环境设计，2015，093（006）：3.

［15］陈蔚镇，孙辰．开放社区的空间特质及规划导引——以3个上海社区为例［J］．建筑学报，2015（6）：41—46.

［16］袁方成，毛斌菁．街区制、空间重组与开放社会的治理［J］．社会主义研究，2017（6）：81—87.

［17］侯利文．走向开放的街区空间：社区空间私有化及其突破［J］．学习与实践，

2016（5）：103—112.

［18］冯敏良．隔离社区的兴盛与社区治理的迷思——中国式社区治理的范式危机［J］．学术界，2014（3）：75-82+308.

［19］吴晓林，侯雨佳，唐进君．城市超大社区的交通效应研究：结构影响与治理策略［J］．湘潭大学学报（哲学社会科学版），2018，42（4）：17-22+29.

［20］佟瑞鹏，翟存利．社区封闭到开放过程的风险演化研究——基于耗散结构理论［J］．天津大学学报（社会科学版），2017，19（5）：426—433.

［21］［法］亨利·列斐伏尔．空间与政治［M］．李春，译．上海：上海人民出版社，2008：46.

［22］强乃社．空间辩证法视野中的封闭住宅小区及其问题［J］．探索与争鸣，2016（11）：71—75.

［23］陈忠．空间辩证法、空间正义与集体行动的逻辑［J］．哲学动态，2010（6）：40—46.

［24］张佳．大卫·哈维的空间正义思想探析［J］．北京大学学报（哲学社会科学版），2015，52（1）：82—89.

［25］陈友华，佴莉．从封闭小区到街区制：可行性与实施路径［J］．江苏行政学院学报，2016（4）：50—55.

［26］曹现强，张福磊．空间正义：形成、内涵及意义［J］．城市发展研究，2011，18（4）：125—129.

［27］朱喜群．社区冲突视阈下城市社区多元治理中的权力博弈——以苏州市D社区更换物业公司为考察个案［J］．公共管理学报，2016，13（3）：49-60+155.

［28］高菁，郭圣莉，陈剑军．从集权式治理到开放式治理：封闭式小区的治理问题及其破解之路［J］．华东理工大学学报（社会科学版），2017，32（2）：91—97.

［29］北大法宝．国务院关于职工生活方面若干问题的指示［DB/OL］．［2020-05-25］.http://pkulaw.cn/fulltext_form.aspx?Gid=1dd6bd0db17de94dbdfb.

［30］渠敬东，周飞舟，应星．从总体支配到技术治理——基于中国30年改革经验

的社会学分析［J］. 中国社会科学，2009（6）：104－127+207.

［31］David Bray. Building “Community”：new strategies of governance in urban China［J］. Economy and Society, 2006, 35(4): 530－549.

［32］杨敏. 公民参与、群众参与与社区参与［J］. 社会，2005（5）：78—95.

［33］林毅夫，蔡昉，李周. 中国的奇迹：发展战略与经济改革［M］. 上海：上海人民出版社，1994.

［34］徐苗，彭坤焘，杨震. 地方公共资源与契约社区——多中心治理理论下的门禁社区研究［J］. 城市规划，2018，42（12）：67—75.

［35］李建华，袁超. 论城市空间正义［J］. 中州学刊，2014（1）：106—111.

［36］胡贵仁. 空间重构语境下城市封闭社区的治理：生成机制、属性分析与转型进路［J］. 理论导刊，2018（12）：59—66.

［37］吴晓林. 城中之城：超大社区的空间生产与治理风险［J］. 中国行政管理，2018（9）：137—143.

［38］徐晓燕，徐海洋. 从空间的权益解析当下开放式住区的实践途径［J］. 城市发展研究，2018，25（6）：127—134.

［39］容志. 推动城市治理重心下移：历史逻辑、辩证关系与实施路径［J］. 上海行政学院学报，2018，19（4）：49—58.

［40］郑召利. 交往理性：寻找现代性困境的出路——哈贝马斯重建现代性的思想路径［J］. 求是学刊，2004（4）：28—31.

［41］张祥智，崔栋. 新加坡封闭公寓社区的演变特征及其社会空间效应——兼论对我国居住区规划的启示［J］. 国际城市规划，2019（1）：1—13.

［42］王巍. 国家、社会互动结构中的社区治理——一个描述性案例研究［J］. 武汉大学学报（哲学社会科学版），2008（2）：256—262.

［43］［英］诺南·帕迪森. 城市研究手册［M］. 周振华，等，译. 上海：格致出版社，上海人民出版社，2009：204.

［44］任平. 空间的正义——当代中国可持续城市化的基本走向［J］. 城市发展研究，2006（5）：1—4.

［45］［西］曼努尔·卡斯特. 网络社会的崛起［M］. 夏铸九，等，译. 北京：社

会科学文献出版社，2001：504.
[46]［美］德尼·古莱.发展伦理学［M］.高铭，温平，李继红，译.北京：社会科学文献出版社，2003：63.

社会工作参与农村征迁治理：何以可能，何以可为——基于华北 Q 村征迁实践的思考

高威威*

摘 要：乡村发展与乡村治理是相生相伴的一对互联命题，农村征地拆迁则是这一互联命题的集中体现：乡村发展的整体进程中必然伴随着农村征地拆迁，农村征地拆迁所引发的农村征迁治理困境反而又制约乡村发展进程。在华北 Q 村征地拆迁过程中就曾出现主体性困境、博弈性困境、结构性困境与情境性困境，这为各方造成了不同程度的困扰。面对这一实践困境，社会工作的有效参与或将打开农村征迁治理的崭新局面。社会工作以秩序性、利他性、发展性的价值理念；专业性、社会性、人本性的学科理论；整合性、实践性、反思性的实务技术为基础，构建“价值、理论、实务”三位一体的征迁治理知识谱系，并通过重塑主体性能、缓和博弈困境、培育结构力量、关注情境嵌入来为农村征迁治理提供可行路径。

关键词：农村征地拆迁；社会工作；征迁治理；知识谱系；治理路径

一、问题的提出：社会工作与农村征地拆迁

随着工业化和快速城市化的持续推进，以城市价值取向为核心的发展战略现已

* 高威威，东北石油大学人文科学学院研究生，研究方向为农村社会学、社会工作理论与社会治理。

取得突破性进展。据国务院统计数据显示，我国城市化率已由 2000 年的 36.2% 上升至 2018 年的 59.6%，这是农村逐步发展为城市、城市部分取代农村的过程：农村人口不断向城市聚集，城市规模不断向乡村地区扩张。然而，基于城乡转型背景下的农村征地拆迁却为乡村治理和乡村发展带来一系列的考验。这些都是由社会发展所带来的不可回避的局部阵痛，它促使我们反思城乡发展的不平衡、不充分以及思考如何才能以最小的社会代价推动乡村治理体系与能力的同步优化，实现乡村的良序发展。基于此种背景，本文将社会工作参与农村征迁治理提上议事日程，明确农村征迁治理中所有社会行动的立足基点应是农村社区，并以农村征地拆迁过程中的实践背景、阶段特征、潜在风险、政策依据、治理主体、介入路径等关键要素为切入视角，综合考察社会工作参与农村征迁治理。

毫无疑问，在宏观的政策倡导与社会工作自身特质的共同支持下，社会工作参与农村征迁治理便成了社会治理的题中应有之义。社会工作其使命是倡导社会变革、促进有关人类关系的问题解决并推动人们的增权和解放以增进福祉[1]，其诞生背景则是为了应对社会转型时期的社会问题。19 世纪，西方经历着由农业社会向工业社会转型的剧烈变动，社会问题丛生不绝，带着“上帝使命”的西方社会工作应运而生。在发展过程中，从个体的临床诊断到社区的睦邻运动，再到环境的社会变革，社会工作是在社会变迁中寻求个体、群体、社会三者内部及其彼此间的和谐。同样地，农村征地拆迁也是农村社区向城市社区转型的一个过渡环节，这其中包含着许多不确定、不稳定的因素与风险。因此，将社会工作引入农村征迁治理过程中，突出其在价值引领、理论支撑、实务执行等方面的特征，将使农村征地拆迁中个体层面的情感与人际需求、家庭和团体层面的支持与互惠、社区层面的建设与发展、社会层面的公平与正义都将得到不同程度的彰显与改善。

作为社会范畴的社会工作自引介至我国以来，就得到了政府方面持续且强有力的支持，政府也期望社会工作能在应对本土社会问题、参与社会治理与社会建设方面有所建树。2012 年，中组部、民政部等 19 个部委和群团组织联合发布的《社会工作专业人才队伍建设中长期规划（2011—2020 年）》明确将发展农村社会工作列为十项重点工程之一；2017 年，在中共中央、国务院印发的《关于加强和完善城乡社区治理的意见》中社会工作在社区治理中的作用得到进一步肯定；2018 年，中共中央、国务院颁布的《乡村振兴战略规划（2018—2022年）》要求“积极发展农村社会工作”。如此密集的政策方案都有一个共同的指向，那就是支持社会工作向农村地区倾斜、发力，支持社会工作对乡村社会发展进程中出现的种种问题作出实质性回应，也即承担改善基本民生、服务弱势群体、促进乡村社区发展的基本任务[2]。

宏观的政策环境为社会工作参与农村征迁治理奠定合法性基础，社会工作产生和发展过程中所积淀的专业特质为社会工作参与农村征迁治理提供合理性解释。但是，这其中仍存有诸多疑惑亟待解答：社会工作参与农村征迁治理的优势在哪里？社会工作参与农村征迁治理的适切性是如何体现的？在缺乏既成征迁治理模式可借鉴的情况下，社会工作的参与又该如何落地？围绕上述议题，本文尝试以华北Q村的征迁实践为论证起点，以“价值、理论、实务”三位一体的专业特性为社会工作参与农村征迁治理提供学理支撑，并针对华北Q村征迁实践中的一般性困境与棘手性问题，提出相关的可行路径与因应策略。

二、征迁实践：农村征地拆迁的治理困境

（一）案例展示

Q村是华北地区极为典型的小规模自然村，从地理区位来看，该村处在分布着密集自然村的华北平原上；从社会关系来看，该村是一个以父系血缘关系为纽带而构成的同姓氏族共同体；从经济生活来看，“工耕并重”是该村普遍采用的家庭生计模式；从政治结构来看，该村目前是由村委会垂直管理与村内长老横向教化相结合的组织模式。Q村之所以面临征迁，是由于当地县政府规划的大型教育园区及其附属设施的建设需要。2016年底，县政府发布土地征收公告，并在村委会的基础上临时组建征迁工作小组，由工作小组负责管理、协调、执行具体的征地拆迁事务。为了充分展示案例，笔者将Q村征地拆迁过程划分为三个相对独立的发展阶段：征地、拆房、迁居。

征地拆迁进程中的三阶段：征地、拆房和迁居，彼此衔接紧密却又分殊显著。

作为整个征迁过程的先启环节和终极目的，征地是政府秉持公益性目的且通过正当程序将集体用地转化为国有土地的过程。而各类地面附着物并非是政府的征收对象，所以要对其作拆除处理，与此同步或者紧随其后的便是原房屋所有者迁移住所。在征地这一环节当中，地方政府先是发布土地征收公告，随后通过政策下沉、行政动员和资源撬动等方式促使Q村的村民在拆迁协议上签字。而Q村的村民在不满征迁补偿方案的情况下，开始以集体行动的方式进行利益抗争，也即通过法律学习、信息俘获和发掘社会资本等手段同地方政府谈判，其自身性质也由原本的“地域共同体”转换为“利益共同体”。此时，具有“民意代表人”意义的村委会更多地扮演的则是基层政府“行政代理人”的角色，辅助政府完成征地工作。在拆房这一环节当中，由于前期的激烈抗争，新的征迁补偿方案在妥协中得以产生。于是，行政力量逐渐隐退，Q村前期自动结成的利益联盟开始松散并趋于瓦解，以族系和家庭为单位的利益纷争开始凸显。在迁居这一环节当中，从村级层面来讲，村内的村民以房屋租赁、房屋产权购买和房屋再建的方式在城市或农村再择住所；从家庭层面来讲，家庭中的青壮年多迁入县级以上城市，而多数老年人则选择就近留居本乡镇；从个人情感来讲，迁出本村之后，村民们对Q村的人、事、景、情产生了深刻的认同与回忆。

（二）农村征地拆迁的治理困境

当今意义的基层农村，是一个主体多元、利益交错且拥有混合张力和多重面向的乡村社会。近些年来，随着社会流动性的持续增强，乡村社会的边界不断受到冲击而模糊难辨；乡村社会的文明形态在部分保留乡土传统的同时，还兼具现代性的都市主义取向；行政力量无法渗入其中开展治理活动。在这样一种背景下，征地拆迁事件使得Q村被掩盖的问题开始浮出水面。

1. 主体性困境

人不仅是自然选择下的规定性存在，也是社会建构下的关系性存在。因而，主体的意蕴就在于每个人本身，其他人和物以客体对象的身份参与到我们的主体活动当中，由此形成主客关系结构。主体性作为主体的突出属性，是指人在社会活动中所表现出来的自觉、自主、能动和创造的特性。[3]一般而言，主体与主体性应是一体同构的关系，而在现实社会中两者往往显现出离散或者错位的状态。这种状态在Q村征地拆迁中表现为不同形式的主体性困境。

困境之一是自我主体性彰显不足。比如，在对地面附着物进行评估、测量时，拆迁评估机构是由地方政府直接委托而非被拆迁居民自主选择,《房地产估价规范》赋予被拆迁居民的机构选择权被放空，作为法律主体的村民，其主体性意识不明晰，进而丧失了部分主体权利。又如，村民不能主动争取参与征迁补偿方案的制定，而是被动地等待地方政府草拟的方案。作为政治主体的村民，未能深度参与征地拆迁中的政治议题当中，其主体性意识未能得到发挥，进而造成主体地位的弱化。再如，由于村委会具有民意代表与行政代理的双重特性，所以在采取具体行动时村委会往往无法摆脱“两头堵”的现实困境。尽管受到了科层主义的钳制，村委会大多数情况下会服从于地方政府的行政安排，但是基层民众的呼声也左右着他们的实际行动。如此一来，村委会的实践指向模糊，自主性阙如，主体性便无法充分地发挥。

困境之二恰恰和前者相对，是因自我主体性意识过度膨胀而导致的他者主体性存在的弱化，这是一种类似于“自我中心主义”的狭隘倾向，它轻视、忽略和抹杀了同一场域中其他人的主体地位和主体能力。如，政府单方面选定拆迁评估机构，忽略Q村村民的主体性存在；又如，Q村村民对市场拆迁评估机构的不欢迎、不认同与不配合，使得作为市场主体之一的拆迁评估机构无法取得入场资格；再如，地方政府最初的征迁补偿方案未将村内的老人等弱势群体纳入特殊扶助的考虑之中，这样一类群体的主体性没能得到承认或认可。征迁实践中主体性意识与主体性存在的缺失，使得征迁场域中的主体权利被侵蚀，主体利益无法得到保障，主体间的关系也趋于异化并产生系列冲突，这对基层乡村秩序的稳定造成了一定影响。

2. 博弈性困境

在征地拆迁过程中，各方主体的行动均是围绕土地的附加利益而展开的，当利益分配存在歧见时就会产生多种竞争或斗争的博弈，且越来越朝着“无序”的方向演进。依照主体的不同，可分为双方博弈与多元博弈；依照博弈者的关系来划分，可分为合作性博弈与非合作性博弈；依照博弈主体的范围和层次，可以分为群体性博弈和个体性博弈。而在这众多的博弈类型中，地方政府与被征迁村民之间的利益博弈尤为紧张，也最为关键。在Q村的博弈困局中，地方政府与被征迁村民并非是在意识形态或者价值基础上存在根本对立，而主要是在利益归属问题上存在分配纠纷，进而引发其他领域的对抗。面对政府给出的低标准的征迁标准，Q 村以原始的村社团体为行动单位同政府进行谈判、加码和施压，以“利益共同体”的形式拒绝与拆迁相关的力量进入村庄、向县政府讨要“公理”、共同集资要与政府打官司等。为了挽回自身的劣势局面，Q 村结成的利益共同体还通过努力争取村委会、中央政府和媒体等来壮大自己的博弈阵营。[4]

面对这一窘境，地方政府开始调整应对策略，大幅度提高了征迁补偿标准，一些村民愿意接受调整后的补偿方案，利益共同体内部开始出现严重的分化现象，群体性博弈走向终结。但事实上，集体行动的结束往往并不意味着问题的解决，很多时候可能催发和郁结更多的矛盾和问题。[5]脱离了共同体的庇护，集体行动开始被个体行动所取代，“钉子户”“上访户”开始出现。此时，地方政府和村民各自的态度与策略选择都至关重要，这决定最终的博弈结果是一方妥协、一方获利的“零和博弈”，还是针锋相对、互不让步的“负和博弈”，抑或是各退一步、双赢互利的“正和博弈”。而且，征迁场域中其他主体的态度、行为以及整体环境氛围等变量都将把 Q 村的博弈情形推向难以预料和把控的迷局。

3. 结构性困境

在 Q 村征地拆迁这一系统工程中，既有宏观社会结构的身影，又有微观社会结构的映射，两者经由历史性和社会性力量的驱动，分别出现令人担忧的结构性困境。从宏观社会结构来看，我国长期以来所因循的城乡二元结构体制深刻地影响着 Q 村征迁进程。首先，城乡二元结构使得城市与农村在资源配置、生产要素、产业结构和市场体系等方面存在显著差异，这也就注定了 Q 村征地拆迁的补偿标准要远远低于城市的补偿标准。Q 村的村民渴望自己的补偿标准能向城市标准看齐，并以此为理由向基层政府提出抗议，而现实却并不能满足他们的想法，他们激进地将此视为极端社会不平等。其次，在贺雪峰看来城乡二元结构具有极大的弹性，在农民工融入城市失败时，可以返乡选择原本的生活，这就为农民模铸了一套保护性结构。[6]而 Q 村在外长期务工的村民的一些考虑恰恰印证了贺雪峰的观点，他们认为自己逃避城市风险的退路被封堵，征迁补偿不能完全替代他们对村社共同体的需求，因而表达出更多强烈的不满和利益诉求。

从微观的社会结构来看，Q 村征地拆迁中存在结构式微、结构冲突与结构缺失的问题。首先，近些年来 Q 村的宗族势力持续衰弱，在价值生产、规范革新和异质整合方面日益式微。村内空有符合年龄要求的“长老”，而无具有宗族威望的“长老”，围绕宗族而建立的组织在征地拆迁中已经无法统合集体意见、调停内部利益纠葛。其次，尽管 Q 村是同姓血缘联合体，但是在五服内外的关系依然存在亲疏远近的区别，笔者将这一现象称之为“差序宗族结构”。Q 村依照宗族分支可以分为四支族系，族系 A、B、C 在五服之内，族系 D 与其他族系已不在五服之内。在处理集体征迁补偿款时，最弱势的族系 B、C 深度融合与其他族系进行利益争夺，而族系 A 与族系 B、C 则以浅度融合的方式默认彼此的既得利益，以对抗族系 D。在这类以族系为单位的结构性对抗中常常伴随着争吵和咒骂，甚至是大打出手，村社的内聚程度和团结形式不断被削弱。最后，Q 村征地拆迁过程中既缺乏内生性群体组织从中调和，无法形成“内源式”治理动力，也缺乏外生性社会组织的干预，使得村庄和村民直接面对政府。

4. 情境性困境

征地拆迁不是发生在实验室，更不属于理论家们头脑中所设定的概念，而是存在于客观实在的现实情境之中。现实情境遵循的是“此时此地”的时空逻辑，而不同情境各有其独特的自然状态、经济基础、文化表征、政治传统和社会关系，这些元素并非是恒常永固的，而是在流变中彼此交互作用并产生新的境况。如果这一前提无法被意识到，那么再多的行动和努力都将在 Q 村征迁这一现实情境中搁浅。Q 村是一个位于国家层级管理最底端的小型自然村，它在拥有农村基层统一特征的同时，依然保持着自身的特点。首先，Q 村的村民整体受教育程度偏低，而地方政府以官方文本形式发布的征地公告及拆迁政策并未深入人心，缺乏一种以地方性话语体系形成的解释版本。其次，Q 村作为一个成熟且独立的系统，有着其自身的价值规范。而有关部门却制作出诸如“配合拆迁光荣，抗拒拆迁可耻”的宣传横幅，企图以灌输价值手段完成政治任务，当行政干预遮蔽集体价值时，反而激起了 Q 村村民的反感。最后，Q 村是一个拥有敬老传统的村庄，老人在村内的社会地位较高，而有关部门对老年人的不友好政策使得征迁阻力进一步增大。还有，拆迁评估机构入村测量之所以吃了闭门羹，一定程度上是因为它们并没有领会当地的情境性因素，没有当地的掌事人带领，村民怎么会愿意让一个陌生人对自家房屋进行丈量。诸如此类的情境性问题不一而足，这些问题是将征地拆迁从Q村中剥离出来进行理解和开展行动而招致的，它们势必会增加征迁难度、征迁成本和发生冲突的可能性。

三、何以可能：社会工作参与农村征迁治理的知识谱系

社会工作进入中国之后，就以正面回应社会问题作为其专业的原始初心，在经历了30余年的本土历练与成长之后，已经形成一套相对成熟的“价值、理论、技术”专业体系。在面对征地拆迁中所凸显的“道德、政治、利益”结构图式时，社会工作亲社会的价值、为社会的理论和改变社会的技法构成其参与征迁治理的基础性知识谱系。

（一）社会工作在价值理念层面富有亲和力

社会工作是一个价值颇丰且注重透过行动彰显价值的专业。通过检视社会工作有关社会正义、利他主义和发展取向的价值基础，我们发现在面对农村征地拆迁这一社会性议题时，两者之间存在有机耦合与相互建构的可能。

1. 秩序性社会工作维护征迁正义

社会工作的秩序性是指社会工作通过持守社会公平正义之理念，对其身所处的社会秩序加以关切。而无论是《伊丽莎白济贫法》（前社会工作时代的社会救济制度）自上而下的秩序改良，还是西方激进社会工作自下而上的秩序革命，都昭示着社会工作在社会正义理念指导之下对社会秩序的一种行动追求。韦克菲尔德（Wakefield）认为社会正义是社会工作价值的核心构成[7]，多米内利（Dominelli）也曾指出社会工作者要通过反压迫的方式来回应社会公正议题。[8]农村征地拆迁不仅影响到村庄秩序、城乡秩序和社会秩序等范畴的结构性秩序，还对伦理秩序、法律秩序、政治秩序和利益秩序等类型的一元秩序具有一定的影响。村庄中存在性别、年龄、阶层和社会资本等方面的差异，而在这些维度中处在不利地位的人被置于机会获取、社会参与和权利实现的边缘地带。此时，社会工作应抱定社会正义之

宗旨，关注正义、倡导正义、维护正义和分配正义，以此推动征迁背景下各项秩序趋向稳定与和谐。值得注意的是，社会工作在处理有关征迁正义议题时，不应以正义的审判者与裁决者自居，而是要洞察农村征迁过程中的不平等现象，并通过正义的二次分配来缓解或纠偏不公正的初次分配。这里的二次分配，是指通过利益表达、能力建设和政策倡导等方式来帮助边缘群体重新获得尊重、机会和权利，借以突破边缘群体的尴尬境遇。

2. 利他性社会工作提供助人服务

社会工作是秉承利他主义的助人活动，也被认为是利他主义的社会互动。[9]这里需要澄清一点的是，社会工作的利他主义并没有陷入西方道德哲学中“无人性有德性”的伦理悖论当中[10]，而是在现代工业社会中呈现出“制度化利他主义”的特征[11]，或者说它是一种基于职业需要和专业使命的价值属性。在农村征地拆迁过程中，存在着广泛的需求群体，他们或是能力缺失的边缘群体，或是身陷泥沼的困难群体，抑或是思绪紊乱的焦虑群体，因而有着各种各样的需求亟待满足。社会工作的利他性标示着它在参与农村征迁治理时，所遵循的是服务型治理的实践逻辑，即通过提供助人服务，达到共治、善治的目标。社会工作进入农村征迁场域中，主动去发现受助群体：如孤寡老人、政策忽略群体或者征迁中存在行为失范的群体等，和他们共同分析当前他们在生理、心理、经济和社会等方面所遇到种种阻碍，并和他们一起通过心理支持、情感慰藉、社会支持和环境改善等手段帮助他们清理障碍。同时，社会工作不仅围绕个体展开服务活动，还面向整个征迁社区提供公共服务，这将极大地纾解征迁场域中的紧张氛围，降低冲突发生的可能。

3. 发展性社会工作开掘主体潜能

社会工作自进入中国本土以来，就以“助人自助”的本质表述开展理论指引与实践推进。[12]“助人”对应社会工作的利他主义价值属性，而“自助”则在一定程度上体现了社会工作内在的发展性价值取向。事实上，发展性取向在西方早期的社会工作实践中就已经自发的存在[13]，当詹姆斯·米奇利（James Midgley）和迈克尔·谢若登（Michael Sherradan）分别就“能力”和“资产”这对概念进行系统阐释时，发展性取向被正式带入了社会工作领域。发展性社会工作致力于超越救助性、修补性和治疗性的临床传统，转向以问题预防、能力发展和资产建设为主的实践范式，同时强调社会福利与经济发展。在农村征地拆迁中，经济议题和社会议题时刻紧密地纠缠在一起，这其中就包括征地公告下发之后的集体待业现象、拆迁之后的消极就业现象[14]、子女变相索取老人补偿款的现象以及浪掷拆迁补偿而致贫的现象等。这样，单凭输血式的社会工作服务便不足以实现有效干预，因此要以造血式的社会工作服务开掘主体潜能以共同应对复杂的现实。发展性社会工作强调要同服务对象建立良好的合作伙伴关系，在携手开展能力发掘与增强工作的同时，还关注家庭和社区为本的服务实践。具体而言，社会工作在参与农村征迁治理时，不仅要提高服务对象在服务过程中的参与感、塑造服务对象对未来的正向期望[15]，还要通过技术培训、就业引导和鼓励创业等途径培养村民的可持续生计能力。不仅要重视服务对象的经济资本、社会资本和文化资本培育与相互置换，也要善于运用积极、开放的投资策略提高服务对象的生活质量。更为重要的是，要在知识学习、能力发现、增能赋权的基础上充分尊重服务对象的自决权利。

（二）社会工作在学科理论层面具有启发力

任何理论都介乎于形而上的纯粹构想与形而下的纯粹器物之间，社会工作场域中所运用的理论自然也不例外。这些理论反过来也为人的客观实践提供了基本假设、解释框架和行动视角，社会工作参与农村征迁治理恰恰需要来自多元视角的理论假定、解释与启发。

1. 专业性社会工作为征迁治理提供专业视角

社会工作在寻求学科独立的过程中秉持的是“专业性”发展观念，也即一种“人无我有”的竞争性和排斥性思维，由此产生了一系列不同于其他领域的专业理论、专业方法、专业人才。社会工作的专业理论是建立在学科借鉴与实践升华的基础之上的，它在对人的心理、认知、情绪和行为研究上独具一格，对生态系统、环境结构和历史变迁的关注也自成一派，所以在面对征迁治理时能给出不同的专业理解与解释。而社会工作的三大基本专业方法：个案、小组和社区，在专业理论的指引下，对征迁治理中的行政干预方式也是一种有益的补充。同时，社会工作的专业性也体现在社会工作者身上，他们大都接受过社会工作专业教育与专业训练，或者长期从事社会工作实践，因而能够结合专业理论与现实脉络，并经由专业行动实现问题寻解。关键的一点还在于社会工作本土习得的专业自觉：反思与批判，也即社会工作在参与农村征迁治理过程中不会膺服于彼时彼地的理论教化。具体而言，社会工作既不会“拿来主义”式地照搬西方社会工作的专业理论与做法，也不会机械地复制都市社会工作的服务理念与路径，而是探索适用于乡村社区的、社会工作能做的、有利于优化征迁治理的在地化策略。

2. 社会性社会工作为征迁治理提供宏观视角

中国的社会工作是随着“和谐社会”“社会建设”和“社会治理”这样的宏大叙事和政治话语发展起来的[16]，然而随着个人治疗取向的滥觞，社会工作越来越强调对技术的内化与强化，日益出现对于社会工作的“去社会化导向”[17]，这引发了学者关于“回归社会”的思考[18]。实际上，“找回社会性”不仅关乎社会工作本土发展的路径选择，还对社会工作参与农村征迁治理具有启发意义。社会性社会工作参与农村征迁治理是在农村社会中以社会性手段完成其为社会治理的目的，它主张将个人困境与社会环境相关联，而不是单纯地将个人的不幸归咎于其自身[19]，积极的社会变革是社会工作帮助个人跳脱困境的选择之一。这就为社会工作参与农村征迁治理提供了一个较为宏观的视角，也即关注征迁治理进程中的宏观社会结构：社会转型和经济转轨、城乡二元社会结构机制、征地拆迁政策、村庄乃至整个社会的社会变迁过程、村庄内部的社会分层等，并通过社会改善来实现个人的改变。

3. 人本性社会工作为征迁治理提供情感视角

人本主义承认人的价值和尊严，以人性和人的利益为主题[20]，特别是其对人之行为的理解与阐释对社会工作尤为重要。人本性社会工作关注征迁治理中人的价值、尊严与平等，也关注征迁居民在这一过程中的“情感嬗变”[21]。个人的情感变化一端连着个人的行动，另一端便连接着集体的情感，而集体情感得不到及时有效的疏通、引导时，往往会酝酿出集体行动、群体事件或是更大范围的社会运动。因此，人本性社会工作对个人情感的关注一方面可以满足个体在价值、尊严和权利方面的需要，另一方面也可以通过“情感治理”的途径达到消弭社会冲突隐患的效果。[22]

（三）社会工作在实务技术层面拥有执行力

社会工作实务所具有的整合性、实践性和反思性特点，为社会工作参与征迁治理的有效落地、长效执行提供了可能。

1. 整合性社会工作多维度处置综合性征迁问题

社会工作参与征迁治理是一项系统工程，如果缺乏整合性和综融性的技术手段，将无法应对农村征地拆迁过程中的复杂性和综合性问题。社会工作的整合性手段回避治理过程中的一元论调，如政府负责的行政管理论、利益至上的经济补偿论、专业主义的技术决定论等。具体而言，在生产和供给社会工作服务时，社会工作拥有以下整合性手段。一是资源整合的手段。不仅能够链接政府方面的正式资源，也能链接社会上的市场资源，通过资源双链接实现政府与社会的多层次融合；二是方法整合的手段。既能善于利用既有的专业技法提供服务，又能通过实践中观察、体悟与想象来完成服务提供，这是科学与艺术的交融；三是角色整合的手段。既能以专业角色和专业关系同服务对象互动，也能以私人角色和伙伴关系与服务对象共事，这是专业与日常的整合；四是话语整合的手段。比如重视专业话语在农村征迁中的具体实践，也强调地方话语对整个征迁治理的重要性，这是专业话语与地方话语的整合。此外，社会工作还兼具社会与生态的整合功能，对于征迁过程中的环境污染、环境保护与环境正义等议题也加以关切。

2. 实践性社会工作灵活处理地方性征迁问题

学者在论述社会工作的特质时总也离不开这样几个词汇："专业实践""服务实践""价值实践""道德实践""政治实践""科学实践"。由此可见，实践性作为社会工作的专业基石已经成了学科共识，其他特性则必须通过实践特性才能得以展现。社会工作以实践的方式弥合知识与行动之间的鸿沟、衔接服务对象与社会工作者之间的关系、回应社会现实的需求，而学者在反思国内"实践面向"的不足时，便开始呼吁加强对"实践智慧"的关注。[23]"实践智慧"指的是基于对不确定性条件的深刻理解而作出适恰判断的能力[24]，而社会工作的实践智慧不再致力于因果分析与逻辑论证[25]，情境、感性和经验被列为社会工作实践中的重点考察对象。社会工作参与农村征迁治理，所面对的大都是不确定的境况，理性建构下的理论知识仅能应对部分问题，而对于地方事务中即时性、突发性和动态性问题则需要社会工作者随机灵活处理，不断加强行动反思以探求合适的问题解决之道。因此，社会工作的实践性直接表现为社会工作者通过行动参与征迁治理。在更深层次上，其表现为当社会工作者的行动遭遇预期之外的生活事件，社会工作者可以遵循权变原则对实践情境中的事件作出灵活机动的反应与决断。

3. 反思性社会工作科学调整治理的行动策略

反思被视为社会工作实践的重要讨论话题和工作手法，它拥有着从微观技术到结构分析的能力体系。[26]在微观技术方面，社会工作者可以将其头脑中抽象而具有普遍性的“知识和价值观”转化为一种适宜于眼前具体情景的外在行动；[27]结构分析方面，社会工作者可以通过认知过去的经验进行反思，以此为未来的行动提供资讯，从而在结构上影响服务体系。[28]而在具体的实践场景中，这种实践反思又表现为：对服务有效性的专业实践反思、对社会公正的社会实践反思以及对自我和他人平衡发展的生活实践反思。[29]因而，社会工作的反思实践既蕴含着实证主义传统下的技术理性，又凸显出建构主义下的知识生产与策略调整。社会工作参与征迁治理可以沿着行动前反思、行动中反思和行动后反思的实践路径。“行动前反思”是指社会工作者通过知识调动、服务评估和类型比照的方式对专业预设与村社背景之间的关联与差距进行扫描，并得出初步的介入方案；“行动中反思”是指社会工作者有意识地对村社情境进行观察与思考，对服务关系、服务角色和服务实践进行盘查，及时发现实践中的错误行为，进而开展溯因活动，并根据因果结论作出改变自己或改变环境的行动决策；“行动后反思”是社会工作者结束行动后对此次活动的追踪、分析与总结，以期充实本次行动，便利下次行动。总而言之，面对征迁治理中的流变性、异变性和叠变性问题，反思性社会工作实践通过价值层面的再定位、理论知识的再批判、服务方案的再选择和实践领域的再行动，实现征迁治理结果的再塑造。

四、何以可为：社会工作参与农村征迁治理的模式与路径

迈克尔·伊拉特将专业知识划分为两类[30]，一类是实证研究揭示的命题性知识，也就是专业范畴内关于解释研究对象是什么的知识，比如社会工作在参与农村征迁治理中所体现的独特的价值理念、系统的学科理论、可操作的实务技术。另一

类便是实践过程中关于如何做的知识，也就是综合考虑实践主体、实践目标、实践场域而采取的行动性知识，如社会工作参与农村征迁治理的模式与路径。

（一）社会工作参与农村征迁治理的模式探讨

社会工作参与农村征迁治理的模式选择主要是在“社工驻村”与“社工进村”之间进行的，前者是“零距离”参与治理，后者是“有距离”参与治理。[31]“社工驻村”与“社工进村”各具优势也都有不足，单纯采取其中一种模式不足以克服征迁治理难题。因此，本文主张将两者相结合的社会工作参与征迁治理模式，也即在征地和拆房环节采取“社工驻村”的模式，在迁居环节采取“社工进村”的模式。

社会工作向来有“驻村”服务的传统，在西方社会工作早期的“睦邻组织运动”中，就有入住贫民窟、与穷人做邻居的服务理念；在民国时期，乡村建设家晏阳初在河北定县开展的平民教育运动，也提倡服务者与村民同吃共住，相互嵌入。“社工驻村”不仅是历史传统的要求，也是基于现实情况的需要——以“共在”增促彼此间的信任关系。[32]首先，每个村庄都在地理区位、组织规模、治理结构、风俗习惯上和其他村庄存在着差异，因而不存在通约性的服务方案，这就需要社会工作者通过驻村服务来探索适合本村的征迁治理方案。其次，社会工作者作为“局外人”的角色，想要了解村庄内部状况、取得村民信任都是极其困难的，只有“社工驻村”后的系统性、结构性地融入乡村生活，才能缓解“局外人”的尴尬。最后，征地和拆房环节是整个征迁治理的重点，矛盾最突出，“社工驻村”有利于第一时间了解和掌握村民的想法、需求及行动，并作出回应。而在迁居后的“社工进村”，则是指社会工作者对搬迁后的村民进行回访，由于村庄的村屋已经被拆除，“进入村庄”已不再可能，但却可以进入村民新居对征迁后的遗留问题、附带问题加以关照。实际上，征地拆迁并非是短期就可平复的事情，它往往持续周期较长，短则几个月，长则几年甚至十几年，从而积累大量的矛盾和隐患。因而，“社工进村”就显得十分必要，这是实现征迁末端治理的内在要求。

（二）社会工作参与农村征迁治理的路径探析

社会工作参与农村征迁治理是带着一般性知识来处理具体性问题，而面对复杂多变的实践场景，社会工作往往无法确定自己的角色扮演、职能定位与介入路径。此时，社会工作需要以征迁主体为主要抓手，通过自身的转换者的角色协调主体间关系、关注结构性要素，并将这所有行动置于特定时空的情境当中进行考察，这是良序推进征迁治理的可行路径。

1. 从征迁各主体出发，重塑主体性能

虽然征迁场域中各方主体均存在主体性过弱或主体性过强的情况，但是被征迁村民在征地拆迁中的绝对主体地位，要求我们务必要重点关注他们主体性的发挥程度。因此，这就需要将被征迁村民的主体性发挥有机整合到征迁治理的实践当中，通过重塑被征迁村民的主体意识，来巩固其主体地位、维护其主体权益，进而形成征迁治理的内源动力。

参照王春光关于乡村振兴中农民主体性的研究[33]，被征迁村民的主体性可以概括为在经济、政治、文化、社会和生态方面所拥有的主导地位、表达权利、参与机会和发展权益等。然而，受到个体机能和社会结构的影响，被征迁村民的主体性亟待从系统性压抑中解放。首先，社会工作者要唤醒被征迁村民的主体意识，社会工作者通过开展社区教育帮助被征迁村民认识到自己作为征迁主体的重要意义及实践权限。由于，被征迁村民素质不一，所以这种社区教育必须建立在部分观念灌输的基础上，并进行大量接地气的案例示范与行为引导。同时，也要注意发挥村庄精英的精神引领作用，以最大程度上激发村民的主体精神和主体意志。其次，社会工作者要增强被征迁村民的主体能力，社会工作者通过个体增能帮助被征迁村民提升掌控自己生活的能力。通过深层次沟通对话与生活解构的方式帮助被征迁村民构建出一个积极的自我世界，进而培养其对周遭世界的批判能力，再就是协助被征迁村民学会资源摄取以满足个体需求。再次，社会工作者要维护被征迁村民的主体地位，地位往往与权力有关，被征迁村民作为人民主体与房屋产权主体就自然地站在了“权力中心”。处于“权力中心”的他们却并未拥有稳固的主体地位，这就需要社会工作者扮演宏观政策倡导、基层政府解释者的角色，对当前征迁政策中对农民主体地位彰显不足之处进行呼吁，并向基层行政机构阐述被征迁村民的主体地位之于征迁治理的重要意义。最后，社会工作者要关照被征迁村民的主体权益，被征迁村民的主体权益是全方位、多层次和系统性的：从经济利益到法律权益，从政治参与到社会治理，从情感需要到生态正义，社会工作者要运用专业之所能尽力促成这些权益的实现。尤其是老人、妇女、儿童、残障人士等社会弱势群体，赋权于他们是重塑被征迁群体主体性能的体现。

2. 从征迁主体关系出发，破解博弈困境

按照马克思的理解，人是各种社会关系的总和，而人又无不处于广大的社会关系网络中，因此从社会关系角度出发的征迁治理是符合社会事实与规律的。社会工作参与农村征迁治理有多对关系需要予以关注：社会工作者与被征迁村民的关系、社会工作者与基层政府的关系、被征迁村民与基层政府的关系、社会工作者与其他社会组织的关系、被征迁村民与市场主体的关系等。而本着抓主要矛盾的方法论原则，如何处理被征迁村民与基层政府之间的关系则是征迁治理需要关注的重中之重。

中央政府与被征迁村民是利益一致的关系，两者共享一种发展逻辑。然而，税费改制以后，地方政府越来越将征地拆迁中土地的增值效益视为一项重要的财政收入来源，随之而来的是压缩征迁成本、与民争利，这促使被征迁村民走向维护权益的道路。一般而言，在存在权益纷争关系中，任何中间人的角色都处在两难的境地。但事实上，被征迁场域的对抗性和封闭性恰恰为社会工作的介入提供了若干可能。之所以说农村征迁场域封闭，是因为村庄的内部形态对村庄外部的人来说是一种未知地带，而每个地方政府所制定的征迁方案又因为上级部门的规定、土地开发的利润空间和地方长官的妥协程度的差异而各不相同，且弹性巨大。这就是说，地方政府和征迁村庄均处于一种互相不透明的状态。因此，村庄希望有更多外部力量参与进来并帮助他们提出利益诉求，地方政府也期望有人能够以较低的成本、较平稳的方式完成征地拆迁，而此时社会工作以社会性力量介入刚好满足两者的需求。

具体来看，社会工作破解地方政府与被征迁村民的博弈困境从几个方面得以体现：第一，由社会工作者承担中转工作并部分取代村委会的角色。村委会本应在这一博弈当中充当第三方角色，但是囿于地方政府强势的行政吸纳、村民手里的选票及人情关系，村委会往往在两者的拉扯之下加入博弈当中。第二，由社会工作者充当被征迁村民的利益表达者。社会工作者通过亲密陪伴、耐心沟通与建立互信来了解村民的真实想法、期望与需求，并将他们的所思、所想、所感传递给地方政府，避免因“民怕官”“不敢出头”“怕被报复”等心态而遮掩他们真实的意愿。第三，遏制少数被征迁村民借拆迁牟取暴利的想法。社会工作者入场的同时还将“社会”带到了村内，对于一些想要通过拆迁牟取暴利的村民起到一定的钳制作用，从而缓解博弈困境。社会工作者入场使得封闭性的村庄被打开了切口，社会工作者一方连接社会，另一方连接村庄，村民在意识到有社会他者存在的前提下便很难以不正当理由牟取暴利，这是村民想象的社会舆论与其内心的公义互动的结果。第四，社会工作者以社会性力量修补地方政府行政失灵的漏洞。对于地方政府盲目逐利、违法推进征迁和忽略村民权益的做法，社会工作者一方面要同地方政府做好沟通和意见反馈工作，另一方面积极协助村民依法维权。第五，营造具有互信基础的磋商空间。社会工作者可以搭建磋商平台，增进双方的互相了解程度，并与服务对象一道构建两者之间的信任合作关系。社会工作者、被征迁村民和地方政府三方同时在场，并塑造两者之间的互惠性主体关系，鼓励双方大胆提出各自的合理诉求，并在此基础上开展互为平等的互动。

3. 从征迁主体结构出发，培育组织力量

钱宁在论述农村社会工作推进精准扶贫过程中指出，当前农村社区组织化水平低，生产的个体化和社区生活的原子化导致社区的衰落，迫切需要开展农村社区的组织建设。[34]而在社会工作参与征迁治理当中，同样需要组织化或者再组织的方式来培育结构性力量，以应对显性社会挑战和潜在社会风险，在征地拆迁中以村庄为单位开展的利益抗争沿袭的也正是这样一种思路。在宗族组织日渐衰败且内部彼此颉颃的征迁场域中，尝试引入以社会工作为代表的社会组织，并由社会工作者协助他们建立合作组织、协调组织或自助组织，可以有效缓解结构性冲突、培育内生性治理动力、塑造新型社区动员机制。

首先，对宗族组织进行再组织化。针对宗族内部出现的结构性分裂，社会工作者应尝试采取社区工作的组织方式、协调技巧和动员机制对各个族系进行整合，以再组织化途径培养各个族系的共同行动能力。其次，组建新型村社组织。传统宗族组织是以血缘关系为基础的，其本身具有亲疏远近的辨识功能，在对外问题上宗族势力可以发挥抵御作用，而在对内关系上则会由遵循关系远近指导利益分配的多寡，这将导致村庄正义的分配失衡。因此，换种角度，社会工作者要培育以征迁为核心的老年人协会、妇女组织和外出人员团体，以便进一步激发村社活力，比如成立村庄老年口述史协会，书写村庄历史，凝聚村社共识；建立村庄技艺传承社，挖掘村庄传统技艺，将村社文化永久延续；设立村社联络处，在搬迁之后，可以联络村民定期聚会团拜。再次，引入外部社会组织。通过社会工作将其他社会组织带入被征迁村庄，比如法律援助组织、生态环保组织、金融理财组织、就业培训组织和公益志愿组织等，以外生性社会组织盘活村庄内部资源，缓解村民因征迁而产生的无力感。最后，将村社结构从现实移入文本，将村庄所有的公共价值、公共情感和公共记忆都以一种饱含仪式感的方式定格于社会公共记忆。社会工作者通过和地方政府协商，为被征迁村庄设立纪念祠堂或纪念碑文，抑或将被征迁村庄为地区发展所作的贡献载入地方志当中，让村庄结构以文字形式永远留存。

4. 从征迁情境出发，关注情境嵌入

社会工作参与农村征迁治理要在现实落地，务必要时刻考虑现实情境，因为它已然超出了人为设置的专业场景，是一个在经济形态、文化特质、社会环境、生活习惯和历史背景上存在特殊性的现实情境。古学斌等在面对复杂的村落文化情境时所遇见的“文化识盲”问题时常提醒着广大社会工作研究者与实践者[35]，要关注现实情境背后的象征体系，重视文化脉络在现代乡村治理体系中的价值。[36]因此，社会工作参与农村征迁治理不能仅仅关注经济补偿，还要把握与村庄有关的文化情境、政治情境、生活情境和历史情境等，并实现专业身份与现实情境的相互嵌入。

社会工作进入征迁场域主要面临的是主位文化与客位文化的区隔，社会工作者是经过专业话语训练的职业人员，而乡村背后所蕴含的是一套自然的文化表征体系，两者存在一定冲突。因而，社会工作者需要主动嵌入，以专业理念、专业技法影响具体情境，并及时吸收具体情境中的地方性知识，以完成本土与专业的双向建构。第一，社会工作者要有足够的“文化敏感”以完成对村庄文化情境的嵌入。村庄中的宗教信仰、民俗习惯、通用言语和节日活动等应是社会工作者关注的重点，社会工作者应尊重村民基于村社背景下的价值选择与行为倾向，并学会接纳。对自身文化背景不符合当地文化脉络的部分进行扬弃，以当地人的思维、言语、口吻和方法去行事，免去文化冲突所带来的麻烦。第二，社会工作者要有足够的“政治敏感”以完成对村庄政治情境的嵌入。由于基层社会性质是“熟人社会”的缘故，村社的政治形态也表现为某种“熟人政治”，也即是说无论是自然村的代理人还是行政村的代理人，村民各自都保持着一定的私人联系，所以在开展活动时要格外注意这一关系脉络。社会工作者也要注意处理与村庄的经济精英、知识精英的关系，他们位于村庄政治结构的上层，是问题解决的突破口。第三，社会工作者也要有足够的“性别敏感”，也即对村庄和农村家庭中男性和女性的权力关系加以把握。第四，社会工作者要有足够的“生活常识”以完成对村庄生活世界的嵌入。生活习惯是村庄区分“局外人”的一条标准，当社会工作者操着一口纯正的普通话，西装革履，动辄问卷调查会给村民一种距离感。因此，社会工作者要善于采取村庄日常生活中的非正式交往方式，主动进入村民扎堆的公共空间与娱乐场所，通过与村民亲近的方式来详细了解村庄的各种细节。第五，社会工作者要有足够的“历史敏感”以完成对村庄历史情境的嵌入。村庄往往都有自身的历史沿革和内在传统，而村庄的过去事件对当前事件的影响是隐性的也是巨大的。比如，村内哪些家庭存在不可调和的纠纷，社会工作者开展活动时就要避免激起新的矛盾；又如，村庄族系力量在过去的博弈状况，也会影响当下各种方案的执行。社会工作要避免陷入这种过去事件对自身的限制，善于发现这些历史事件，通过规避、弱化或消灭的方式推进目标的完成。

五、总结与讨论

本文基于Q村征迁实践的案例背景，分析该村在征迁过程中所遭遇的治理困境，并尝试思考如何将社会工作引入农村征迁治理场域当中。研究发现，社会工作在价值层面、理论层面和实务层面所显露的专业特质与农村征迁治理存在内在契合性，本文就社会工作参与农村征迁治理的模式选择与介入路径进行了探讨。在这里有三点需要澄清，第一，本文立足于Q村的征迁实践，这是以个案展开的理论探讨，所以其启示范围相对有限。第二，本文从不同维度对社会工作为何能参与农村征迁治理作出了大量的解释，恐怕会给人一种社会工作在征迁治理中“无所不能”的错觉。而笔者认为从应然性层面上来说，社会工作不应该什么都能做，而且并不是什么都能做好。但在征迁治理实践中只要有利于问题的顺利解决，社会工作者均可以提供领域广泛甚至是无须专业选择的社会工作服务[37]，这是由社会工作在地化解决现实难题的实践理性所决定的。第三，由于本文系首次对社会工作参与农村征迁治理作理论性思考，难免会因为案例样本不充足、笔者理论功底不扎实、缺乏社会工作征迁治理实践而有失偏颇，因此期待更多的学者和实务工作者加入这一研究领域，深入探索社会工作参与农村征迁治理之可能。

需要进一步说明的是，本文未就社会工作的入场方式进行探讨，它是主动入场，还是被迫卷入，抑或是应邀参与，这都将深刻影响到社会工作本身的立场、态度及观点。笔者认为由于地方政府与被征迁村民在权益上具有一定的讨论空间，因此无论是采取项目制还是岗位制都应当避免由地方基层政府直接负责社会工作机构的资金拨付，避免社会工作者由于资源依赖而失其公允。此外，社会工作在征迁治理场域中也可能面临如下困境：内部管理官僚化、外部行动行政化、工作指标逐利化、治理身份边缘化、陷入人情陷阱等，这些都有待于大家进一步的实践探求。

参考文献

［1］沈黎．社会工作国际定义的文本诠释［J］．社会福利，2009（5）：46—47.

［2］王思斌．我国农村社会工作的综合性及其发展——兼论“大农村社会工作”［J］．中国农业大学学报（社会科学版），2017（3）：5—13.

［3］王三秀．农村贫困治理模式创新与贫困农民主体性构造［J］．毛泽东邓小平理论研究，2012（8）：51-56+115.

［4］耿羽．征地拆迁过程中的政府——农民博弈机制分析［J］．甘肃行政学院学报，2014（6）：24-35+125.

［5］刘怡然．共同体的庇护——集体行动向个体行动转变的人类学视角［J］．上海大学学报（社会科学版），2020（1）：129—140.

［6］贺雪峰．最后一公里村庄［M］．北京：中信出版社，2017：64.

［7］Jerome Carl Wakefield. Psychotherapy, distributive justice and social work: Part1: Distributive Justice as a Conceptual Framework for Social Work［J］. *Social service review*, 1998(2): 187－210.

［8］Lena Dominelli. The Challenges of Realizing Social Justice in 21st Century Social Work［J］. *International Social Work*, 2016(6): 693－696.

［9］王思斌．社会工作：利他主义的社会互动［J］．中国社会工作，1998（4）：30—32.

［10］刘清平．利他主义“无人性有德性”的悖论解析［J］．浙江大学学报（人文社会科学版），2019（1）：141—149.

［11］郭景萍．现代社会工作的基本特征：制度化利他主义［J］．社会科学研究，2005（4）：114—119.

［12］任文启．利他使群：社会工作本质的中国表述［J］．社会建设，2016（1）：52—59.

［13］童敏．社会工作理论：历史环境下社会服务实践者的声音和智慧［M］．北京：社会科学文献出版社，2019：602.

［14］李斌，汤秋芬．从“迷茫性脱嵌”到“分化性嵌入”：社会工作助推失地农民就业的研究［J］．湖南大学学报（社会科学版），2018（6）：124—131.

［15］李欢，周永康．发展取向的资产建设：社会工作参与乡村扶贫实践研究——以P村“三区计划”项目为例［J］．重庆工商大学学报（社会科学版），2019（5）：59—68.

［16］何雪松．积极而非激进：宏观社会工作的中国图景［J］．学海，2020（1）：119—122.

［17］徐选国．中国社会工作发展的社会性转向［J］．社会工作，2017（3）：9－28+108－109.

［18］郑广怀，向羽．社会工作回归“社会”的可能性——台湾地区社会工作发展脉络及启示［J］．社会工作，2016（5）：30－42+126.

［19］李伟，杨彩云．个人治疗与结构变革：保守与批判理论视野下的社会工作实践［J］．重庆工商大学学报（社会科学版），2020（2）：100—108.

［20］何雪松．社会工作理论（第二版）［M］．上海：上海人民出版社，2017：28.

［21］高威威，姚云云，东波．从利益博弈到情感嬗变：农村征迁的双重张力及其

治理逻辑——基于河南省G村征迁始末的田野考察［J］. 河北农业大学学报（社会科学版），2019（5）：69—76.

［22］文军，高艺多. 社区情感治理：何以可能，何以可为？［J］. 华东师范大学学报（哲学社会科学版），2017（6）：28-36+169-170.

［23］侯利文，徐永祥. 被忽略的实践智慧：迈向社会工作实践研究的新方法论［J］. 社会科学，2018（6）：82—93.

［24］O'Sullivan, T. Some Theoretical Propositions on the Nature of Practice Wisdom［J］. *Journal of Social Work*, 2005(2): 221-242.

［25］马志强，许鸿宇. 社会工作的实践智慧：概念构成与培养途径［J］. 社会福利（理论版），2020（3）：38-41+57.

［26］卢玮. 社会工作实践中的反思：现状、成效与困境［J］. 探索，2019（6）：183—191.

［27］张威. 社会工作者的"反思性专业性"与核心职业能力——对"反思性社会工作理论"的解读和思考［J］. 中国农业大学学报（社会科学版），2017（3）：23—34.

［28］Boud, D., Keogh, R, Walker, D. Reflection: turning experience into learning［M］. London: Kegan Paul, 1985: 50.

［29］童敏，史天琪. 如何反思：社会工作反思实践的路径和框架［J］. 中国社会工作研究，2018（2）：61—73.

［30］Eraut, M. Developing Professional Knowledge and Competence［M］. London: The Falmer Press, 1994: 103-116.

［31］李伟. 农村社会工作参与乡村振兴：理念、模式与方法［J］. 河南社会科学，2019（8）：117—124.

［32］赵万林. 共在与信任："社会工作的想象力"的基本内涵与实践意义［J］. 宁夏社会科学，2020（2）：128—134.

［33］王春光. 关于乡村振兴中农民主体性问题的思考［J］. 社会发展研究，2018（1）：31—40.

［34］钱宁，卜文虎. 以内源发展的社会政策思维助力"精准扶贫"——兼论农

村社会工作的策略与方法［J］. 湖南师范大学社会科学学报，2017（3）：123—129.

［35］古学斌，张和清，杨锡聪. 专业限制与文化识盲：农村社会工作实践中的文化问题［J］. 社会学研究，2007（6）：161-179+244-245.

［36］贺金瑞，龙立. 现代乡村治理体系中传统治理因素和民族文化资源的融入——以云南罗平鲁布革乡腊者村为例［J］. 贵州省党校学报，2020（1）：11—15.

［37］高威威，姚云云. “全能化服务”：社会工作本土发展的逻辑悖论与实践倾向——基于郑州市六家社工机构的调查研究［J］. 中共南京市委党校学报，2020（4）：83—92.